Wilhelm Joseph von Wasielewski

Aus siebzig Jahren

Wilhelm Joseph von Wasielewski

Aus siebzig Jahren

ISBN/EAN: 9783744656993

Hergestellt in Europa, USA, Kanada, Australien, Japan

Cover: Foto ©ninafisch / pixelio.de

Weitere Bücher finden Sie auf **www.hansebooks.com**

Wasielewski.

Aus siebzig Jahren.

Lebenserinnerungen

von

Wilh. Jos. v. Wasielewski.

Mit dem Bildnis des Verfassers.

Stuttgart und Leipzig
Deutsche Verlags-Anstalt
1897.

Seiner

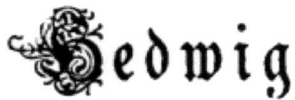

zugeeignet.

Inhaltsverzeichnis.

— ·—

	Seite
Einleitendes	3
Die Jugend- und Jünglingsjahre	8
In Leipzig	33
Silhouetten aus dem Leipziger Musikleben der vierziger Jahre	58
Fahrende Künstler	77
Sänger und Sängerinnen	96
Am Rhein	110
In Elbflorenz	156
Auf Reisen	179
Wieder am Rhein	231
Im Harz und Thüringer Lande	261
Anhang, enthaltend Briefe	266
Namen- und Sachregister	275

Benvenuto Cellini beginnt seine Autobiographie mit den Worten: „Alle Menschen, von welchem Stande sie auch seien, die etwas Tugendsames oder Tugendähnliches vollbracht haben, sollten, wenn sie sich wahrhaft guter Absichten bewußt sind, eigenhändig ihr Leben aufsetzen . . ."

Gewiß ist es sehr lobenswert, Tugendsames und Tugendähnliches zu vollbringen, doch möchte dadurch die Aufzeichnung eines Lebensganges nicht gerade zu motiviren sein. Es wird vielmehr darauf ankommen, ob der Selbstbiograph Mitteilungen von irgend einer Bedeutsamkeit zu machen hat. In diesem Falle glaubte ich mich zu befinden, und so ging ich daran, meine Lebenserinnerungen niederzuschreiben. Um eine Selbstbiographie war es mir indessen dabei nicht zu thun. Zunächst wurden die folgenden Blätter durch den Wunsch hervorgerufen, den Meinigen Nachrichten von meinen Erlebnissen zu hinterlassen. Freunde aber, welche Kenntnis von denselben erhielten, animirten mich, die folgenden Aufzeichnungen zu veröffentlichen, da in ihnen eine Menge von Berichten über ehemalige Kunstzustände und hervorragende künstlerische Persönlichkeiten enthalten seien, die geeignet wären, ein allgemeines Interesse zu erregen. Obschon nun meine Erinnerungen ursprünglich, wie schon bemerkt, nicht für die Oeffentlichkeit bestimmt waren, entschloß ich mich doch auf Zureden jener Freunde, dem Publikum das von mir Niedergeschriebene unter Hinzufügung mehrerer Nachträge in der Hoffnung darzubieten, daß der freundliche Leser die über mich selbst gegebenen Daten, sowie die gelegentliche Einflechtung von Anekdotischem nicht ungern mit in den Kauf nehmen werde.

———

Einleitendes.

-- --

Die Geschicke mancher Menschen gleichen dem von sturmbewegtem Wogenschwalle hin und her geworfenen Nachen, dessen Führer, drohenden Gefahren preisgegeben, nur mit Mühe und Not das bergende Ufer erreicht. Davon wußte mein Vater zu erzählen. In dem polnischen, zwischen Warschau und Pultusk belegenen Marktflecken Rasielsk 1785 geboren und in der katholischen Konfession erzogen, widmete derselbe sich nach Absolvirung der Schule dem landwirtschaftlichen Berufe. Genügend für denselben vorbereitet, folgte er dann der Einladung seiner Schwester, die an einen Gutsbesitzer in der Nähe von Danzig verheiratet war, um sich besuchsweise einige Zeit bei ihr aufzuhalten. Bei der Gelegenheit wurde er im Hause des Landschaftsrendanten Piwko, meines nachmaligen Großvaters mütterlicherseits in Danzig, bekannt, zu dessen Familie er alsbald in ein näheres befreundetes Verhältnis trat. Diese Beziehung wurde noch enger durch das demnächst von meinem Vater mit einer der Töchter des gastlichen Hauses geschlossene Herzensbündnis.

Danzig befand sich um diese Zeit in einer höchst traurigen Lage. Die Stadt war im Frühjahr 1807 durch 60 000 Franzosen unter dem General Lefèbre belagert und bombardirt worden, und der Gouverneur, Graf Kalkreuth, vermochte mit der preußischen Besatzung von nur 7000 Mann nichts Entscheidendes dagegen zu thun. Sehr bald entstand in Danzig eine drückende Lebensmittelnot. Der Preis für ein Pfund Rindfleisch war auf einen Thaler und für ein Pfund Butter auf anderthalb Thaler gestiegen. Am 24. Mai sah Kalkreuth sich genötigt

zu kapituliren. Nunmehr steigerten sich die Leiden der Bürger ins Ungeheure. Zunächst wurde ihnen eine Kontribution von zwanzig Millionen
Franken auferlegt, für welche Summe die reichsten Kaufleute des Ortes
Bürgschaft leisten mußten. Sodann verlangte der inzwischen französischerseits zum Gouverneur der Stadt ernannte General Rapp, nachdem
Danzig nominell durch den Tilsiter Frieden zu einem Freistaat unter
Preußens und Sachsens Schutz gemacht worden, noch zehn Millionen
als Kriegsabgabe und außerdem eine Million für seine Person. Ueberdies lastete auf den Bürgern die zwangsweise Einquartierung der
französischen Soldateska. Eine an Napoleon gerichtete Bitte um Schonung
fand keine Berücksichtigung. Rapp stellte sogar Gewaltmaßregeln in
Aussicht, raubte aus der Marienkirche den kostbaren Schatz des Altar-
gemäldes „das jüngste Gericht" von Hemling, welches 1473 durch einen
Danziger Schiffskapitän einem Piratenschiffe abgenommen worden, und
schickte es als „Kriegsbeute" nach Paris.*) Dazu kam, daß Danzig
um dieselbe Zeit von einer schrecklichen Feuersbrunst heimgesucht wurde.

Zur Begründung eines Hausstandes waren die Verhältnisse mehr
als ungünstig. Trotzdem fand die eheliche Verbindung meines Vaters
mit seiner Erwählten im Jahre 1808 statt, worauf das junge Ehepaar
seinen Wohnsitz auf einem einige Meilen von Danzig entfernten Gute
nahm, welches meine Mutter von ihrem wohlsituirten Vater als Mitgift
erhalten hatte. Indessen waren meine Eltern hier und auch weiterhin
nicht vom Glück begünstigt. Bei den Raubzügen, welche die Franzosen
in der näheren und weiteren Umgebung Danzigs unternahmen, wurde
meinen Eltern alles lebende Inventar vom Hofe getrieben, so daß mein
Vater nicht im stande war, die Bewirtschaftung des Gutes weiter fortzusetzen. Er sah sich daher genötigt, dasselbe schließlich mit großem
Verluste zu veräußern, worauf er eine Besitzung in der Danziger
Niederung kaufte, um dort als Landwirt sein Heil zu versuchen. Hier
hatten aber meine Eltern noch mehr unter der Ungunst der Verhältnisse
zu leiden, denn die von Rapp angeordneten, meist exekutorisch bei-

---

*) Dies Oelgemälde, für welches König Friedrich Wilhelm III. eine große
Summe bot, um es für Berlin zu gewinnen, wiewohl vergeblich, erhielt Danzig im
Jahre 1816 wieder zurück.

getriebenen Repressalien nahmen ihren weiteren Fortgang in verstärktem
Maße, wobei die Umgegend der Stadt ebenso unbarmherzig gebrandschatzt wurde wie diese selbst. Dabei lag das kaufmännische Geschäft
darnieder, weil der Handel zur See durch die Kontinentalsperre lahm
gelegt war.

Das Jahr 1811 verschlimmerte die Danziger Verhältnisse aufs
neue. Wegen des von Napoleon in Aussicht genommenen russischen
Feldzuges wurden, um für alle Fälle einen sicheren Stützpunkt an der
Stadt zu haben, deren Festungswerke verstärkt. Napoleon forderte
außerdem die fortlaufende Verpflegung von 16 000 Mann und 1000
Pferden. Zugleich wurde für Danzig der Belagerungszustand proklamirt
und die zwölfte Zwangsanleihe dekretirt. Der Feind konfiszirte überdies
die Kirchengeräte. Wohnungssteuer und Suspendirung der Gehalts-
auszahlungen waren an der Tagesordnung.

Am 7. Juni des Jahres 1812 erschien der korsische Gewalthaber
an der Spitze eines Heeres von 80 000 Mann in Danzig, um von hier
aus seinen Vormarsch nach Rußland zu unternehmen. An die Stelle
Rapps trat der General Lagrange als Oberkommandant der Stadt.

Bekannt ist, daß die französische Armee in Rußland durch den
Moskauer Brand von der Nemesis ereilt und zum großen Teil vernichtet
wurde. Eine Folge davon war aber die Steigerung der Leiden Danzigs.
Zu Beginn des Jahres 1813 kehrten die feindlichen Armeeüberreste in
einem jämmerlichen Zustande aus dem fernen Osten zurück. Von
36 000 Mann waren kaum noch 10 000 brauchbar und Anfangs
Februar gab es 15 000 Typhuskranke in den Danziger Lazareten. Meine
Mutter hat uns Kindern oftmals erzählt, wie heruntergekommen, ver-
hungert, zerlumpt und mit geraubten wertvollen Sachen beladen die
Mehrzahl der Franzosen aussah.

Zur selben Zeit wurden die Bewohner der Danziger Niederung von
einer verheerenden Ueberschwemmung heimgesucht. Auch meine Eltern
hatten darunter zu leiden. Gesteigert wurde das Elend noch dadurch,
daß die Inundationsgewässer sich bei der herrschenden Kälte mit einer
Eisschicht bedeckt hatten. Um die Tiere seines Hofes zu retten, mußte
mein Vater dieselben, das Eis vor sich her zerschlagend, eine Strecke

weit durch das bis an die Brust ihm reichende Wasser führen, was ihm einen heftigen Bronchialkatarrh zuzog, der ihn das ganze Leben hindurch begleitete und schließlich seinen Tod herbeiführte. Unterdessen lag meine Mutter hilflos sechs Wochen lang am Typhus auf dem Speicherraum des Hauses darnieder, da die Wohnräume desselben durch die Ueberschwemmung unter Wasser gesetzt waren.

Für Danzig hatten sich die Zustände noch weiter verschlimmert, denn es war dort eine förmliche Hungersnot ausgebrochen. Man verzehrte die Pferde und sogar verendete Tiere. Der Pferdekopf erreichte den Preis eines Dukaten. Die Zahl der Typhuskranken stieg bis auf 18 000. Dabei wurden immer neue Steuern aufgelegt und neue Lieferungen erpreßt.

Mittlerweile waren die Russen gekommen, um an der Entsetzung Danzigs teilzunehmen. Sie konnten aber nichts ausrichten und wurden bei den Landbewohnern einquartiert. Auch meine Eltern mußten einige dieser Inzügler, und zwar Kosaken, bei sich aufnehmen, woraus ihnen eine neue Plage erwuchs. Diese Leute begingen allen möglichen Unfug und entführten unter anderem die Wintervorräte an Schinken und Würsten aus dem Schornstein, wofür ihnen hinterher furchtbare Hiebe von ihrem Vorgesetzten zudiktirt wurden.

Nachdem bald darauf Herzog Alexander von Württemberg mit einem Belagerungscorps von 40 000 Mann vor Danzig erschienen war, stieg die Notlage der städtischen Bewohnerschaft fast noch höher. Es wurde zwar infolge eines heftigen Kampfes bei Danzig zwischen den Alliierten und dem Feinde ein achtwöchiger Waffenstillstand vereinbart, während dessen die Stadt Proviant erhielt, aber die Teuerung nahm trotzdem noch erschreckend zu. Beispielsweise zahlte man für ein Pfund Butter zwei Thaler und der Scheffel Weizen kostete nicht weniger als vierzig Thaler. Die Bürger mußten darben, während die französische Besatzung ein flottes Leben führte. Erneute Zusammenstöße der gegnerischen Massen führten statt der gehofften Erleichterungen zu weiteren Bedrängnissen. Dazu gesellten sich im Sommer schwere Wolkenbrüche, die eine abermalige Ueberschwemmung verursachten.

Um die Franzosen zur Uebergabe Danzigs zu zwingen, erfolgten von deutscher Seite wiederholte Bombardements der Stadt, wodurch große Feuersbrünste in derselben entstanden. Endlich aber sahen sich doch die verhaßten Feinde zur Kapitulation genötigt. Dieselbe wurde gegen Ende 1813 perfekt, doch erst am 2. Januar des folgenden Jahres räumten die Franzosen Danzig. Man war sie nun los; dafür verblieb der Stadt aber eine Schuldenlast von 37,650,000 Gulden, an der sie, so viel ich weiß, noch heute laborirt.

Viele Existenzen waren während der Schreckenszeit zu Grunde gegangen. Auch meine Eltern, durch die vielfachen Requisitionen und Ueberschwemmungen hart geschädigt, vermochten sich auf ihrem Besitztum nicht mehr zu halten und sahen sich genötigt, es unter empfindlicher Einbuße preiszugeben. Demnächst nahmen sie Aufenthalt in verschiedenen Orten der näheren Umgebung Danzigs. Ums Jahr 1820 wohnten sie in dem Dorfe Groß-Leesen, zwei Meilen von der Stadt entfernt.

Seit seiner Verheiratung war mein Vater unablässig bemüht gewesen, das Deutsche zu erlernen, und da er ein seltenes Sprachtalent besaß, so hatte er es nach Verlauf einiger Jahre dahin gebracht, zu denken und zu schreiben wie ein Deutscher, was ihm weiterhin sehr zu statten kam. Ja, er erklärte sich als Wahldeutscher, sobald ihm klar geworden, wie sehr deutsche Bildung sein Vaterland überragte, ohne doch gegen dasselbe teilnahmlos zu werden.

Die Jugend- und Jünglingsjahre.

In Groß-Leesen, wo ich am 17. Juni 1822 zur Welt kam, verblieben meine Eltern bis zum Jahre 1826. Aus diesem dörflichen Dasein hat sich eine in mein viertes Lebensjahr fallende Erinnerung, und zwar eine nicht angenehme, meinem Gedächtnis eingeprägt. An schönen Sommertagen verweilte ich gerne in dem Vorgärtchen des von meinen Eltern bewohnten Hauses, um dort mit Steinen und Pflanzen zu spielen. Von den letzteren geriet mir einmal das sogenannte Wolfsmilchkraut in die Hände, dessen weißen Saft ich unversehens auf meine Gesichtshaut übertrug. Als diese durch den ätzenden Stoff wund geworden, und ich infolge öfteren Reibens mit der Hand das Uebel verschlimmert hatte, verfiel ich, von Schmerzen gepeinigt, nach Kinderart in ein schreckliches Geschrei. Meine Mutter wußte sich den Grund des wunden Gesichtes nicht zu erklären, vermochte mich auch nicht so bald zu beruhigen; es gelang ihr aber, durch Kaltwasserumschläge die Schmerzen zu mildern. Glücklicherweise war von dem Pflanzengift nichts in meine Augen gedrungen, und so ging die Sache, nachdem der Schaden geheilt, ohne nachteilige Folgen vorüber.

Zu dieser Zeit wurde mein Vater als Lehrer an die katholische St. Brigittenschule in Danzig berufen, wodurch er mit seiner Familie in eine gesicherte Lage kam. Neben seiner Amtsthätigkeit erteilte er Privatunterricht im Polnischen, wie er denn auch mehrere Jahre hindurch als Lehrer der polnischen Sprache an der Danziger Handelsakademie thätig war.

Nicht lange nachdem mein Vater sein Amt in der Stadt angetreten hatte, fiel meiner Mutter aus dem Erbe der Großmutter ein geräumiges Haus als Eigentum zu, wodurch meine Eltern in den Genuß eines behaglichen Heims gelangten.

Die alte Hansestadt Danzig gehört ihrer gesamten Physiognomie nach zu den merkwürdigsten und interessantesten Plätzen des deutschen Vaterlandes. Obwohl die Stadt Jahrhunderte hindurch ein Zankapfel feindlicher Mächte gewesen war und auch von inneren Parteikämpfen zu leiden gehabt hatte, gedieh ihr Handel zu Wasser und zu Lande, mit Ausnahme gewisser unergiebigen Zeiten, vortrefflich. Dies ganz besonders in jener Periode, während welcher Danzig unter Polens Oberhoheit stand, da der kaufmännische Verkehr mit dem genannten Hinterlande ein unbehinderter und weitausgebreiteter war. Die rührige Bürgerschaft gelangte dadurch im Laufe der Zeit zu immer größerer Wohlhabenheit. Diese letztere gewährte die Möglichkeit, viel für die öffentlichen Bauwerke der Stadt zu thun, was dann die begüterten Einwohner aneiferte, die Fronten ihrer Häuser auf eigentümliche Art mit ornamentalem Schmuck und Zierat zu versehen, wofür mehrfach auswärtige namhafte Künstler herbeigezogen wurden. Ganz apart waren die verandaartigen Vorbaue, Beischläge genannt, am erhöhten Parterre vieler Häuser. Zum Teil sind dieselben in neuerer Zeit des belebter gewordenen Straßenverkehrs halber beseitigt worden, wie leider noch manches andere der Erhaltung Werte.

In alten Zeiten waren die Straßenzugänge zur inneren Stadt für Verteidigungsfälle gegen feindliche Angriffe mit Thoren versehen, welche gleichfalls der Kommunikation wegen nach und nach abgetragen wurden.

Eines dieser Thore, des Ketterhagerthores, erinnere ich mich noch deutlich von meiner Knabenzeit her. Dasselbe machte in seinem Bestande durch die originelle Struktur und den Ausputz an Türmchen, Fallgatter, Ketten und Pechpfannen zur Erleuchtung, wie man es auf mittelalterlichen Städtebildern noch sehen kann, einen malerischen Eindruck. Wie oft bin ich auf meinem Schulwege, der durch dieses Thor führte, vor demselben stehen geblieben, um mich an seinem Anblick zu weiden! Aber auch dieses Denkmal längst vergangener Zeiten mußte fallen, es wurde in meinem vierzehnten Jahre beseitigt. Indessen ist in Danzig doch genug an altertümlichen Baulichkeiten übrig geblieben, um sich eine annähernde

Vorstellung von dem ehemaligen Aussehen der inneren Stadt machen zu können.

In Betreff der an die Gotik sich anlehnenden norddeutschen Backsteinarchitektur, sowohl öffentlicher Bauwerke wie vieler Privathäuser, nimmt Danzig jetzt noch einen hohen Rang unter Teutschlands größeren Städten ein. Dies kam mir erst zum vollen Bewußtsein, nachdem ich viele andere Städte des Reiches gesehen hatte. Die großartige Marienkirche, deren Bau an Stelle einer Marienkapelle im Jahre 1343 begonnen und 1502 beendet wurde, — der im Innern eigenartig geschmückte Artushof, dessen Entstehung auf das Jahr 1370 zurückzuführen ist, und der seit 1742, nachdem er mehrfach renovirt worden, zur Kaufmannsbörse dient, — das charakteristische Rathaus mit seinem schlank und elegant sich erhebenden Turme, und das Zeughaus, anderer bemerkenswerten Gebäude nicht zu gedenken, sind Monumente von hervorragender Bedeutung, wie man sie nur an wenigen deutschen Orten findet. Auch einzelne Kuriosa gehören dazu. So zum Beispiel ein isolirter hoher Turm, der dazu bestimmt war, die Ordensritter in ihrem zu Danzig 1331 erbauten Schlosse zu beobachten, woher er die Bezeichnung „Kick in die Kök" (Guck in die Küche) erhielt. Das Ordensschloß wurde übrigens, nachdem die Ordensritter aus Danzig vertrieben worden waren, um Mitte des fünfzehnten Jahrhunderts zerstört, so daß keine Spur mehr davon vorhanden ist.

Außer seinen Sehenswürdigkeiten besitzt Danzig eine landschaftlich reizvolle Umgebung, sowohl nach der See- als nach der Landseite. Die in mäßiger Entfernung gelegenen waldgekrönten Höhenzüge mit ihren mannigfaltig anmutigen, ja wahrhaft schönen Ausblicken, die nahe Meeresküste einerseits, belebt durch freundlich anheimelnde Badeorte und den Schiffsverkehr, die reich kultivirte lachende Landschaft andererseits, alles dies gewährt herzerfreuende Bilder. Läge Danzig nicht so weit ab vom Zentrum des Reiches und gleichsam isolirt im fernen Osten, so würde es sicher von Vergnügungsreisenden häufiger besucht werden, als es selbst jetzt trotz der Eisenbahnverbindungen geschieht. Die Fahrt vom westlichen und südlichen Teutschland aus dahin ist immerhin einigermaßen umständlich und beschwerlich, auch insofern nicht gerade verlockend,

als weite Strecken zu durchmessen sind, die landschaftlich nichts Besonderes
darbieten. Früher, da man die Postkutsche benützen mußte, war die
Kommunikation freilich noch weit schwieriger und zeitraubender. Es ist
daher begreiflich, daß Danzig ehedem einen eigentlichen Touristenverkehr
nicht kannte. Die Abgeschlossenheit, in der die Stadt, eingeengt durch
starke Festungswerke, nach außenhin verharrte, gab ihr etwas Patriar-
chalisches und begünstigte die Eigenart ihrer Bewohner. Ich entsinne
mich, daß Danzig in meiner Jugend eine große Zahl höchst origineller
Persönlichkeiten besaß, die sich durch eine erheiternd wirkende Mischung
von derbem Witz und gutmütiger Laune bemerklich machten.

Die oft drollige Wirkung des Behabens jener Originale erhielt
noch eine besondere Nuance durch den Gebrauch der plattdeutschen Mund-
art, welche damals ziemlich allgemein im öffentlichen Verkehr und selbst
in den Patrizierfamilien des Ortes üblich war. Die Neuzeit, deren
nivellirender Tendenz auf die Länge kaum etwas zu widerstehen vermag, hat
aber von dem alten Danzig, wie es mir vorschwebt, gar manches verwischt
und ausgemerzt. Unter anderem sind nun auch die Festungsmauern der
Stadt mit ihren hohen Wällen, statt deren dieselbe von Außenforts umgeben wird, dem Untergange geweiht, allerdings eine Annehmlichkeit
für die Bürgerschaft, da sie sich wird freier bewegen und ausbreiten
können.

Meine Kinderjahre verflossen in Spiel und allerhand Zeitvertreib,
wie ihn die Jugend zu lieben pflegt. Ein Hauptvergnügen gewährte
mir und meinen Geschwistern die alljährlich wiederkehrende Dominiksmesse, welche vier Wochen dauerte und mit den großen Sommerferien
zusammenfiel. Dieser von vielen fremden Handelsleuten besuchte Markt,
der ein reichliches Publikum der Provinz herbeizog, rührte aus der
katholischen Zeit her und stand vermutlich in einem gewissen Zusammenhang mit der in Danzig ehedem vorhanden gewesenen Dominikaner-
societät. Sein Ursprung weist auf das Jahr 1260 zurück. Wir Kinder
freuten uns schon Monate vorher auf die Eröffnung des durch Glocken-
klang eingeläuteten Marktes, denn da gab es gar viel Schönes zu sehen
und zu naschen. Große Anziehungskraft übten die Thorner Pfeffer-
küchler mit ihrer süßen, wohlschmeckenden, im Lande berühmten Ware,

nicht minder aber die nur zu dieser Zeit von den Bäckern angefertigten
Dominiks-zwieback von feinstem Mürbteig, leider nur in der Größe eines
Zweimarkstückes. Sodann nahmen die in langen Reihen aufgestellten
Kaufmannsbuden und vornehmlich diejenigen, in denen Kinderspielzeuge
aller Art zu sehen waren, sowie die Menagerie-, Kunstreiter- und verschiedenen Raritätenbuden unsere Schaulust in Anspruch. Auch das
frische von der Jahreszeit gebrachte Obst kam uns sehr gelegen. Fast
täglich besuchten wir mit einer Art von Leidenschaft die Plätze, auf
denen so viel Verlockendes und Anreizendes zusammengedrängt war.

Außerordentlichen Eindruck machte auf uns ein Ereignis des
Jahres 1835, welches die ganze Stadt in Bewegung setzte. Anlaß dazu
gab die Zusammenkunft der Monarchen Preußens, Rußlands und
Oesterreichs in Kalisch, wo ein großes Manöver der preußischen und
russischen Garde abgehalten wurde. Anfangs August erschien auf der
Danziger Rhede eine russische Flotte von siebzehn Kriegsschiffen mit
Bemannung. Die Ausschiffung der russischen Heeresabteilung erfolgte
am 9. August. Viel gab es da zu sehen. Bei Ankunft der Soldaten
in Danzig war alles auf den Beinen, um die fremdartigen Uniformen,
sowie deren Träger zu betrachten. Vor allem rief der riesige, sieben
Fuß zwei Zoll messende Tambourmajor Erstaunen hervor. Zur Speisung
der Mannschaften waren ausgedehnte Vorkehrungen getroffen. Innerhalb
eines Teiles der Umwallung hatte man eine stattliche Reihe von außerordentlich großen Kesseln zur Bereitung der Mahlzeiten für die fremden
Soldaten aufgestellt. Alles das erregte die allgemeine Neugierde, welche
noch eine Steigerung erfuhr, als der Zar nebst Gemahlin eine Woche
später, von seinem schon vorher eingetroffenen königlichen Schwiegervater,
Friedrich Wilhelm III., begrüßt, in Danzig anlangte. Natürlich fehlte
es dabei nicht an Empfangsfeierlichkeiten und lärmendem Zapfenstreich
aller Tamboure der ganzen Garnison. Der Kaiser von Rußland, ein
wahrhaft schöner Mann, erregte durch seine hohe, gebieterische Gestalt
und ritterliche Erscheinung allgemeine Bewunderung. Als er mit dem
Könige nach Kalisch abgereist war, wurde dem Publikum die Erlaubnis
zu teil, die Dampffregatte zu besichtigen, mit welcher der Kaiser gekommen war. Wer es ermöglichen konnte, verschaffte sich diesen Anblick,

denn die Danziger hatten bis dahin noch kein Dampfschiff zu sehen bekommen, und das kaiserliche war noch dazu mit einer wahrhaft fürstlichen, in Erstaunen setzenden Pracht ausgestattet. Neben demselben
befand sich als Begleitungsfahrzeug eines der russischen Kriegsschiffe, ein
Dampfer von großen Dimensionen, der gleichfalls dem Publikum zugänglich gemacht war. Kurzum, man hatte etwas ganz Ungewöhnliches
erlebt. Als die Russen anfangs Oktober von Kalisch zurückkehrten, um
sich wieder einzuschiffen, wurde ihnen zu Ehren von der Stadt ein
Festball veranstaltet. Dieser bildete das Finale der Vorgänge.

Mitunter machte mein Vater, wenn die Witterung dazu einlud,
auch weitere Tagestouren mit uns über Land, so namentlich nach dem
reizend gelegenen, eine Meile von Danzig entfernten Marktflecken Oliva.*)
Der Weg dahin führt zunächst eine halbe Stunde lang durch eine
prachtvolle doppelreihige Lindenallee, welche in den Jahren 1768 bis 1770
mit einem Kostenaufwand von 100,000 Gulden angelegt wurde. Ein
Fünftel dieser Allee mußte bei der Belagerung Danzigs durch die Franzosen im Jahre 1807 der Axt weichen, wurde aber durch Nach-
pflanzungen wieder ergänzt. Kurzum, die Ferien brachten uns eine
Freudenzeit, an die ich mich jetzt noch gerne erinnere. Gegenwärtig hat
die junge Generation meiner Heimatstadt es nicht mehr ganz so gut:
sie kann nur noch die Hälfte des Dominiksmarktes genießen, da die
Dauer desselben seit 1873 auf vierzehn Tage reduzirt ist.

Frühzeitig empfing ich im elterlichen Hause die ersten musikalischen
Eindrücke und Anregungen. Meine Mutter, eine liebreiche Frau heiteren
Gemütes, war außerordentlich musikbegabt. Ohne in ihrer Jugend
nennenswerten Unterricht empfangen zu haben, spielte sie geläufig Klavier
und zwar ohne alle jene üblen Vortragsmanieren, die man so häufig bei
Dilettanten antrifft. Ihr angeborenes Talent und feines Gefühl bewahrte
sie davor. Sie sang auch recht hübsch; so zum Beispiel ist mir ihr
Vortrag von Zumstegs „Lenore", die damals sehr beliebt war, und von
Schuberts „Forelle", wobei sie sich selbst accompagnirte, im Gedächtnis

*) Geschichtlich bekannt durch den daselbst 1660 zwischen Schweden, Polen und
Brandenburg geschlossenen Frieden, der die Unabhängigkeit Preußens von Polen
dekretirte.

geblieben. In späteren Jahren spielte sie besonders gern die weniger schwierigen Chopinschen und Schumannschen Kompositionen, welch letztere aber erst um die Mitte der vierziger Jahre in Danzig Eingang fanden, und anfangs nur spärlichen.

Mein guter Vater, ein stiller, fleißiger Mann, dessen wohlwollendem Wesen ein gewisser, durch die erlittenen Schicksale erzeugter strenger Ernst beigemischt war, verstand sich etwas auf das Geigenspiel, welches auch schon sein Vater als Liebhaber getrieben hatte. Die früheste Erinnerung an das Zusammenspiel meiner Eltern knüpft sich an Beethovens f-dur Sonate op. 17.

Neben dem Elternhause war für uns Kinder die Behausung des Großvaters eine Art Eldorado, denn dort gab es immer etwas Gutes zu schmausen und im Hofe überdies allerhand Kurzweil in Spiel und Jungenstreichen. Der Großpapa hatte eine sehr stattliche Gestalt von altem Schrot und Korn. Als ich in die Knabenjahre trat, war er bereits ein Siebziger, und so liebte er eine gewisse Bequemlichkeit. Öfters ließ er mich und meine Geschwister des Abends zu sich hinüberrufen, damit wir ihm die Zeit vertreiben sollten. Dann saß er sinnend im langen geblümten Hauskleide mit einer hohen weißen Zipfelmütze auf dem Kopfe im Sofa und ließ sich von uns erzählen und kindliche Späße vormachen, die ihm manchmal ein behagliches Lächeln abgewannen. Öfters beschenkte er uns mit Obst, und mir speziell spendete er einmal einige seiner Schlafmützen, deren Besitz indessen mein lebhaftes Temperament keineswegs dämpfte, sondern mich vielmehr zu allerhand Schelmereien reizte, mit denen meine Geschwister und die Dienstboten bedacht wurden.

Das erste meiner Erlebnisse, welches einen tief nachhaltigen Eindruck auf mich machte, war die große Wassersnot, von der Danzig nebst dem Werder im Frühjahr 1829 infolge eines Weichseldammbruches heimgesucht wurde. Noch heute, nach mehr als sechzig Jahren, glaube ich die vom Militär gegebenen schauerlichen Notsignale zu hören. Die niederen Stadtteile wurden mit Kähnen befahren, um die Menschen in Sicherheit zu bringen und die gestörte Kommunikation herzustellen. Viele Einwohner gerieten in Bedrängnis und Not. Unser in dem höheren Stadtteile belegenes Haus blieb glücklicherweise verschont. Wer niemals eine Wassersnot im großen Maßstabe mit ihren traurigen Folgen erlebt hat, kann sich von den Verwüstungen derselben keine richtige Vorstellung machen.

Kaum war das Unheil der Wassersnot etwas verschmerzt, so wurde die Stadt von einem andern schweren Unglück heimgesucht. Im Mai 1831 brach in Danzig plötzlich die durch russische Schiffe eingeschleppte asiatische Cholera aus und verbreitete sich unter der Bürgerschaft mit großer Schnelligkeit. Danzig war, so viel ich mich erinnern kann, der erste deutsche Ort, in welchem diese furchtbare Geißel der Menschheit Platz griff. Unbekannt mit dem Wesen der Seuche, standen die Aerzte ihrer unheimlichen Erscheinung schier ratlos gegenüber, und dies um so mehr, als die Krankheit ihre Opfer in wenig Stunden dahinraffte.

Menschenwitz und Menschenhilfe waren schachmatt gesetzt. Wohl versuchten die Jünger Aeskulaps, von denen sich manche wegen der allgemein gefürchteten Ansteckungsgefahr den Kranken mit Reserve näherten, ihre Künste. Aber dem rapiden Verlauf des Vernichtungsprozesses, dessen Charakter für die Mediziner damals noch etwas Rätselhaftes hatte, war nicht beizukommen, ausgenommen jene nicht häufigen Fälle, in denen die Natur der Kranken sich selber half. Da die Zahl der Toten sich bald ins Große gesteigert hatte, so fuhren geräumige verdeckte Wagen in der Stadt umher, um die Leichen abzuholen und Massengräbern zu übergeben. Alle Häuser, in welche die Krankheit eingedrungen war, wurden durch einen Strohwisch auf der Stange (vulgo „Vogelscheuche") kenntlich gemacht. Außerdem erhielten sie Wächter, die den Schlüssel des Hauses bewahrten und dasselbe nur dem Arzte öffneten. Diese Maßnahmen beweisen, welchen Schrecken die Cholera unter der Einwohnerschaft Danzigs verbreitet hatte. Die Schuljugend wurde weniger davon berührt; brachte doch das Choleragespenst für sie die erfreuliche Verordnung, daß sämtliche Schulen auf die Dauer von drei Monaten beschlossen wurden. Da es ein trockener, warmer Sommer war, so benutzten wir die unvermuteten langen Ferien zu häufigen Wanderungen durch Feld und Wald und ließen es uns, nach Kinderart unbekümmert um das herrschende Elend, dabei recht wohl sein.

Der unheimliche Gast, welcher so mörderisch in Danzig gehaust hatte und seinen Weg weiter nach Westen fortsetzte, verschwand gegen die Herbstzeit, nachdem innerhalb der Stadt von 1456 Erkrankten 1063 gestorben waren. Doch kehrte die Seuche weiterhin zu mehreren Malen immer wieder stärker oder schwächer zurück, zunächst 1837, in welchem Jahre bei uns ein junger Pole, den die Eltern als Pensionär aufgenommen hatten, daran starb; er war binnen neun Stunden gesund und tot. Doch hatte dieser Fall für unsere Familie keine üblen Folgen, da wir alle gesund blieben.

Erst nach langen Jahren kam man dahinter, was der tückischen Krankheit in Danzig so großen Vorschub geleistet hatte. Einmal war das Trinkwasser unrein, welches die Stadt aus der Radaune, einem Nebenflusse der Danzig durchschneidenden und in die Weichsel sich ergießenden Mottlau, bezog. Ganz besonders nachteilig erwies sich das auf seinem Wege durch Abfälle aller Art verschmutzte Wasser der Radaune in der warmen Jahreszeit. Es wurde aber, da kein besseres vorhanden war, anstandslos genossen. Eine zweite gesundheitsschädliche Ursache lag in dem Mangel einer geeigneten Beseitigung der Auswurfstoffe, welche den Grund und Boden verseucht hatten. Erst als Danzig ein sauberes Leitungswasser sowie Kanalisation erhalten hatte, was ums Jahr 1871 geschehen war, blieb die Stadt, die jetzt zu den gesundesten Orten Teutschlands gehört, mit Ausnahme einzelner sporadischen Fälle, von der Cholera verschont.

Mit zehn Jahren übergab mich mein Vater, nachdem ich in dessen Schule die erforderliche elementare Vorbildung genossen, der höheren Lehranstalt zu St. Petri und Pauli, ein Institut nach Art der heutigen Realschulen, denn es wurde neben den allgemein üblichen Fächern das Lateinische und Französische von Quarta ab, sowie das Englische, dann aber auch Physik und Chemie von Sekunda ab gelehrt. Bei meiner Aufnahme in die Schule wurde ich gleich der Quinta überwiesen. Die Lehrer waren mit vereinzelten Ausnahmen keine rechten Pädagogen, da sie nicht verstanden, auf das Ehrgefühl der Jungen einzuwirken, vielmehr das Hauptheil für dieselben in der Prügelstrafe erblickten. Von derselben machten die Ordinarien der Quinta und Quarta ausgiebigen Gebrauch. Selbst in Sekunda wurden gelegentlich noch Ohrfeigen verabreicht. Die Schüler der außerordentlich stark besuchten Klassen machten den Lehrern freilich manchmal den Kopf warm und das Amt sauer, aber ihre Erziehungsmethode war doch insofern verfehlt, als sie gar zu häufig von der „Peitsche" (eine Seitenverwandte des russischen „Kantschu") oder vom vierkantigen Lineal Gebrauch machten, wodurch die Bestraften nur verdrossen und dickfellig wurden. Die Züchtigungsmethode konnte als Reminiszenz des altpreußischen Korporalstockes bezeichnet werden. Ganz besonders that sich der stämmige Klassenlehrer von Quinta durch seine Schlaglust und -fertigkeit hervor. Heimtückisch schlich er, das Strafinstrument unter dem Rocke versteckt, in den von ihm erteilten Lektionen umher, wenn er irgend eine Ungehörigkeit, ein Plaudern oder dergleichen wahrnahm. Empörend war dabei der Umstand, daß er seine Hiebe sichtlich mit fröhlichem Genuß und unverkennbarem Behagen austeilte. Schließlich verdiente dieser harte Mann wahre Teilnahme, da er die Leiden der Rückenmarkschwindsucht zu erdulden hatte, welche seinem Leben ein schmerzvolles Ende bereiteten. Der Ordinarius von Quarta bevorzugte vor der Peitsche das vierkantige Lineal, mit dem er ruhigen Gemütes die inneren Handflächen der Jungen bearbeitete, wobei er manchmal pausirte, um eine Prise Tabak zu nehmen, worauf er dann wieder ganz gelassen in seiner Züchtigung fortfuhr. Und wofür strafte er in der Regel? Für ein nicht angenähtes Löschblatt oder für ein nicht hinreichend liniirtes Schreibheft!

Schon bevor ich der Petrischule übergeben worden, hatte mein Vater mir den ersten Unterricht auf der Violine erteilt, die ich aus freier Wahl zu meinem Lieblingsinstrumente erkoren, weil sie meinem Tonsinn schmeichelte. Da aber seine Zeit vollauf anderweitig in Anspruch genommen war, sorgte er nach ein paar Jahren für einen Lehrer. Die Wahl war leicht, da es viele Lehrer für dieses Instrument in Danzig gab, aber schwer, weil kein einziger derselben sich als tüchtig erwies. So habe ich denn leider in meiner Jugend keinen wirklich guten Geigenunterricht genossen.

Mein um ein Jahr älterer Bruder Theodor hatte sich mit dem

Violoncell befaßt, und ein ihm im Alter wiederum voranstehender Bruder
Namens Julius spielte mit Eifer und ansehnlicher Fertigkeit Klavier.
Da konnten wir denn bald eine Hausmusik einrichten, zu welcher nach
und nach Musiker von Fach hinzutraten, so daß außer Duos und Trios
auch Quartette und Quintette verschiedener Komponisten zu Gehör gebracht wurden. Mitunter übernahm ich bei diesen Uebungen auch die
Bratsche, mit deren Notirung ich mich auf eigene Hand bekannt gemacht
hatte. Auf diese Weise lernte ich allmälich die Schätze der klassischen
Kammermusik kennen und genoß mithin eine musikalisch fördernde
Jugend, deren Vorteile sich im späteren Alter gar nicht oder nur schwer
ersetzen lassen. Späterhin hatten wir sogar die Kühnheit, uns an die
letzten Quartette Beethovens zu wagen, standen aber bald von dem
Versuche, sie einzuüben, ab, da sie weit über unsere Kräfte gingen.

Erneuten Antrieb zum Geigenspiel erhielt ich, als ein Schüler des
Leipziger Konzertmeisters Matthäi nach Danzig kam, um das Vorspieleramt im Theaterorchester zu übernehmen. Er war ein Sohn des Stadt-
musikus Braun in Merseburg und wohlroutinirter Violinist, auch im
Solospiel. Diesen gewann mein Vater sofort als Lehrer für mich.
Wohl machte ich merkliche Fortschritte unter seiner Leitung, hätte aber
jedenfalls mehr von ihm lernen können, wenn sein Unterricht ein
methodischer gewesen wäre. Er nahm mit mir ein Stück nach dem
andern vor, ohne eines derselben fertig zu machen und ohne mir die
rechten Fingerzeige für ein sorgsames Studium zu geben. Vom Etuden-
und dem für die Fingertechnik so wichtigen Skalenspiel war bei ihm nicht
die Rede. Um ihn in unmittelbarer Nähe zu haben, gab mein Vater
ihm freie Wohnung in unserem Hause, wodurch er zugleich die Annehmlichkeit eines Familienanschlusses gewann. Es war das Abkommen getroffen worden, daß mein Lehrer mir an vier Tagen in der Woche
morgens vor der Schule von halb sieben bis halb acht Uhr Stunde
geben sollte, was auch geschah. Zur Sommerzeit ging das ganz gut,
in den langen Wintermonaten aber haperte es damit. Wenn Braun
zu später nächtlicher Stunde aus Gesellschaften nach Hause kam und
dann zeitig das Bett verlassen mußte, um mich zu unterrichten, so
war er unlustig und verdrießlich. Ueber die von mir gemachten Fehler

äußerte er sich dann nicht weiter, sondern markirte sie nur dadurch, daß er mir mit dem Bogen auf die Finger schlug, was mich nicht gerade zu besseren Leistungen animirte. Im übrigen war er ein gutmütiger Mann.

Außer den Violinstunden erhielt ich auch zeitweilig Klavierunterricht. Dieses Instrument vermochte mich aber bei weitem nicht so zu fesseln wie die Violine, deren Klangreiz und Tonergiebigkeit meinem Naturell mehr entsprach. Stets legte ich auch mehr Wert auf den Vortrag des Melodischen als auf große Geläufigkeit, obwohl ich es mit der Zeit durch vieles Spielen aller möglichen Sachen zu einer bemerkenswerten, wenngleich nicht normal durchgebildeten Technik brachte. Zur Aufmunterung meines musikalischen Strebens wurde mir Spohrs damals neu erschienene Violinschule geschenkt. Die Bekanntschaft mit diesem Lehrwerk erregte alsbald in mir den Wunsch, mich unter dem Kasseler Meister, von dem ich schon so viel gehört, weiter ausbilden zu können. Aber mein Papa, der es herzlich gut mit mir wie mit meinen sechs Geschwistern meinte, ging einfach darüber hinweg zur Tagesordnung. Er war, was ich freilich erst später einsehen lernte, der sehr richtigen Ansicht, daß man sich erst eine wissenschaftliche Bildung aneignen müsse, bevor die Entscheidung für den Lebensberuf zu treffen sei, wobei ich mich denn einstweilen beruhigen mußte.

Unterdessen hatte ich das fünfzehnte Lebensjahr zurückgelegt, und es trat nunmehr die konfessionelle Frage an mich heran. Die Schule, deren Leitung meinem Vater übertragen worden war, gehörte zu dem Nonnenkloster St. Brigitta, in welchem sich noch einige altersgraue Konventualinnen befanden, die regelmäßig nach Beendigung des Gottesdienstes auf dem für sie reservirten Chore der Klosterkirche mit ihren zitternden und schnarrenden Stimmen einen nicht erbaulichen Gesang all' unisono anstimmten. Mein Vater hatte von Amts wegen an allen Sonn- und Feiertagen seine zahlreichen Schüler des Morgens um 8 Uhr zur Andacht in die Kirche zu führen, und ich begleitete ihn im Knabenalter häufig dahin. Die Meßfeierlichkeit mit ihren mannigfachen Zeremonien und der in die Augen fallenden Scenerie des Hochaltars sowie die priesterliche Funktion beschäftigten meine kindliche Phantasie, ohne jedoch mein Seelenleben zu beeinflussen. Die geistlichen Herren, mit denen mein Vater amtlich zu thun hatte, beschenkten mich öfters mit Heiligenbildchen, Kuchen und anderweitem Naschwerk, was ich mir gefallen ließ. Doch brachten mich diese Gunstbezeigungen dem Katholizismus nicht näher. Mein Vater, ein Mann von wahrer Frömmigkeit, doch allem Geistes- und Gewissenszwang abhold, that nichts, um mich und meine Geschwister in kirchlichen Dingen irgendwie für oder wider zu bestimmen. Es hing dies mit seiner Ueberzeugung zusammen, daß in Glaubenssachen keinerlei Druck ausgeübt werden dürfe. Als ich dann nach einigen Jahren anfing, selbständig zu denken, setzte sich mehr und mehr der Wunsch in mir fest, der unirten evangelisch-reformirten Kirchengemeinschaft angehören zu wollen, wogegen meine Eltern nichts einzuwenden hatten, da sie der Ansicht lebten, daß es jedem freistehen müsse, „nach seiner Fasson selig zu werden". Und so wurde ich nach erfolgter Vorbereitung in den Verband der protestantischen Kirche aufgenommen, wie auch meine Geschwister, mit Ausnahme des ältesten Bruders, der katholisch war, später aber zum Deutschkatholizismus überging.

Inzwischen ereignete sich ein Zufall, bei dem ich beinahe ums Leben gekommen wäre. Zu den Ausflügen, welche mein Vater mit uns zur sommerlichen Zeit in die naturschönen Umgebungen der Stadt zu machen pflegte, gehörte auch derjenige nach Weichselmünde, um in der See zu baden. Die Fahrt nach diesem nahe am Meer gelegenen Orte vermittelte, da Danzig noch keine Dampfschiffe besaß, eine Tredschuite holländischer Art. Man hatte dann etwa noch eine Viertelstunde bis zum Badeplatz zu gehen. Einstmals, als wir uns in die Salzflut begeben hatten, lief ich mit zu großer Dreistigkeit immer tiefer hinein und geriet auf Triebsand, verlor das Gleichgewicht, und da ich nicht schwimmen konnte, sank ich, unwillkürlich Wasser schluckend, in die Tiefe. Mein Vater, ein ausgezeichneter Schwimmer, der uns Kinder aufmerksam im Auge behielt, eilte herbei und kam gerade noch zu rechter Zeit; er tauchte unter Wasser und es gelang ihm, mich bei dem einen Beine zu packen. Schon hatte ich die Besinnung verloren. Der Moment, bevor dies geschah, war mir wie ein schöner Traum; von Angst und Schrecken hatte ich nichts gespürt. Am Lande kam ich bald wieder zur Besinnung, worauf ich die verschluckten Wassermengen von mir gab. Dabei wurde es mir klar, daß Seewasser kein angenehmes Getränk ist. Seitdem hatte ich, ehrlich gestanden, eine gewisse Scheu vor dem Baden in offener See.

Nicht lange nach diesem Vorfalle geriet ich in eine andere Lebensgefahr. An einem stürmischen Morgen auf dem Wege zur Schule begriffen, wollte ich einen in unserer Nachbarschaft wohnenden, mir befreundeten Kameraden abholen. Vor seinem Hause angelangt, hob der heftige Wind ein großes Fenster des zweiten Stockwerkes aus den Angeln. *) Dasselbe fiel mit der vollen Wucht seiner Schwere in dem Augenblicke, als ich den Vorraum des Hauses betrat, auf meinen Kopf hernieder. Der mich treffende Schlag, infolge dessen das Fenster vollständig in Stücke ging, war so heftig, daß ich auf der Stelle ohnmächtig zusammenbrach. Man trug mich in das Zimmer meines Schulkameraden und legte mich in dessen Bett. Wieder zu mir gekommen, erblickte ich meinen um mich besorgten Vater, der sofort von dem Geschehenen benachrichtigt worden und herbeigeeilt war. Bald erschien auch der Arzt. Er ließ mir nach damaliger Praxis zur Ader, nachdem er meinen Kopf untersucht hatte, auf dem eine Beule von der Größe eines Hühnereies entstanden war. Es ließ sich daher vor der Hand nicht feststellen, ob der Schädel einen Bruch erlitten. Später ergab sich's, daß die Knochen meines Kopfes fester gewesen waren als das zertrümmerte Fenster. Einige Stunden darauf wurde ich nach Hause gebracht. Der Arzt besorgte, daß nachträglich noch die Folgen einer Gehirnerschütterung eintreten könnten, und forderte Ruhe sowie vollständige Enthaltung von jeder Thätigkeit. Es ging aber alles gut bis auf das Aussehen meiner rechten Gesichtsseite, die ein paar Monate hindurch in nahezu allen Farben des Regenbogens schillerte, denn ich war mit der betreffenden Kopfhälfte aufs Steinpflaster gefallen, was eine starke Blutunterlaufung zur Folge gehabt hatte. Völlig wieder zum Wohlsein gelangt, gab ich mich neben dem Schulbesuch aufs neue dem Musiktreiben hin, zu welchem sich nun auch außer dem elterlichen Hause Anlaß fand, da einige kunstliebende Familien mich und meinen cellospielenden Bruder zum Ensemble-

---

*) In Danzig waren die Fenster an vielen Häusern so angebracht, daß sie nur nach außen geöffnet werden konnten.

spiel heranzogen. Bei solchen Gelegenheiten konnte ich auch mit kleinen Solovorträgen aufwarten.

Zu unseren musikalischen Extravergnügungen gehörte unter anderem, daß wir einige klassische Opern, die der Vater im Arrangement für Streichquartett angeschafft hatte, an den Winter-Sonntagsnachmittagen fleißig durchspielten, wobei sich das Scenische dieser Bühnenwerke leicht in Gedanken vergegenwärtigen ließ, da wir sie schon wiederholentlich im Theater gesehen hatten. Besonders war es die „Freischütz"-Musik, für deren reizende Melodien wir schwärmten. Nicht lange währte es, so beteiligten sich auch meine beiden ältesten Brüder daran, insofern sie hier und da die Volalpartien dazu ex tempore intonirten. Beide waren schon Offiziere in der preußischen Armee; der älteste sang nicht übel Baß, der zweite dagegen Tenor, und so eignete sich dieser die Partie des Max und jener die des Kaspar zu. Unter ihren Freunden befand sich der Sohn eines Danziger Großkaufmanns, welcher als Samiel, wofür sein gesamtes Aussehen sich gut eignete, gleichfalls an unseren „Freischütz"-Sitzungen teilnahm. Die Sache hatte indessen dabei nicht ihr Bewenden, sondern noch eine weitere Folge, an die ursprünglich nicht gedacht worden war. Der Bruder des soeben erwähnten Freundes nämlich, welcher die Rolle des Samiel übernommen, besaß ein Gut in der Nähe von Danzig und beabsichtigte, seinen Verwandten sowie seinen Nachbarn ein ländliches Frühlingsfest mit einer aparten Ueberraschung zu geben. Zu der letzteren nun wurde ihm die scenische Aufführung des ersten Altes und der Wolfsschluchtscene aus dem „Freischütz" im Freien vorgeschlagen. Gern ging er darauf ein, und sofort wurden alle Vorbereitungen dazu getroffen, denn die Aufführung sollte schon einige Wochen später und zwar am Pfingstfest stattfinden, was denn auch bei schönstem Frühjahrswetter wirklich geschah. Begünstigt wurde die Sache noch dadurch, daß zu dem gewählten Zeitpunkte der nächtliche Himmel gerade im Vollmond erglänzte, ein für die Wolfsschluchtscene wesentliches Moment.

Zunächst wies der Gastgeber seinen Förster an, in dem zum Gutshofe gehörenden nahegelegenen Walde die geeigneten Plätze für die „Freischütz"-Aufführung ausfindig zu machen und herzurichten. Für die Wolfsschlucht wurde in dem coupirten Terrain ein wohlgeeignetes Lokal

ermittelt, in deſſen Hintergrunde der vorüberrieſelnde Waldbach einen
kleinen Waſſerfall bildete, welcher durch einen leichtgefügten Steg über-
brückt war. Felſen zu beiden Seiten der Scene waren freilich nicht
vorhanden, aber durch eine hohe, an den Bäumen befeſtigte Leiter konnte
für den in die Schlucht herabklimmenden Max Erſatz geſchafft werden.
Kurz vor dem für die Wolfsſchlucht herzurichtenden Platze fand ſich auch
eine paſſende kleine, von Buſchwerk umgebene Waldwieſe für den erſten
Akt. Die Dekoration des zur Seite der Scenerie benötigten Schenk-
giebels war leicht bewerkſtelligt und ebenſo die Herbeiſchaffung der erforderlichen Stühle, Tiſche und Bänke.

Unterdeſſen hielten wir zu Hauſe fleißig Proben ab. Die außer
dem Max, Kaspar und Samiel noch zu beſetzende Partie des Kuno
übernahm der Darſteller des Samiel mit. Der Kilian wurde von einem
Beamten des Gutsbezirks gegeben, während der Dorfſchullehrer einigen
Mädchen und jungen Leuten des Ortes die leicht zu erlernenden Chor-
ſätze einübte.

Für die Wolfsſchlucht wurden ſelbſtverſtändlich verſchiedene pyro-
techniſche Kunſtſtücke in Ausſicht genommen, mit deren Herſtellung mein
älteſter Bruder, der damals den Dienſt eines Feuerwerkslieutenants zu
verſehen hatte, ſeinen Oberfeuerwerker beauftragte.

Die mit Ungeduld erwartete Zeit der Aufführung war herbeigekommen.
Zwei Tage vor derſelben hielt vor dem Stadtthor ein vom Gutsbeſitzer
abgeſchickter vierſpänniger, mit Maiengrün geſchmückter Erntewagen, auf
deſſen Strohſitzen wir uns, mit muſikaliſchen und allen ſonſtigen Requi-
ſiten verſehen, behaglich einrichteten. Zwei der zur Mitwirkung auf-
geforderten Muſiker hatten Klarinette und Trompete bei der Hand und
amüſirten uns ſowie die Bewohner der zu paſſirenden Ortſchaften durch
karikirt ausgeführte Tanzweiſen, wie man ſie auf den Jahrmärkten kleiner
Städte zu hören bekommt. Ueberall blieben die Leute auf der Straße
ſtehen und tauſchten ihre Gedanken über den zigeunerhaften Aufputz mit
einander aus. Auf dem Gutshof bewillkommnete man die Muſikanten-
und Komödiantenbande nicht nur mit freundlichem Zuruf, ſondern auch
mit einer reichlichen Mittagsmahlzeit. Bei den an Ort und Stelle abgehaltenen Proben fehlte es nicht an humoriſtiſchen Scherzen, doch

wurde auch keine Mühe gespart, um etwas Befriedigendes zu stande zu bringen.

Am ersten Pfingstfeiertag trafen nach und nach die eingeladenen Gäste aus der Umgegend sowie aus Danzig auf dem Gutshofe ein. Unter Essen, Trinken, Schälern und Promeniren in den Gartenanlagen des Herrenhauses verfloß die Zeit schnell bis zum Beginn der Vorstellung. Die Darsteller hatten sich rechtzeitig aus dem Gesellschaftskreise entfernt, um ihre Kostüme anzulegen und sich vorweg nach dem etwa eine Viertelstunde entfernten Schauplatz zu begeben, wobei sie mit Hallo von der aufgeregten Dorfjugend empfangen und begleitet wurden. Besonders imponirte ihr das martialische Aussehen des Kaspar und der in einen langen roten Mantel gehüllte Samiel. Bald erschien auch das Publikum und nahm auf den bereit gestellten Bänken Platz. Die Scene war vom Zuschauerraum durch einfache, mit frischem Laubwerke garnirte Hürdenwände getrennt. Nunmehr erklang die Ouverture, bei deren Schluß die Hürden von beiden Seiten zurückgezogen wurden, und im 11. Takt der Introduktion gab Kilian den vorschriftsmäßigen Scheibenschuß ab, worauf der ganze erste Akt zum Gaudium der Zuschauer ohne Störung verlief. Besondere Heiterkeit erregte die Walzerscene, da die Mädchen und Bursche sich im Tanze nicht genug thun konnten und denselben am liebsten noch immer weiter fortgesetzt hätten. Max und Kaspar trugen ihre Arien beifallswürdig vor, und der Schluß des Aktes fiel angemessen mit der tieferen Abenddämmerung zusammen.

Während sich nun die Mitwirkenden unverzüglich nach dem Platze der Wolfsschlucht begaben, wurden die Gäste mit Erfrischungen regalirt, bevor sie uns nachzogen, worauf dann die Darstellung alsbald wieder begann. Mittlerweile war der Mond so weit heraufgestiegen, daß sein falber Schein die Scene magisch beleuchtete. Der Geisterchor: „Milch des Mondes fiel aufs Kraut" erklang aus dem umherstehenden Gebüsch, und Kaspar ordnete den Zauberkreis zum Kugelguß. Alles zusammen ergab ein stimmungsvolles Bild, welches lauten Beifall hervorrief. Hoch oben auf der Leiter erschien Max im Gezweige einer Buche, und während seines Dialoges mit Kaspar auch Agathens Schattenbild auf der gegenüberliegenden Seite. Nachdem Max herniedergestiegen, begann der

Kugelguß. Präzise erklangen die von Kaspar ausgerufenen Zahlen in mehrfachem Echo hinter der Scene, und ab und zu ließ der Oberfeuerwerker seine pyrotechnischen Künste los. Ihren Glanzpunkt erreichten dieselben, als Samiel sich zum Schluß auf Kaspars Ruf einstellte. Er erschien diabolisch kostümirt im Brillantfeuerwerk auf einem über den Schauplatz gezogenen Wagengestell, dessen Räder und Verbandteile mit funkensprühenden Schwärmern bedeckt waren. Die ganze Scene versinnlichte thatsächlich das Phantastisch-Gespenstische mitternächtlicher Waldesromantik.

Die Anwesenden, höchlichst befriedigt von dem Dargebotenen, gerieten nach Beendigung des Schauspieles in die lebhafteste Bewegung, und unter heiterem Gedankenaustausch kehrte man gruppenweise zum Herrenhause zurück, wo eine ländliche Mahlzeit vorbereitet war, nach welcher dann auf freiem, mit bunten Lampions illuminirtem Platze vor dem Hause ein allgemeiner Tanz folgte. Lange Zeit noch beschäftigte uns die Erinnerung an dieses heitere Erlebnis, welches begreiflicherweise für die Danziger Gesellschaftskreise einen willkommenen Gesprächsstoff bildete.

Für meine weitere Bekanntschaft mit der musikalischen Literatur erwies sich der in Danzig 1825 gegründete Instrumental-Orchesterverein förderlich, da ich mich an ihm mitwirkend beteiligen durfte. Es wurden in demselben leichtere Ouverturen und Symphonien gespielt. Einigemale kam es vor, daß man keinen Paukenschläger hatte auftreiben können, für den ich sogleich bereitwillig einsprang. Es gereichte mir zum besonderen Vergnügen, die Kalbfelle zu bearbeiten, da ich bald merkte, daß die Pauken im Orchester eine wichtige Rolle spielen. Durch die Uebernahme dieses Schlaginstrumentes, dessen Traktirung mir weiterhin ganz überlassen blieb, weil der Verein dadurch eine Ersparnis machte, wurde mein rhythmisches Gefühl wesentlich geschärft. Aber ich ging bei Fortestellen so sehr ins Zeug, daß man mich zur Mäßigung ermahnte, da die bei den Blasinstrumenten mitwirkenden Dilettanten glaubten, mit ihren fragwürdigen Leistungen nicht zur Geltung kommen zu können, während es manchmal besser gewesen wäre, wenn man sie gar nicht gehört hätte. Meine Mitwirkung in diesem Verein war für mich insofern mit einem Gewinn verbunden, als ich dadurch eine größere Reihe von Orchesterwerken kennen lernte. Die Liebe zur Musik erhielt so immer wieder neue Nahrung, und mein Wunsch, der Kunst einmal ganz anzugehören, setzte sich mehr und mehr bei mir fest. Mein Vater wußte aber demselben, wenn ich etwas davon verlauten ließ, stets vorsichtig auszuweichen. Er hegte die wohlbegründete Meinung, daß die Mittelmäßigkeit in der Kunst nicht begehrenswert sei, und eine Gewähr dafür, daß es mir beschieden sein sollte, darüber hinauszukommen, gab es nicht. Doch ging er auf meine Bitte ein, mich mit der Musiktheorie bekannt machen zu dürfen, wie er denn alles begünstigte, was zur Ausbildung des Geistes irgendwie beitragen konnte. Den Theorieunterricht empfing ich von dem unserer Familie befreundeten ersten Organisten der Danziger St. Johanniskirche, Ludwig Granzin, einem wissenschaftlich gebildeten Mann, der Theologie studirt hatte, dann aber zur Musik übergegangen war. Von nobler, humaner Gesinnung, mir speziell zugethan, lebte er als Hagestolz und komponirte fleißig, doch ohne äußere Erfolge. Auf seine gutgemeinten Werke konnte man das von Haydn über van Swietens Symphonien ausgesprochene Witzwort anwenden, von denen der Altmeister sagte, sie seien so steif wie ihr Autor. Aber mein trefflicher Lehrer förderte mich wesentlich, wie er mich denn auch in die Bachsche Musik einführte, wofür ich ihm noch heute dankbar bin.

Ein regelmäßiges öffentliches Konzertleben gab es damals noch nicht in Danzig, nur selten fanden Aufführungen im größeren Maßstabe statt. Dagegen veranstaltete mein Geigenlehrer jeden Winter sechs Quartettabende vor einem kleinen, gewählten Publikum. Das Quartettspiel wurde überhaupt in Danzig kultivirt, freilich nur privatim von meist älteren Herren, wobei manchmal schnurrige Leistungen zu Gehör kamen. Merkwürdig war es, daß Onslow dem Vater Haydn vorgezogen wurde. Dieser Meister behauptete aber später wieder das Feld im Streichquartett, während jener Komponist vollständig aus der Mode kam und auch ganz gewiß nicht wieder aufleben wird. Indessen ergötzten sich die alten Herren damals an den Onslowschen Quartetten, die ein skrupulöses Zusammenspiel erfordern, worauf es ihnen freilich nicht ankam.

Um gewissenhaft zu berichten, muß ich noch erwähnen, daß der damalige Danziger Musikalienhändler Reichel, ein winziges, mit einem artigen Buckel versehenes, stets schmunzelndes Männlein, bisweilen in seiner Behausung musikalische Produktionen vor einem eingeladenen Zuhörerkreise veranstaltete, welcher in den Zwischenpausen echt patriarchalisch mit Schinkenbroten und Punsch regalirt wurde, weshalb diese Aufführungen den Namen „Schinkenkonzerte" erhielten. Der Gastgeber freute sich stets, wenn man den präsentirten Schüsseln und Gläsern tüchtig zusprach.

Die Versuche, stehende Abonnementskonzerte einzurichten, scheiterten an der Ungunst der Verhältnisse. Das Orchester war zur Winterzeit Tag für Tag im Theater beschäftigt, und so fand sich kaum eine andere Gelegenheit zu einer größeren musikalischen Produktion wie die stille Osterzeit. Eine solche von meinem Theorielehrer am Karfreitag in der Kirche veranstaltete Aufführung machte auf mich unauslöschlichen Eindruck. Sie galt der „Johannespassion" von Bach. Was ich bis dahin von diesem Meister hatte kennen lernen, war in mein Inneres eingedrungen, denn mein Naturell zog mich instinktiv zu seiner Musik hin. Lernte ich sie auch erst in reiferen Jahren ihrer ganzen Größe und Bedeutsamkeit nach verstehen und würdigen, so fesselte sie mich doch schon frühzeitig neben den unsterblichen Tongebilden des Dreigestirnes Haydn, Mozart und Beethoven, weil sie mir etwas gab, was ich bei keinem andern Komponisten fand. War es der lyrisch-romantische Ton, der mir aus einzelnen der Präludien des wohltemperirten Klaviers oder aus den Adagios der Sonaten für Klavier und Violine entgegenklang, oder war es die kombinatorische Kraft des fugirten Stiles, was mich gepackt hatte — ich wüßte es nicht zu sagen. Kurz, ich fühlte mich von dieser Tonsprache sympathisch berührt. Nun sollte ich eines der größten Werke nicht nur Bachs, sondern der ganzen Musikliteratur kennen lernen. Schon auf den Proben fühlte ich mich von der Gewalt der Chöre, zumal aber des unbeschreiblich mächtigen Einleitungschores, ergriffen. Er wirkte geradezu visionär auf mich, denn ich glaubte, im Geiste Scharen von Andächtigen zu sehen, die herbeizogen, um an dem Leiden und Sterben Christi inbrünstig betrachtend teilzunehmen. Auch die Sologesänge mit ihrer ausdrucksvollen Lyrik gingen mir zu Herzen. Der weite Horizont einer neuen Tonwelt eröffnete sich mir, welcher ich ahnungsvoll lauschte. Die beiden Teile dieser Schöpfung wurden für mich gleichsam die Propyläen zum weiteren Eindringen in die Bachsche Kunst. Einschalten will ich hier, daß Robert Schumann die „Johannespassion" irrtümlich für die spätere und bedeutendere hielt. Dies wird insofern begreiflich, als der Tongehalt dieser Passionsmusik nicht nur gedrungener ist, sondern auch das Leiden Christi mehr in den Vordergrund stellt als die „Matthäuspassion", in welch letzterer die reflektirenden Partien auf Kosten der Hauptsache teilweise zu sehr in den Vordergrund treten.

Das größere Danziger Publikum fühlte für diese Karfreitagsaufführung keine Begeisterung, weil ihm die Vorbildung dazu fehlte. Und Virtuosenkonzerte, die bei der Abgelegenheit des Ortes zu jener Zeit noch selten und nur dann vorkamen, wenn einmal ein Künstler nach Petersburg durchreiste, fanden nicht die gehoffte Teilnahme. Ich erinnere mich, daß im Jahre 1839 der belgische Geiger François Prume sich mit einem kleinen Zuhörerkreise begnügen mußte, obwohl ihm ein guter Ruf vorangegangen war. Der ihn überragende französische Violinist Lafont, welcher einige Jahre vorher nach Danzig kam, ließ sich nur im Theater während der Zwischenakte eines Schauspieles hören. Auch die Wunderkinder Gebrüder Eichhorn, die ganz artig geigten, machten keine sonderlichen Geschäfte. Günstigeren Erfolg hatte dagegen weiterhin der wiederholt in Danzig eingekehrte elegante Salongeiger Remmers, welcher als kaiserlich russischer Kammervirtuos für gewöhnlich in Petersburg lebte. Diese Spieler habe ich alle zu jener Zeit gehört, was mein Vater begünstigte, weil er glaubte, ich könne etwas dadurch lernen. Prumes Spiel war außerordentlich glatt und zierlich, doch weichlich und sentimental. Lafont hingegen zeichnete sich durch lebhaftes Temperament und Brillanz aus. Er hatte ein selten schönes, schier endloses Staccato, sowohl im Heraufwie Herunterstrich. Aber zu ergreifen und zu rühren vermochte er eben so wenig wie Prume. Die von beiden Männern vorgetragenen selbstkomponirten Stücke, bestehend in längst veralteten Variationen und sogenannten Phantasien, waren freilich nicht geeignet, die Wirkung ihrer Leistungen zu heben.

Bei weitem mehr als das Konzertwesen prosperirten im damaligen

Danzig die regelmäßig während der Wintermonate gegebenen Theatervorstellungen. Deutschlands Provinzialbühnen verfügten zu jener Zeit
im allgemeinen über besser geschulte Schauspiel- und Opernkräfte, als
es heutzutage der Fall ist. Noch waren in Norddeutschland die Traditionen der Ifflandschen Schule lebendig und nachwirkend, und die
Bühnensänger beiderlei Geschlechts zeigten sich meist genügend vorgebildet
für die Aufgaben der klassischen Oper, welche jetzt, wo der deklamatorische
Gesang so entschieden vorherrscht, beinahe wie ein Stiefkind behandelt
wird. So konnten denn dem Publikum durchschnittlich gute Aufführungen
geboten werden, und der rege Besuch des Theaters bewies, daß man
solches zu schätzen wußte. Die Unternehmer ließen es sich auch angelegen sein, für Gastspiele ausgezeichneter Künstler zu sorgen; je nachdem
sich Gelegenheit dazu darbot. Unter anderen gastirte in meiner Heimatstadt auf der Durchreise nach Petersburg der berühmte Bassist Joseph
Fischer, ein Sohn des ausgezeichneten Wiener Bühnensängers Ludwig
Fischer, für den Mozart die Partie des Osmin in der „Entführung“
schrieb, in der gleichnamigen Rolle, sowie in „Figaros Hochzeit“ als Figaro.
Im Besitze einer stattlichen Gestalt, begabt mit einer wohlausgebildeten,
sonoren und dabei außerordentlich geschmeidigen, in allen Lagen leicht
ansprechenden Stimme von selten großem Umfange, erregte er durch
seine Leistungen das größte Aufsehen. Die Partie des Osmin zumal,
in der ihm sein Vater als Vorbild gedient haben mochte, gab er in so
charakteristischer, drastisch wirkender Weise, wie ich es nie wieder erlebt
habe. Der köstliche Humor, mit dem Mozart diese von ihm geschaffene
Figur beseelt hat, kam zur ungeschmälerten Geltung. Gleich der sein
durchdachte, in den verschiedenen Nuancen und Färbungen der Tongebung wie der Mimik gehaltene Ausdruck des Liedes: „Wer ein Liebchen
hat gefunden“, machte große Wirkung. Desgleichen das anschließende
Duett mit Belmonte sowie die folgende Arie „Solche hergelaufene Laffen“.
Mit wahrhaft drolligem Humor gab Fischer die Worte: „Ich hab' auch
Verstand“ wieder, und zwar in verschiedener Betonung. Ganz köstlich
führte er mit allmälicher Steigerung seinen Part gleichfalls in dem
Schlußterzett des ersten Aktes durch. Ungemein erheiternd war es sodann,
wie Fischer in dem Duett mit Blondchen die Skala vom verliebten,

tyrannisch auftretenden Osmin nach und nach bis zum Pantoffelhelden herabstieg, und nicht minder ergötzlich zeigte er sich in dem Trinkliede mit Pedrillo; den Glanzpunkt jedoch erreichte er in seiner großen Arie: „Ha, wie will ich triumphiren". Auf unvergleichliche Weise versinnlichte er da in Spiel und Gesang den fanatischen Barbaren, ohne doch irgendwie in Uebertreibungen zu verfallen. In „Figaros Hochzeit" erschien Fischer als ein völlig anderer. Mit größter Lebendigkeit und feinster Komik zeichnete er die Figur des Figaro. Man wird einen solchen dramatischen Sänger nicht so leicht wieder hören.

Einige Jahre nach ihm erschien auch Wilhelmine Schröder-Devrient und versetzte das Danziger Publikum durch ihre hochdramatischen Leistungen in einen Freudenrausch. Sie gab die Emmeline in der „Schweizerfamilie" sowie den Romeo in Bellinis gleichnamiger Oper. Doch war ihre Stimme schon im Verblühen begriffen. Trotzdem wußte sie durch ihre geniale Darstellungsgabe noch immer zu elektrisiren. Durch meine Bekanntschaft mit den im Theater mitwirkenden Musikern fand ich Gelegenheit, alle diese und viele andere Opern sowie Schauspiele unentgeltlich zu sehen, da sie mich als Contrebande ins Orchester einschmuggelten. Das dadurch Genossene trug wesentlich zu meiner Bildung mit bei.

Unter den wechselnden Einwirkungen mannigfaltiger, geistig anregender künstlerischer Elemente war endlich der Zeitpunkt für mich herangekommen, die Berufsfrage zu entscheiden. Mein lebhafter Wunsch, der Musik anzugehören, hatte inzwischen immer festere Wurzeln in mir geschlagen. Doch der Vater hielt noch an seinem früheren Bedenken fest. Er schlug mir vor, vielleicht nur meine Neigung zu prüfen, mich dem Lehrerstande zu widmen, und schrieb deshalb sogar an den seinerzeit hochgeschätzten Pädagogen Diesterweg in Berlin, der sich auch bereit erklärte, mich in das von ihm geleitete Seminar aufzunehmen. Indessen konnte ich mich zu diesem Stande nicht entschließen, weil ich keinen Beruf zum Lehrfach in mir fühlte, und mein Vater war verständig genug, mich nicht zu überreden oder zu zwingen. Nun suchte er mich aber für die militärische Laufbahn zu gewinnen, indem er betonte, daß meine drei älteren Brüder es schon bis zum Offizier gebracht hätten, und mit Pensionsberechtigung bei steigendem Avancement einer sorglosen Zukunft entgegensahen. Infolge dessen wurde ich schwankend. Da nun auch meine Brüder mir zuredeten und darauf hinwiesen, daß ich als Vaterlandsverteidiger ebensowohl Musik treiben könne, wie sie selbst es thäten, so willigte ich endlich ein, obwohl nur mit halbem Herzen. Der meinem Naturell eingeborene Unabhängigkeitssinn einerseits, sowie die Forderungen der strammen militärischen Disziplin anderseits, riefen ein nicht ganz zu beschwichtigendes Dilemma in mir hervor; doch hatte ich einmal „ja" gesagt, und so wurde ich als Avantageur bei einem der damals in Danzig garnisonirenden Infanterieregimenter angemeldet und angenommen. Plötzlich nahm die Sache aber eine unerwartete Wendung. Während der Vorbereitungen zu dem damals noch unter allen Umständen erforderlichen Fähnrichsexamen erschien bald nach Beginn des Jahres 1843 die Bekanntmachung von der bevorstehenden Eröffnung des durch Mendelssohn ins Leben gerufenen Konservatoriums der Musik zu Leipzig. Das gab mir Anlaß, nochmals mit Bitten in meinen Vater zu dringen, indem ich beteuerte, daß ich nichts anderes werden könne und möge als Musiker, und nun gelang es mir, die Erlaubnis dafür zu erwirken. Die Zustimmung meines Vaters wurde mit dadurch erreicht, daß der schon erwähnte Geigenvirtuose Remmers, der gerade zu Konzertzwecken in Danzig anwesend war, gewissermaßen gut für mich sagte, nachdem ich ihm etwas vorgespielt hatte, wie denn auch mein Theorielehrer die Sache freundlich befürwortete. Desgleichen trug der Umstand, unter einem Meister wie Mendelssohn studiren zu können, dessen Musik in unserem Hause hochgehalten wurde, zu der Umstimmung meines Vaters bei. Es wurde nun alles zu meiner Abreise nach Leipzig ins Werk gesetzt. Bevor ich dieselbe antrat, nahm ich in einer der Kammermusiksoiréen meines Violinlehrers mit dem Vortrage des Spohrschen Soloquartettes (E-dur) von meinen Gönnern, Freunden und Bekannten Abschied. Gegen Ende März trat ich unter den Segenswünschen der Meinen die Reise an, welche damals noch bis Angermünde im Postwagen gemacht werden mußte. Erst von diesem halbwegs zwischen Stettin und Berlin gelegenen Orte ab konnte man das noch ziemlich neue Verkehrsmittel der Eisenbahn benützen, deren unheimliche Zug- und Flugkraft mir anfangs ein gewisses Gruseln verursachte.

In Berlin, wo ich ein paar Tage verweilte, fand ich Gelegenheit, Meyerbeers erst im Jahre zuvor auf der Berliner Hofbühne inscenirte Oper „Die Hugenotten" zu hören, ein Werk, welches mehr Staunen als Behagen in mir hervorrief. Frappant wirkte jedoch auf mich die Scene der Schwerterweihe mit ihrem meisterhaft getroffenen fanatischen Ausdruck. Lebhafter aber als dieses Produkt der sogenannten großen Pariser Oper, interessirten mich die Leistungen des aus der belgischen Schule hervorgegangenen Geigenmatadors Henri Vieuxtemps, der sich damals im Saale der Singakademie hören ließ. Als Hauptnummer des Abends trug er sein erstes Violinkonzert in E-dur vor. Bei Anhörung des markigen, jugendfrischen und höchst brillanten Spieles dieses kaum erst den Jünglingsjahren entwachsenen Künstlers schrumpfte die Erinnerung an den einige Jahre vorher von Prumes und Lafonts Leistungen empfangenen Eindruck sehr zusammen. Vieuxtemps vereinigte in seinem Spiel schöne, große, geklärte Tongebung mit unfehlbarer Sicherheit und Reinheit der Intonation, sowie energische Bravour und mühelos vollendete Beherrschung der ausgesuchtesten Schwierigkeiten. Dabei hatte seine musikalische Gestaltungsweise etwas Gediegenes; sie hielt sich fern von aller Flunkerei. So nahm ich denn von Berlin eine meinem Gedächtnis fest sich einprägende künstlerische Erinnerung mit mir nach Leipzig, die für mich um so wertvoller war, als sie mir Anregungen für das ernstlich in Angriff zu nehmende Geigenstudium gab.

In Leipzig.

Die Musenstadt Leipzig, das Emporium des deutschen Buch- und Musikalienhandels, weit berufen durch ihre bedeutende Universität, bot in ihrem, seit Johann Sebastian Bachs Zeiten allmälich zu hoher Entwicklung gelangten Tonleben die beste Gelegenheit zur musikalischen Ausbildung. Meister wie Mendelssohn, Schumann und dessen Gattin, Moritz Hauptmann und Ferdinand David lebten und wirkten dort. Andere, wie Gade und Moscheles, kamen bald hinzu, und viele jahraus jahrein ab- und zugehende, in den Gewandhauskonzerten auftretende Künstler und Künstlerinnen verschiedener Art belebten das öffentliche Musiktreiben, so daß jeder, dem es darum zu thun war, etwas Ordentliches lernen konnte. Und auch die meist guten Schauspiel- und Opernvorstellungen des Theaters bildeten dafür ein wesentliches Moment. Sehr richtig äußerte Robert Schumann im Jahre 1846 brieflich: „Es gibt in Deutschland, vielleicht in der Welt keinen besseren Ort für einen jungen Musiker als Leipzig". Sehr bald gelangte ich darüber aus eigener Wahrnehmung zu voller Klarheit.

Nach meiner Ankunft in Leipzig meldete ich mich sofort zur Aufnahme ins Konservatorium, welche am 2. April erfolgte. In dem kleinen Gewandhaussaale, der unmittelbar an den großen Konzertsaal stieß, war außer Mendelssohn, den ich hier zum erstenmal sah, das Direktorium des neu begründeten Institutes nebst einem Teile des Lehrerpersonales gegenwärtig. Die versammelten Aspiranten, deren Zahl sich im ganzen auf 22 belief, mußten durch Vorträge ihre Musikanlage und den Grad ihres Könnens erweisen. Als die Reihe an mich kam, legte ich mutig mit Beriots damals viel gespieltem ersten Violinkonzerte los. Noch war

ich nicht weit über den Anfang desselben hinausgekommen, als Ferdinand
David mich lächelnd unterbrach und wieder abtreten ließ. Natürlich
glaubte ich meine Sache sehr gut gemacht zu haben, der hinkende Bote
kam aber nach. Sobald die Prüfung beendet war, überraschte David
mich durch die Mitteilung, daß er über die von mir genommenen will-
kürlichen und unmethodischen Fingersätze in Verwunderung geraten sei.
Er wüßte nicht, wie er es anfangen solle, mir das nachzumachen. Dieses
unerwartete Sturzbad wurde durch die gleichzeitige Bemerkung meines
zukünftigen Lehrmeisters gemildert, daß meine Anlagen, soweit er habe
sehen können, gute seien, und daß sich die regelwidrigen Fingersätze leicht
beseitigen lassen würden.

David nahm mich in die erste Klasse der Violinschüler auf. Im
theoretischen Unterrichte wurde ich, da mir die Elemente der Harmonielehre bereits geläufig waren, der oberen von Moritz Hauptmann geleiteten
Klasse zuerteilt. Im Klavier- und Orgelspiel nahm ich teil an den von
Wenzel und Becker gegebenen Stunden. Hierzu kam noch der Chor-
gesang und der Unterricht im Italienischen.

Eine ganz besonders mich erfreuende Ueberraschung wurde mir dadurch, daß ich mit wenigen anderen Schülern den von Mendelssohn
erteilten Lektionen in der Komposition sowie im Ensemblespiel beiwohnen
durfte. Da gab es Gelegenheit, viel zu lernen, in gewissem Sinne das
Beste von dem, was in der Anstalt überhaupt gelehrt wurde. Jedes
von dem Meister gesprochene Wort, gegründet auf reiche Erfahrung,
tiefe Einsicht und Anschauung, war Goldes wert. Mendelssohn besaß
eine seltenste Gabe, sich ohne Umschweife über alle beim Unterrichte in
Frage kommenden Punkte kurz, klar und bestimmt auszusprechen, und
da sich bei ihm der geläutertste Geschmack mit stets zutreffendem Urteil
verband, so war seine Lehre sicher fördernd. Nach mehr als 50 Jahren
ist mir noch sehr wohl erinnerlich, welche Forderungen er an Auffassung
und Ausführung eines klassischen Musikstückes machte, und wie er die
Schüler ohne Zeitverlust mit einer kurzen Bemerkung oder auch nur mit
einem Wink dazu anleitete. Da sich gleich anfangs herausstellte, daß
ich unter meinen Mitschülern allein mit der Bratsche Bescheid wußte, so
fiel mir nach Erfordern der Platz an diesem Instrumente zu. Mendels-

sohn nannte mich von da ab seinen Leibbratschisten, worauf ich mir nicht wenig zu gute that.

Für eine der Stunden im Ensemblespiel hatte ich um die Erlaubnis gebeten, mit meinem klavierspielenden Studiengenossen, dem späteren Berliner Musikdirektor Hermann Kriegar, die H-moll-Sonate Nr. 1 von Bach vortragen zu dürfen. Jeder von uns führte seinen Part mit bestem Bemühen aus. Als aber das erste Allegro vorüber war, sagte Mendelssohn zu meinem Mitspieler: „Bitte, lassen Sie mich einmal an das Klavier, das kann ich besser spielen.“ Mir wurde bei dem Gedanken etwas schwül zu Mute, den verehrten Meister begleiten zu sollen. Indessen nahm ich mich aufs äußerste zusammen. Dazu hob Mendelssohn mich im Andante, und riß mich im Allegro des Finales mit sich fort, und so machte ich meine Sache leidlich. Freilich kam es mir zu statten, daß ich das Werk und insbesondere meine Stimme von früher her genau kannte.

Unter den Schülern der Kompositionsklasse war Theodor Kirchner ganz entschieden der begabteste. Er neigte damals schon zur Schumannschen Richtung, der er auch getreu blieb. Die erste von Mendelssohn uns gestellte Aufgabe war ein vierstimmiger Vokalsatz nach Mottenart. Hierauf mußten wir vorab ein Andante für Streichquartett und dann die anderen Sätze dazu machen. Es fehlte dabei nicht an spaßhaften Vorfällen. So hatte ein Schüler aus Unkenntnis der Streichinstrumente Doppelgriffe für die C-Saite der Bratsche geschrieben. Als Mendelssohn es sah, sagte er lächelnd zu dem Betreffenden nur: „Fragen Sie einmal meinen Leibbratschisten, ob sich das spielen läßt“. Ein andermal hatte ein Schüler in seiner Arbeit verdeckte Quinten gemacht; da meinte Mendelssohn, sie seien mit Blumenguirlanden umwunden, wären darum aber nicht besser, weil sie schlecht klängen.

Mendelssohn sah die zu den nächsten Stunden gelieferten Arbeiten, soweit wir damit gekommen waren, immer auf der Stelle durch und korrigirte sie mit Bleistift, indem er sich gleichzeitig über die begangenen Fehler und Mängel äußerte. In seiner Ratlosigkeit fragte einer der Schüler den Meister, wie es anzufangen sei, einen Quartettsatz zu komponiren. Da sagte er: „Nehmen Sie ein Quartett von Haydn vor und bilden Sie die Form nach. So hat es auch mein Lehrer Zelter mit mir gehalten". Gefiel ihm irgend eine Stelle in unseren Arbeiten, so lobte er sie mit den Worten: „Recht hübsch". Im ganzen kam aber doch nicht viel bei den Kompositionsversuchen heraus; mit Ausnahme Kirchners hatten wir noch zu wenig Uebung im freien mehrstimmigen Satz. Dennoch ließ Mendelssohn zur Aufmunterung ein Allegro von Kirchner und ein Andante von mir durch David und dessen Quartett- genossen vor dem versammelten Lehrerpersonal zu Gehör bringen. Damit hatte es denn sein Bewenden, zumal der Unterricht Mendelssohns mit dem Schluß des Sommersemesters aufhörte, weil der Meister auf An- bringen des Königs von Preußen für den ganzen Winter nach Berlin ging. Kehrte er später auch wieder nach Leipzig zurück, voll des besten Willens, am Konservatorium weiterzuwirken, so kam es doch seinerseits nicht mehr zu einer ganz regelmäßigen Thätigkeit. Den Kompositions- unterricht, welcher inzwischen anderweitig vergeben war, begann er gar nicht wieder. Dagegen erteilte er Anleitung im Partiturspiel, woran ich teilnahm, und im Solospiel fürs Klavier. Ueberdies leitete er Uebungen im Kontrapunkt, doch, wie schon angedeutet, mit Unter- brechungen, da er öfters abwesend von Leipzig war.

Nicht lange nach Eröffnung der Musikschule, und zwar am 23. April, gab Mendelssohn zur Feier der Enthüllung des bescheidenen, an der Thomasschule aufgestellten Bachdenkmals ein Konzert, bei welchem er sich nicht nur als Dirigent, sondern auch als Klavierspieler bethätigte. Das Programm,*) mit Ausnahme einer von Mendelssohn improvisirten Phantasie über Bachsche Motive, bestand aus Kompositionen des all- gewaltigen Kantors. Dessen D-moll-Konzert wurde von Mendelssohn in bewunderungswürdiger Weise vorgetragen. Es war die geistige Durch- dringung und Beseelung des Kunstwerkes, welche seinem Spiel so hohen Reiz verlieh. Bei stets sich gleichbleibender, edler, geschmackvoller, echt

---

*) Es bestand aus folgenden Kompositionen Bachs: Orchestersuite in D-dur, doppelchörige Motette: Ich lasse dich nicht. (Sie wurde damals irrtümlich noch dem Meister zugeschrieben, während sie thatsächlich von dessen Sohn Johann Christoph her- rührt.) Klavierkonzert in D-moll, Tenorarie mit Chor aus der Matthäuspassion: Ich will bei meinem Jesu wachen, Kantate auf die Ratswahl in Leipzig (1823), Präludium (E-dur) für Violinsolo, vorgetragen von Ferdinand David; Sanctus aus der H-moll-Messe.

musikalischer Auffassung war seine Tongebung farben- und nuancenreich, ohne doch irgendwie die Grenzen des Schönen zu überschreiten. Und dieser selten begabte Mann, jederzeit bereit, das Suum cuique zu respektiren, zeigte sich stets auf die feinste Art rücksichtsvoll gegen andere. Hier nur ein Beispiel davon. Im Hause des Dr. Härtel fand einst eine größere Gesellschaft statt, welcher unter anderen künstlerischen Persönlichkeiten Mendelssohn und Schumann nebst Gattin beiwohnten. Ersterer wurde vom Gastgeber um einen Vortrag gebeten, infolge dessen er die beiden ersten Sätze von Beethovens F-moll-Sonate op. 57 vortrug. Nachdem er die Variationen beendet hatte, sagte er, vom Flügel sich erhebend: „Das letzte Stück muß Frau Schumann spielen", die er dann zum Klavier führte, eine der großen Künstlerin erwiesene Ehrung schönster Art.

Um wieder zum Konservatorium zurückzukehren, sei zunächst bemerkt, daß Ferdinand Hiller, dem im Winter 1843—44 an Stelle Mendelssohns die Leitung der Gewandhauskonzerte übertragen worden, den Kompositionsunterricht erteilte. Ich wohnte demselben bei, doch nur unregelmäßig, teils, weil ich meine Zeit hauptsächlich dem Geigenstudium und den theoretischen Uebungen widmen mußte, teils, weil ich keinen lebhaften Antrieb zum Schaffen in mir fühlte. Weiterhin komponirte ich wohl manches, um es — ad acta zu legen, da es mir nicht darum zu thun war, die in großer Zahl auf den Markt geworfenen mittelmäßigen Erzeugnisse zu vermehren. Alles, was ich außer meinem eigentlichen Studium noch trieb, konnte nur insoweit Berücksichtigung finden, als es dem von mir in Aussicht genommenen Lebensplan entsprach. Zunächst hatte ich darauf Bedacht zu nehmen, mich im Violinspiel zu vervollkommnen, denn dasselbe sollte hauptsächlich zur Begründung meiner einstigen Existenz dienen.

Mein Lehrer David war ein außerordentlich intelligenter und gewissenhafter Mentor, der es verstand, seine Schüler auf gute Manier zum eifrigen Fleiß anzufeuern. Gern besuchte man seine Stunden, da man sich allemal im Studium gefördert fühlte. Er beherrschte vortrefflich gewisse Finessen der Fingertechnik und Bogenführung, gab in Betreff derselben gute Hilfen und wußte jeden Schüler in einer seinen

Fähigkeiten entsprechenden Weise zu leiten und zu beschäftigen. Nur mußte man sich davor hüten, seine manchmal manierirte Spielweise nachzuahmen. Sein anregender Unterricht war mir so wertvoll geworden, daß ich nach zweijährigem Besuche des Konservatoriums noch eine Zeit lang Privatstunden bei ihm nahm, wie ich es auch in Betreff des theoretischen Studiums bei Hauptmann that. Dieser erwies sich gleichfalls als ein in seinem Fache ganz vorzüglicher Lehrmeister. Er war nicht sowohl ein Mann des gesprochenen Wortes als vielmehr eine Denkernatur. Beim Unterricht beschränkte er sich auf die notwendigsten Bemerkungen. Indessen ergab sich aus seinen mit großer Bedachtsamkeit gemachten Korrekturen unzweideutig, was er wollte und worauf es ihm im einzelnen Falle ankam. Seine Methode zeichnete sich besonders dadurch aus, daß er die Schüler niemals mit unwesentlichen Dingen beschäftigte. Er hielt an dem vielfach schon von ihm erprobten Standpunkte fest, nur das Normale, Naturgemäße der Accordverbindungen in folgerichtiger Modulation, sowie in klargegliedertem, symmetrisch gefügtem Periodenbau unter steter Berücksichtigung der Sangbarkeit jeder einzelnen Stimme zu lehren. Auf solcher Grundlage konnte sich dann jede Individualität mit Sicherheit in gesetzmäßiger Freiheit weiter entwickeln und die einzelnen Ausnahmen von der Regel behandeln lernen, welche der frei erfundene Satz mit sich bringt. Hauptmanns sicher fördernde Methode wurde von E. F. Richter, dem Lehrer der zweiten Klasse für Theorie am Konservatorium, dessen kompendiöser Harmonielehre sowie der Lehre des höheren Kontrapunktes zu Grunde gelegt. Wie sehr die Trefflichkeit dieser Schriften begriffen worden ist, beweist die große und weite Verbreitung derselben.

In seinen Stunden hatte Hauptmann immer 6—8 Zöglinge zu beschäftigen. Sie mußten der Reihe nach die von ihm an die Tafel geschriebenen Aufgaben lösen, während er die zu Hause angefertigten Arbeiten korrigirte, wobei ihm die betreffenden Schüler zur Seite standen, um über die begangenen Fehler belehrt zu werden. Hauptmann beharrte dabei in der ihm eigenen, ruhigen Gelassenheit, die er nicht leicht aufgab, es mußte denn etwas vorgekommen sein, was ihn zu einer sarkastischen Bemerkung anreizte. So hatte einer der Schüler (es war im Winter) sich an den rotglühenden Ofen begeben, um seine Niederschrift trocknen zu lassen, wobei das Notenblatt unversehens in Brand geriet. Als Hauptmann es bemerkte, sagte er, sich umwendend, in ironischem Tone mit näselnder Stimme: „Na, Sie braten wohl Ihre Kompositionen, damit sie nicht so trocken sind!" Diese Aeußerung wirkte um so erheiternder, als der Angesprochene sich durch sein philiströses Wesen auszeichnete.

Im Laufe der ersten Monate meines Leipziger Aufenthaltes hatte ich wiederholt über die Verhältnisse am Konservatorium sowie über die Vorzüglichkeit des genossenen Unterrichtes, namentlich aber über Mendelssohns bedeutsame künstlerische Erscheinung und sein aufmunterndes, förderndes Wirken an der Anstalt nach Hause Bericht erstattet. Diese Mitteilungen, aus denen zu entnehmen war, wie freundlich Mendelssohn sich gelegentlich mir gegenüber gezeigt hatte, veranlaßten meinen Vater, ein Dankschreiben an den Meister zu richten, der ihn alsbald durch folgende höchst liebenswürdige Antwort erfreute:

Leipzig, den 17. September 1843.

Hochgeehrter Herr!

Durch Ihren sehr freundlichen Brief vom 25. v. M., welchen ich gestern empfing, haben Sie mir eine so große Freude bereitet, daß ich es nicht aufschieben kann, Ihnen meinen herzlichsten Dank dafür zu sagen. Sie wissen, es kommen manche Fälle im Leben vor, wo man mit dem besten Willen es nicht dahin bringen kann, diejenigen zufrieden zu stellen, denen man es gerne recht machen möchte; dafür dann aber auch andere, wo das Wenige, was man thut, mit so vieler Liebe und Freundlichkeit aufgenommen wird, daß man dadurch wieder doppelte Lust zu alle dem bekommt, was immer Pflicht und Schuldigkeit ist, aber was einem eben doch erschwert oder erleichtert werden kann. So ist nun Ihr freundlicher Brief für mich und für uns alle eine Aufmunterung, und wenn ich mir auch sagen muß, daß ich Ihre wohlwollenden Worte weit außer Verhältniß zu dem finde, was ich bis jetzt für Ihren Sohn habe thun können, so ist mir der Beweis von Vertrauen, den Sie mir dadurch geben, dennoch unschätzbar, und nur im Bewußtsein eines guten Willens kann ich Ihre herzlichen Danksagungen auch wirklich annehmen.

Ihr Sohn hat sich von Anfang an durch ein musterhaftes Benehmen, durch Fleiß und anhaltenden, unausgesetzten Eifer vor den Zöglingen der Anstalt aufs vorteilhafteste ausgezeichnet. Sein tüchtiges, solides Wesen ist frei von Trockenheit oder affektirtem Zwang, und sein musikalisches Talent und seine wahre Kunstliebe verleitet ihn andrerseits nicht zur Ungebundenheit und Unordnung. Man nimmt bei ihm gleich die sorgsame richtige Erziehung wahr, die Sie ihm haben angedeihen lassen, die aber auch ohne so gute natürliche Anlagen nicht allein ausgereicht haben würde. Von keiner Seite ist jemals die geringste Klage, der geringste Vorwurf über Ihren Sohn laut geworden. Im Gegentheil sind seine Fortschritte, z. B. auf der Violine, so bedeutend, daß der Konzertmeister David mir noch vor kurzem sagte, Ihr Sohn sei schon jetzt ein braver tüchtiger Musiker zu nennen, denn, wenn er sonst gesund bliebe, so könne nichts ihn abhalten, an jedem Ort zu Nutzen der Kunst und zu eigener Ehre zu wirken, zu bestehen, und sich Anerkennung durch seine Leistungen zu verschaffen. — Ob diese Leistungen mehr oder weniger glänzend, mehr oder weniger von äußerlichen Erfolgen begleitet sein werden, ist eine Frage, die wohl niemand für jetzt beantworten kann; die mir aber auch (und ich hoffe, Sie stimmen mir darin bei) im Vergleich zur anderen unwesentlich erscheint. Es fragt sich nämlich, ob sie tüchtig, ob sie brav, ob es wirkliche Leistungen sein werden — und wenn die Frage zu bejahen ist, (wie sie es bei Ihrem Sohne durchaus ist) so scheint mir das die Hauptsache und die Hauptfreude.

Leider rufen mich die Verhältnisse im November von hier ab und ich muß den Winter in Berlin zubringen. Die Anstalt wird aber wie natürlich ohne die geringste Aenderung fortbestehen, und nur die zwei Stunden des Zusammenspiels und der Komposition, die ich hielt, werden von einem anderen übernommen werden. Zudem haben sämmtliche Lehrer eine wahre Zuneigung für Ihren Sohn wegen seines musterhaften Betragens, und da wird es nicht fehlen, daß er auch fernerhin dieselben Fortschritte machen wird, die er im vergangenen Sommer zu unserer größten Zufriedenheit von Woche zu Woche gemacht hat. Ich werde auch öfters Gelegenheit haben, den Winter hieherzukommen, und mich theilweise davon zu überzeugen; vielleicht kann ich Ihnen später einmal wieder ausführlicheren Bericht darüber erstatten.*) Lobender aber, und in jeder Hinsicht befriedigender kann er nicht sein, als der heutige.

Nochmals haben Sie Dank für Ihren freundlichen Brief; empfehlen Sie mich meinem lieben alten Freunde Göz**) und genehmigen Sie die vollkommene Hochachtung Ihres ergebensten

Felix Mendelssohn Bartholdy.

Kaum war der Inhalt dieses Briefes in gewissen musikalischen Kreisen meiner Heimatstadt bekannt geworden, so wurde mir von der „Westpreußischen Friedensgesellschaft" zu Danzig ein dreijähriges Studienstipendium verliehen, um welches ich mich vor meiner Abreise nach Leipzig vergeblich beworben hatte. Es versteht sich von selbst, daß mich dies hoch erfreute und zu fortgesetztem Fleiß anspornte. Die größte Freude aber bereitete mir Mendelssohns Brief, wenn ich auch gestehen muß, daß ich nicht ganz das Lob verdiente, dessen der Meister mich in seiner wohlwollenden Weise würdigte, denn ich hatte doch als Schüler nur einfach meine Pflicht zu erfüllen gesucht.

Die großen Ferien, mit deren Beginn das erste Semester am Konservatorium schloß, benützte ich zu einem Ausflug, der mich auch nach dem bei Merseburg belegenen kleinen Badeorte Lauchstädt führte. Dort gab gerade die Anhalt-Bernburgische Hofschauspielergesellschaft Vorstellungen; unter anderem führte man Marschners „Vampyr" auf. In dieser Oper wurde mir die Gelegenheit, Johanna Wagner als fünfzehnjähriges Mädchen in der Partie der Janthe zu sehen, deren Darstellung ihr später so bedeutsam hervorgetretenes Talent deutlich erkennen ließ. Sie war trotz ihrer Jugend körperlich schon vollständig entwickelt, und eine anmutvolle jungfräuliche Erscheinung. Ein besonderes Interesse bot die Vorstellung noch durch die Mitwirkung von Johannas Eltern. Der Vater, Bruder Richard Wagners, welcher das Amt des Regisseurs bei der Truppe bekleidete, gab die Rolle des Vampyrs, die Mutter, im Besitze einer tiefen Altstimme, stellte Janthes Vater dar. Es war mithin eine Familienkomödie in optima forma.

---

*) Zu einer zweiten Zuschrift Mendelssohns an meinen Vater kam es nicht.

**) Dr. Göz war Oberarzt am Danziger Lazaret und hatte während seiner Universitätszeit zu Berlin in Mendelssohns elterlichem Hause dessen Freundschaft erworben.

Nach Leipzig zurückgekehrt, wurde mir ein wertvolles Erlebnis zu teil. Robert Schumann hatte sein „Paradies und Peri" soeben vollendet. Um das schöne Werk einmal im Zusammenhange mit kleiner Besetzung zu hören, veranstaltete er in seiner Behausung eine Probe, bei der ich mitwirkend gegenwärtig war, worüber ich bereits in meiner „Schumanniana" Näheres mitgeteilt habe.

Kurz darnach erschien bei mir einer meiner Mitschüler, um mich zur Teilnahme an einer Musikpartie in dem Hause des damaligen Besitzers der Peterschen Musikalienverlagshandlung, Namens Böhme, aufzufordern. „Sie dürfen sich aber," fügte er hinzu, „nicht wundern, wenn Sie Herrn Böhme im Bett finden, er hütet dasselbe seit Jahren schon, weil er glaubt nicht gehen zu können". Ich versprach zu kommen und wurde, als ich die Wohnung des steinreichen Mannes betrat, zu dessen Begrüßung an sein Bett geführt. Er bewillkommnete mich mit der Bemerkung, ich möge ihn nur recht häufig besuchen. Mit den versammelten Musikern wurde dann Quartett gespielt. Anwesend war auch Gustav Nottebohm, der spätere verdienstliche Beethovenforscher, zu dem ich weiterhin in ein freundschaftliches Verhältnis trat. Mit dem Wirt hatte es eine eigene Bewandtnis. Alle Versuche seiner Frau sowie des Hausarztes, ihn zum Verlassen des Bettes zu bewegen, waren stets vergeblich gewesen, denn er versicherte mit Hartnäckigkeit, daß ihm das Aufstehen unmöglich sei. Endlich erreichte man es aber doch durch List, indem man ihn überredete, wenigstens eine kleine Spazierfahrt zu versuchen, damit er einmal an die Luft käme. Gleichzeitig war alles zu einer längeren Entfernung von Hause vorbereitet, und als der eingebildete Kranke herunter an den Wagen getragen und in denselben hineingehoben worden, ging's in Begleitung seiner Gattin fort nach Karlsbad, wo er die Kur gebrauchen mußte, weil er während seiner andauernden horizontalen Lage zu korpulent geworden war. Die Kur schlug gut an, und der vermeintliche Patient kehrte gesund nach Leipzig zurück, wo ich ihm dann öfters auf seinen Spaziergängen begegnete. In seinem Hause machte ich die Bekanntschaft Kalliwodas und Leopold Jansas, zweier tüchtiger, obwohl damals schon etwas veralteten Geiger, mit denen ich wiederholt Quartett spielen durfte.

Der Winter 1843—44 verfloß mir unter eifriger Thätigkeit. Sie mehrte sich dadurch, daß ich in den Gewandhauskonzerten zur Mitwirkung an der Violine herangezogen wurde, wie ich denn auch bisweilen im Theater den einen oder andern Geiger vertrat, was mir als gute Uebung willkommen war.

Ostern 1844 fand die erste öffentliche Prüfung am Konservatorium statt, für welche die vorgeschritteneren Zöglinge der Anstalt ausgewählt waren. Unter den Bevorzugten befand sich ein gewisser Birnschein aus Bernburg, dessen Leistung zu einer unfreiwillig erheiternden Scene Veranlassung gab. Mit heißem Bemühen hatte er sich den ersten Satz von Beriots drittem Geigenkonzert eingeübt, am Prüfungstage aber ergriff ihn eine solche Zaghaftigkeit, daß er, um Courage zu bekommen, vor Beginn des Examens eine halbe Flasche Wein zu sich nahm. Die Wirkung des genossenen Stärkungsmittels erwies sich indessen verhängnisvoll, da dasselbe ihn in einen angeheiterten Zustand versetzte, welcher sich auf seine Finger- und Bogenführung übertrug, so daß die schwierigen Stellen teils mißrieten und teils einen drollig karikirten Anstrich erhielten. Die zahlreich erschienene Zuhörerschaft, unbekannt mit dem Grunde dieser Extrazugabe, geriet darüber in eine lustige Stimmung und der Spieler scheinbar gleichfalls. Dennoch war er bestrebt, seine Ehre zu retten, indem er immer eifriger drauflosgeigte, wodurch die Sache nur noch komischer wurde. Endlich lachte alles und damit erledigte sich der Vorfall, dem natürlich eine Strafpredigt von seiten des Konzertmeisters David folgte. Dieser hatte bei Auswahl der solospielenden Schüler auch mich berücksichtigt und bestimmt, daß ich ein Adagio von Maurer vortragen solle. In meine Freude darüber fiel aber ein Wermutstropfen: ich besaß keinen Frack, in welchem meine Genossen auftreten wollten, und um einen solchen noch anfertigen zu lassen, war die Zeit zu kurz. In meiner Verlegenheit wandte ich mich an einen bei den Prüfungsvorträgen nicht beteiligten Mitschüler mit der Bitte, mir seinen Frack zu leihen, wozu er sich auch sogleich bereit zeigte. Doch das von ihm dargebotene Kleidungsstück war mir zu eng, und so konnte ich keinen Gebrauch davon machen. Da meinte mein Kamerad: „Eben fällt mir ein, daß ich hier einen Freund habe, dessen Frack Dir besser

paſſen wird". „Wer iſt es denn?" fragte ich. Die Antwort lautete:
„Mein Landsmann, der Pianiſt Carl Reinede." „Aber wie unſchidlich
erſcheint es mir", ſo erwiderte ich, „bei einem Künſtler eine Kleider-
anleihe zu machen, der ſchon im Gewandhauskonzerte auftreten ſoll und
den ich gar nicht kenne". „O, das thut nichts," ſagte mein Genoſſe.
„Reinede iſt ein lieber, prächtiger Kerl, der gern Gefälligkeiten erweiſt.
Wir wollen doch gleich zu ihm gehen, er wohnt mit mir auf ein und
demſelben Hausflur". Mein Frackprotektor zog mich mit ſich fort, und
im nächſten Augenblicke ſtanden wir vor Reinede, der herzlich gern meinem
ſchüchtern vorgebrachten Anliegen entſprach. Sein Galarock war mir
wie auf den Leib angemeſſen, und nun konnte ich mit meinen Kommili-
tonen in die Schranken treten. Wertvoller aber als dies war für mich
der Umſtand, daß ſich aus der auf ſo abſonderliche Art mit Reinede
gemachten Bekanntſchaft ein Freundſchaftsbündnis entwidelte, welches,
auf gegenſeitiger Sympathie und Schätzung beruhend, mehr als ein
halbes Jahrhundert fortbeſtanden hat. Durch Reinede wurde ich ſehr bald
mit deſſen in Leipzig gleichfalls anweſendem Freunde Otto v. Königslöw,
dem ſpäteren Kölner Konzertmeiſter, näher bekannt, und da gleichzeitig der treffliche Leipziger Violoncelliſt Andreas Grabau in freundliche
Beziehung zu uns trat, ſo ergab ſich von ſelbſt unſere engere Zuſammen-
ſchließung zu einem Quartettverein. Eifrigſt wurde in regelmäßigen
Zuſammenkünften nunmehr die geſamte einſchlagende Literatur ſtudirt,
und da wir in Reinede, welcher für gewöhnlich die Bratſche übernommen
hatte, einen ausgezeichneten Pianiſten beſaßen, ſo konnte auch die bezügliche Kammermuſik mit Klavier berückſichtigt werden. Sehr häufig
muſizirten wir im Hauſe Raimund Härtels,*) zu dem wir dadurch in nahe
freundſchaftliche Beziehung traten. Mit beſonderer Hingebung übten wir
die damals ganz neuen Streichquartette Schumanns ein, welche erſt noch
wenig zur Geltung gelangt waren, und als der Meiſter mit ſeiner Gattin
zu Neujahr 1846 von Dresden nach Leipzig kam, ſpielten wir ſie ihm
nebſt ſeinem Klavierquintett vor, worüber er ſichtlich erfreut war.

* * *

---

*) Mitchef des bekannten Leipziger Muſikalien-Verlagsgeſchäftes.

Zwei Jahre waren seit meiner Aufnahme ins Konservatorium verflossen. Während dieser Zeit glaubte ich in der Anstalt das Mögliche gelernt zu haben, und beschloß daher im Einverständnis mit meinen Eltern, dieselbe zu verlassen. Ehe es geschah, verabschiedete ich mich in dem für Ostern 1845 anberaumten, öffentlichen Prüfungskonzerte mit den Variationen meines Lehrmeisters über Schuberts Lied: das „Lob der Thränen". An dieses Probespiel knüpft sich für mich eine besondere Erinnerung. Im Begriffe, mein Solo zu beginnen, erblickte ich, dicht vor mir stehend, den belgischen Violinvirtuosen Leonard, der sich im Gewandhauskonzert als ein technisch ausgezeichnet durchgebildeter Geiger dokumentirt hatte. Dessen Gegenwart jagte mir einen Schreck ein und machte mich zu Beginn meines Vortrages befangen, zumal ich bemerkte, daß der Künstler mit scharfem Blick meine Finger- und Bogenturnerei verfolgte. Doch ermannte ich mich, biß die Zähne zusammen und spielte mit einer Art Desperation das Stück durch. Glückte mir auch nicht alles, wie ich gewünscht, so war es doch wenigstens eine tollkühne animirte Leistung, die mir einen zweimaligen Hervorruf eintrug.

Gleich darnach trat ich auf Wunsch meines Vaters die Heimreise an. Man wollte zu Hause hören, was ich inzwischen profitirt hätte. Vor einem eingeladenen Zuhörerkreise legte ich alsbald eine Probe ab, und man schien zufrieden mit mir zu sein. Während meines mehrmonatlichen Aufenthaltes in Danzig erschien mein ältester Bruder eines Tages in Begleitung eines fremden Herrn im elterlichen Hause. Es war Bogumil Golz, der Verfasser vom „Buch der Kindheit", eine der originellsten Persönlichkeiten, die mir im Leben überhaupt vorgekommen. Golz wohnte damals in dem kleinen ostpreußischen Landstädtchen Gollup. Auf sonderbare Weise war er dahin verschneit. Nach absolvirter Schul- und Universitätszeit kam er nämlich in den Besitz des an der preußischen Grenze bei Thorn gelegenen Gutes Lissowo, welches er auch selbst bewirtschaftete. Seine Neigung indessen zu philosophischen und belletristischen Studien, denen er schon auf der Breslauer Hochschule obgelegen hatte, bestimmte ihn dazu, die Landwirtschaft wieder daranzugeben und zur Studirstube zurückzukehren. Dies konnte nur durch den Verkauf des Gutes bewerkstelligt werden, was seine Schwierigkeiten hatte. Es war die Zeit der

ins Jahr 1830 fallenden unruhvollen polnischen Wirren keineswegs
dafür günstig. Aber Golz, ungeduldig wie er war, forcirte den Verlauf unter der Bedingung einer jährlichen Leibrente von nicht mehr als
400 Thaler, was er später, als die Preise der Güter wieder bedeutend
gestiegen waren, oftmals bereute. Nun mußte er sich für einen Wohnort
entscheiden, der ihm und seiner Frau die Möglichkeit eines bescheidenen
Daseins gewährte. Seine Wahl fiel auf das seinem Gute nahegelegene
Städtchen Gollup. Diese kleinstädtische, ja beinahe dörfliche Existenz übte
im Laufe der siebenzehn Jahre, die er dort verlebte, einen unvorteilhaften
Einfluß auf sein ohnehin zur Absonderlichkeit neigendes Wesen, sowie
auf seine aparte Lebensanschauung. In seinem unwirtlichen Tusculum
gab es niemand, der ihm hätte opponiren, geschweige denn die Spitze
bieten können. Und so wird es begreiflich, daß er sich endlich in gewisse
Ideen hineinphilosophiren mußte, die im Verkehr mit der großen Welt
nicht so leicht hätten aufkommen können. Bei alledem war es zu bewundern, daß er sich unter den gegebenen Verhältnissen jene Schnellkraft
und nie versagende Elastizität des Geistes zu bewahren vermochte, wodurch seine mannigfachen Schriften gekennzeichnet sind, ein sprechendes
Zeugnis für die Größe und Energie seines Talentes.

Wer Golz nur aus seinen Büchern kennt, also nie mit ihm verkehrt hat, vermag sich keine deutliche Vorstellung von seinem eigenartigen
Wesen zu machen. In Gegenwart anderer pflegte er mit Vorliebe zu
peroriren oder zu „konversiren", wie er sich ausdrückte. Die Sprache
beherrschte er in seltenem Grade, und jede unscheinbare Veranlassung,
jedes Vorkommnis, konnte die Schleusen seiner nie versiegenden Bered-
samkeit eröffnen, aber nicht etwa nur vorübergehend, sondern gleich für
Stunden. Dabei war sein Vortrag stets fesselnd, anregend, erheiternd
und ungemein belustigend, sowohl durch das Urkräftige seiner Ausdrucksweise, sowie durch das oft witzig Humoristische seiner Einfälle. Nie
habe ich eine zweite Persönlichkeit von seiner Schlagfertigkeit und der
ihm eigenen Befähigung kennen gelernt, einen unerschöpflichen Ideen-
reichtum fortlaufend zu offenbaren. Die Gedanken strömten ihm förmlich
zu, und da er über eine höchst gewandte Dialektik gebot, überdies auch
durch die eindringliche Art seines Vortrages für den Moment zu im-

poniren verstand, gefiel er sich mitunter darin, neben bedeutenden, erhabenen und tiefsinnigen Ideen und deren Explizirung mancherlei Paradoxa vorzubringen. Seine bisweilen eingeschalteten Fundamentalsätze waren: „Jede Macht ist an eine Ohnmacht gebunden" und „Die Sachen sind nicht so oder so, sondern so und so". Diese beiden Formeln gaben ihm häufig Anlaß zu scharf entgegengesetzten Antithesen. Hatte er einmal das Wort ergriffen, so war an das Einsetzen eines andern nicht eher zu denken, als bis er das Bedürfnis einer Erholungspause fühlte. Daher mochten Persönlichkeiten, die selbst gerne sprachen, nicht viel von ihm wissen. Und empfindsame, sentimentale oder prüde Naturen fühlten sich sogar von ihm abgestoßen, da er manchmal sehr derb in seiner Ausdrucksweise wurde.

Wundersam war Goltzens Vermögen, Dinge und Erlebnisse zu schildern. Alles erschien da gleichsam wie in daguerreotypischer Schärfe und Genauigkeit, wie er es gesehen, und man hörte ihm gern zu. Seine Schriften dagegen wirken durch eine gewisse teilweise stereotype Manier, sowie durch öfters wiederholte Wortkumulationen und einen nicht selten übernommenen Ausdruck leicht ermüdend. In ihnen zeigt sich auch deutlich, daß Goltz bei seiner scharfen Beobachtungsgabe und seiner lebhaften Einbildungskraft keinen fein durchgebildeten Geschmack besaß. Keineswegs fehlte es ihm an Empfänglichkeit für das Schöne, wohl aber an wirklicher künstlerischer Einsicht. Als geborener Humorist war er oft formlos, ja barock, und eine so künstlerisch vollendete Erscheinung wie Goethe vermochte er nicht voll zu würdigen, wenn er auch dessen eminente künstlerische Begabung nicht verkannte. Alle Konvenienz war ihm lästig, und diese Eigentümlichkeit stand mit dem Mangel an ästhetischer Durchbildung im Zusammenhange.

Wie begierig Goltz während seiner selbstgewählten Gollnper Verbannung jede Gelegenheit ergriff, um die Einförmigkeit seiner Existenz zu unterbrechen, beweist unter anderem der lebhafte Anteil, welchen er fahrenden Musikanten widmete, wenn dergleichen sich einmal nach seinem weltverlorenen Wohnorte verirrten. Er erzählte darüber: „Ich brauchte nur den ersten Ton einer wandernden Musikbande zu hören, so war ich auch schon bei derselben, lud sie zu mir ein, traktirte sie mit Schnaps und einem Imbiß und belohnte sie, nachdem sie mir alles vorgespielt, was sie konnten und auch nicht konnten, mit einigen Groschen." „Es war manchmal eine schlimme Musik," fügte er laut lachend hinzu, „aber doch mal was anderes als das ewige Einerlei." Dabei schilderte er in humoristischer Weise die „verspakte" *) Klarinette, den „verbeulten Messinghahn" (er meinte die Trompete), und den verstimmten „Brummbaß", sowie die anderen Instrumente, die durch ihr tragikomisches Ensemble sein Trommelfell erschüttert hatten. Und dann sagte er: „Ihr habt gut reden. Ihr lebt in einer großen Stadt, wo es Theater, Konzerte und sonstige Amusements gibt, und wißt nicht, wie einem armen Kleinstädter zu Mute ist. Seid nur nicht so dicknäsig und laßt Unsereinen auch was mitgenießen." Dies war das Signal für mich und meine Geschwister, ihm etwas vorzuspielen, wobei es sich um Werke der Klassiker handelte.

Goltz hörte gern Musik, hatte jedoch kein tieferes Verständnis für dieselbe. Seine Lieblingskomponisten waren Mozart und Beethoven. Namentlich der letztere, dessen Porträt er als „Wettergesicht" bezeichnete, imponirte ihm durch die Gedankenkraft und durch den „Witz der Leidenschaft", wie er den geistigen Schwung des Meisters bezeichnete. War er aber übler Laune, was bei seinem sanguinischen Temperament bisweilen vorkam, so hatte er an diesem Gewaltigen, gleich wie an anderen Größen, doch auch mancherlei auszusetzen. Wir versuchten in der Folge unsern Gast für Mendelssohns und Schumanns Musik (die letztere hatte ich im elterlichen Hause heimisch gemacht) zu interessiren, doch vergeblich. „Geht mir doch mit eurer modernen Musik," sagte er, „es ist ein Malheur, daß es keine Komponisten mehr gibt, die auf den Leierkasten kommen," womit er meinte, die neueren Meister könnten keine populären Melodien erfinden. Dann sprach er begeisterungsvoll über das Volkslied und intonirte mit seiner Stentorstimme auch wohl eine Weise, wie „O Tannenbaum" oder dergleichen.

Bei meinen weiteren von Leipzig aus unternommenen heimatlichen Besuchen fand sich wiederholte Gelegenheit, mit diesem Kraftmenschen im elterlichen Hause und außerhalb desselben zu verkehren, denn er kam mit

---

*) Verspakt ist ein ostpreußischer Provinzialismus und heißt so viel wie zusammengetrocknet.

Vorliebe nach Danzig. Dann hatte er es gern, wenn ich ihn in Gemeinschaft mit meinem Bruder Theodor auf Spaziergängen durch die Stadt oder auf Landpartien begleitete. Bei einer der letzteren war auch der Dichter Freiherr v. Eichendorff zugegen, welcher seiner in Danzig verheirateten Tochter einen längeren Besuch machte. Seltsam genug stach dessen gemessene, ruhige und aristokratische Haltung von der unausgesetzt übersprudelnden Lebhaftigkeit Golzens ab.

Durch A. v. Humboldts Vermittlung, der sich lebhaft für Golz bei Friedrich Wilhelm IV. verwandte, erhielt unser Freund vom Könige eine lebenslängliche Rente, die seine materielle Lage so verbesserte, daß er nach Thorn ziehen konnte. In der Folge unternahm er auch größere Reisen. So besuchte er England, wovon er Wunderdinge erzählte, und dann Aegypten, weil es ihn darnach verlangt hatte, die Wüste als „Geburtsstätte der mosaischen Religion" kennen zu lernen. Die Frucht seiner dortigen Erlebnisse war das merkwürdige Buch: „Ein Kleinstädter in Aegypten", welchem noch mehrere andere beachtenswerte Schriften folgten.

Zum letztenmale verkehrte ich mit Golz zu Anfang der sechziger Jahre in Dresden, wohin er gekommen war, um einige unter lebhaftester Beteiligung des Publikums dargebotene Vorlesungen über Aegypten und soziale Themata zu halten, die er mit demselben Glück auch in anderen Städten veranstaltete. Zu den Erfolgen, die er hatte, trug wesentlich seine originelle, geistig belebte Vortragsart samt seiner persönlichen Erscheinung mit bei. Dieser waren alle Merkmale einer energievollen Natur aufgeprägt. Auf dem mächtigen Rumpfe erhob sich der ausdrucksvolle, markirte Kopf, welcher etwas Imperatorisches hatte. Der Blick des Auges war scharf, durchdringend und ungemein lebhaft. Das Antlitz zeigte reichste Belebung von schnell wechselndem Ausdruck während der Rede. Seine kräftige, metallreiche Stimme ließ niemals, auch nicht nach stundenlangem Gebrauche, eine Ermüdung erkennen. So steht er vor meiner Erinnerung, ein im ganzen und großen trefflicher, treuherziger Mensch, dessen Andenken bei allen denjenigen nicht erlöschen wird, die ihn näher gekannt haben.

Von Dresden begab sich Golz zu Vorlesungen nach Magdeburg. Da er seinen Schirm und Stock vergessen hatte mitzunehmen, bat er mich, ihm diese Gegenstände nachzusenden. Als er sie empfangen, schrieb er mir einige Zeilen, die ihrer originellen Fassung halber hier folgen mögen.

Magdeburg, 6. 3. 64.

Liebste Seele!

Du hast wie ein ehrlicher Kerl meine Sachen besorgt. Ich habe alles gut empfangen. Schönsten Dank und Handkuß der lieben Frau. Inliegend 2 Thaler — den Rest vertrinke in preußischem Schnaps auf meine Gesundheit oder bezahle die Droschken, die Dich mein Interesse gekostet. Gruß an gute Leute.

Dein getreuer B. Golz.

Es geht mir hier gut.

An meine erste Begegnung mit Golz im Jahre 1845 anknüpfend möge nun das weitere über den Fortgang meiner Erlebnisse folgen. Im Begriffe, nach Leipzig zurückzukehren, machte mein Vater mir den Vorschlag, für einige Zeit nach Braunschweig zu gehen, um unter dem dortigen Konzertmeister Carl Müller mein Violinstudium fortzusetzen. Ich reiste auch dahin, fand aber die Braunschweiger Musikverhältnisse im Vergleich zu Leipzig nicht verlockend. Müller war zwar ein vortrefflicher Geiger von gediegener Schule, zeichnete sich aber hauptsächlich als Quartettspieler aus. So fand ich es denn geraten, auch ferner in Leipzig zu bleiben, was ich nicht zu bereuen hatte. Dahin zurückgekehrt, setzte ich meine Studien privatim unter Davids und Hauptmanns Leitung fort und nahm auch mit meinen Genossen das eifrig betriebene Quartettspiel wieder auf. Dasselbe fesselte uns so sehr, daß wir an manchen Tagen nicht von den Notenpulten hinwegkamen und einmal sogar fünfzehn Quartette spielten, darunter die letzten fünf von Beethoven.

Im Januar und Februar 1846 veranstalteten wir, von Robert Franz dazu angeregt, in Halle drei Kammermusikabende, bei deren erstem Gade, damals Dirigent der Gewandhauskonzerte, in Schumanns Klavierquintett an der Bratsche mitwirkte. Da die Logirzimmer des Gasthofes, in welchem wir eingekehrt, fast alle besetzt waren, kampirten wir die Nacht im Salon auf einem improvisirten Lager und erheiterten uns durch wechselweises Erzählen von allerhand Schnurren. Endlich machte die Müdigkeit ihre Rechte geltend. Aber ein Schelm unter uns ließ plötzlich seine Violine ertönen, wodurch wir wieder alarmirt wurden, und so kam Gott Morpheus nur wenig zu seinem Rechte.

Bald nach Ablauf der Hallenser Soiréen wurde ein Konzertausflug nach Bremen unternommen, und auf der Rückreise musizirten wir vor dem Kronprinzen von Hannover, späteren König Georg V., in dessen Familienkreise. Es war ein hübscher Abend mit obligatem Thee in den Pausen, während deren der Kronprinz und seine Gemahlin sich gemütlich mit uns unterhielten.

Wieder in Leipzig angelangt, unternahm Freund Reinecke mit mir eine Konzerttour nach meiner Heimat, und von dort weiter ostwärts. In Stettin, wo für einen Tag Aufenthalt genommen wurde, besuchten wir Carl Löwe, der uns freundlich aufnahm und zu dem von ihm gerade gegebenen Konzerte einlud. In demselben wurde unter anderem Beethovens 9. Symphonie gegeben (deren vollendete Aufführung wir erst kurz vorher unter Mendelssohns Leitung im Gewandhauskonzert erlebt), aber auf so unzureichende Weise, daß wir uns, vollständig davon enttäuscht, vor Beendigung des Werkes aus dem Staube machten. In Danzig gaben wir zwei Konzerte, denen weitere in Marienwerder, Marienburg, Elbing, Braunsberg, Königsberg, Tilsit, Memel, Mitau und Riga folgten. Gern wären wir noch nach Petersburg gegangen. Aber die Sommerzeit war herbeigekommen, und so mußten wir umkehren. In Danzig, wo ich bei meiner Familie einstweilen verblieb, trennten wir uns. Reinecke wandte sich seiner holsteinischen Heimat zu und begab sich dann für längere Zeit nach Kopenhagen.

Mit dem Herbst fand ich mich aufs neue in Leipzig ein, um eine mir offerirte feste Stellung bei der Primgeige im Theater- und Gewandhausorchester anzutreten. Ein gleichzeitig mir von Mendelssohn dargebotenes Engagement für die „Her Majestys Italian Opera" in London schlug ich dagegen aus, weil ich die Ueberzeugung hatte, daß Leipzig für meine weitere Ausbildung ersprießlicher sein würde als das weitläufige, zerstreuende, aufreibende und künstlerisch im Grunde doch nicht sehr ergiebige Leben der Themsestadt. Leipzig bot mir alles Wünschenswerte: ein bewegtes, konzentrirtes Musiktreiben bester Art und die angenehmsten gesellschaftlichen Verbindungen. Schon war ich mit meinen Quartettgenossen im Hause Raimund Härtels, dem Mitchef des bekannten Musikverlagsgeschäftes, heimisch geworden. Hier herrschte ein gemütlich ungezwungener, urbaner Ton, und die zahlreiche dort verkehrende Gesellschaft erhöhte das fröhliche, heitere Leben und Treiben. Wesentlich trugen auch die fremden Künstler, welche herzukamen, um entweder im Gewandhauskonzert aufzutreten oder die Leipziger Musikverhältnisse kennen zu lernen, mit dazu bei. Anderer Art war der Verkehr im Hause von Härtels älterem Bruder. Dieser hatte aristokratische Allüren, war zurückhaltend und zeremoniös, aber in seinem Hause traf man stets die beste, feinste Gesellschaft.

Weiterhin eröffneten sich mir noch andere wertvolle Familienbeziehungen, von denen zunächst der künstlerisch erfreuende und anregende Verkehr im Fregeschen Hause erwähnt sei. Frau Livia Frege,*) eine Dame von großer musikalischer Begabung und seltener Kunstbildung, war eine vorzügliche Sopransängerin, welche sinniges Auffassungsvermögen mit warmer, poesievoller Empfindung in sich vereinigte. Das Mendelssohnsche und Schumannsche Ehepaar unterhielt nahe befreundete Beziehungen zu ihr. Beide Meister auch schätzten ihre Leistungen sehr hoch. Es wurde damals erzählt, Mendelssohn habe seine neukomponierten Lieder erst genau bezeichnet, nachdem er sie von Frau Frege gehört. Wie dem immer sei, ihre Vortragskunst war außerordentlich. Das habe ich häufig beobachten können, nachdem mir die Auszeichnung zu teil geworden, in ihrem Hause zu verkehren, was vom Herbst des Jahres 1848 bis zu meinem Fortgange von Leipzig im Herbst 1850 oftmals geschah. Besonders rege gestaltete sich das Musikleben bei ihr im Winter 1848—49. Damals hielt sich wiederum mein Freund Reinecke in Leipzig auf, und mit ihm wurde unter Hinzuziehung des Violoncellisten Grabau an jedem Freitag in dem Hause der trefflichen Frau die Tonkunst gepflegt. Den Schwerpunkt dieser auf den engsten Kreis beschränkten Musikabende bildeten die Gesangsvorträge der liebenswürdigen Wirtin. Mit besonderer Vorliebe gab sie Schubertsche, Mendelssohnsche und Schumannsche Lieder zum

*) Ihr Gatte, Professor Dr. Frege, wurde einige Jahre vor seinem Tode vom Könige von Sachsen in den erblichen Adelstand erhoben.

besten, mitunter auch solche von Robert Franz, der zuweilen von Halle herüberkam, um an unseren musikalischen Freuden teilzunehmen. Einmal war dies zur Weihnachtszeit der Fall. Beim Thee wurde Festkuchen herumgereicht. Während es geschah, verstummte, wie es sich bisweilen bei solchen Gelegenheiten ereignet, die Unterhaltung der Anwesenden. Auf drollige Weise wurde sie aber durch Franz, der bis dahin ziemlich schweigsam gewesen, alsbald wieder in Fluß gebracht, indem er mit der ihm eigenen naiv-komischen Sprechweise im Hallenser Dialekt äußerte: „Ich möchte wohl wissen, wie viel verdorbene Mägen es jetzt in Leipzig gibt," wodurch ein homerisches Gelächter hervorgerufen wurde, dessen Grund Franz übrigens nicht recht zu begreifen schien.

Frau Frege veranstaltete in ihrem Hause auch eine scenische Darstellung des im Nachlasse Mendelssohns vorgefundenen Singspieles „Die Heimkehr aus der Fremde" und des Loreleifinales mit vollständigem Orchester. Erst nach dieser Vorstellung wurden die genannten Kompositionen, bei deren Darstellung die Frau vom Hause selbst mitwirkte, veröffentlicht.

Sehr selten und nur bei außerordentlichen Anlässen wirkte Frau Frege in Konzerten mit, so bei den ersten Aufführungen von Schumanns „Paradies und Peri" (Dezember 1843), in Mendelssohns „Elias" (Februar 1848) sowie in einem Konzerte zur Unterstützung der Notleidenden des sächsischen Erzgebirges (Juni 1848) und im Gewandhauskonzert (Januar 1849) bei der Aufführung von Mendelssohns „Lobgesang". Es würde schwer zu sagen sein, in welchem Fache die so hochbedeutende Sängerin Besseres leistete, ob im Fache des Liedes oder des Oratoriums. Sie war eben in beiden Gattungen bewundernswert, namentlich aber bezüglich des Cantabile. Gern bekenne ich, im letzteren Punkte viel von ihr gelernt zu haben. Dem Studium des gesanglichen Elementes widmete ich mich ohnehin mehr als dem rein technischen des Geigenspieles. Dieses letztere beschäftigte mich nur so weit, als es die von mir zum Vortrag ausgewählten Solostücke unbedingt erforderten, während ich das Cantilenenspiel neben Tonbildungsübungen mit anhaltendem Eifer pflegte.

Auch das gastliche Voigtsche Haus war ein gesuchter Sammelplatz für

einheimische und auswärtige Künstler. Den ursprünglichen Anziehungspunkt desselben bildete Frau Voigt, eine aus Ludwig Bergers Schule
hervorgegangene treffliche Klavierspielerin. Sie stand mit Mendelsjohn,
ganz besonders aber mit Schumann*) in freundschaftlicher Beziehung.
Durch ihren 1838 erfolgten Tod verstummte das Musikleben im Voigtschen
Hause für einige Jahre, wurde dann aber wieder von neuem belebt,
wodurch ich mit meinen Quartettgenossen Zutritt zu demselben erhielt.
Dort lernte ich im Sommer 1850 Meister Spohr kennen, welcher, auf
der Reise nach Karlsbad begriffen, in Leipzig Station gemacht hatte, um
der Generalprobe von Schumanns „Genofeva" beizuwohnen, auf der
auch Gade und Hiller anwesend waren.

Am folgenden Tage trug Spohr im Fregeschen Hause ein neues
Streichsertett seiner Komposition vor, in welchem ich bei der Bratsche
mitwirken durfte, was mir natürlich große Freude machte. Spohrs
Handhabung der Geige war in jedem Betracht vorzüglich. Wenn der
kolossal gebaute Mann das Instrument ansetzte, so nahm es sich aus,
als ob ein Riese ein Kinderinstrument handhabe, und trotz seiner großen
breiten Hand mit den dicken, fleischigen Fingern erwies sich sein Spiel
noch immer als ein meisterhaftes. Bei großer Glätte, Fülle und Run-
dung war seine Tongebung weich: sie entsprach dem nicht selten weichen
Charakter seiner Musik. Beim Vortrage blieb er stets vornehm und edel
im Ausdruck, doch ruhig gemessen und ohne merkliche Leidenschaft, wie
er sich auch im geselligen Verkehr zeigte. Für mich war es ein schönes
Erlebnis, den Meister, zu dem ich so gern in meiner Jugend gewall-
fahrtet wäre, noch spielen gehört zu haben.

Meine musikalische Thätigkeit hatte durch den Dienst im Theater-
und Gewandhausorchester, durch Erteilung von Unterricht im Violin-
und Zusammenspiel sowie durch häufigeres Musiziren in befreundeten
Familien immer mehr zugenommen. Eine Erweiterung erfuhr sie noch,
als Robert Franz mich ersuchte, das Amt des Vorgeigers bei den von
ihm geleiteten Konzerten in Halle zu übernehmen. Dadurch trat ich in
nähere freundschaftliche Beziehung zu dem talentvollen Liederkomponisten,

---

*) Näheres über sie und ihren Verkehr mit Schumann enthält meine Biographie
des Meisters.

dessen Logirgast ich in den Jahren 1846—50 regelmäßig war, wenn die von mir übernommene Verbindlichkeit mich nach Halle führte. Franz befand sich damals noch im Junggesellenstande und lebte mit seiner schon bejahrten Mutter, einer anspruchslos einfachen, aber würdigen Frau, zusammen, die dem nicht sehr praktischen Künstler eine treue Pflegerin und Beraterin war. Der Morgenkaffee, den sie auf Wiener Art sehr wohl zuzubereiten verstand, wurde allemal unter gemütlicher Unterhaltung über Kunst und Künstler eingenommen. Auch an seinen Cigarren ließ Franz es nicht fehlen, er legte großen Wert auf die echte Qualität. Sobald er seine Cigarre in Brand gesetzt hatte, ging er mehr aus sich heraus, wobei seine originelle Denk- und Ausdrucksweise entschiedener hervortrat. Er sprach frisch von der Leber weg, oft mit treffendem Urteil, dann aber auch wieder einen einseitig beschränkten Standpunkt offenbarend. Seine musikalische Richtung aber war die beste und ebenso seine künstlerische Gesinnung. Das beweisen auch überzeugend seine zahlreichen Liederkompositionen, die, frei von allem Gewöhnlichen und Gemeinplätzigen, in eigenartiger Weise bedeutsam sind, wenn das in ihnen durchschimmernde romantische Element auch bisweilen an Schumann erinnert. Gekennzeichnet im besondern ist die Franzsche Lyrik durch einen öfters sich bemerklich machenden elegisch-träumerischen Zug. Dieser Zug entsprach seinem Wesen, wenigstens in den jüngeren Jahren. Sein hellblaues, geistig belebtes Auge konnte denselben Ausdruck annehmen. Uebrigens machte das Gepräge seines eben nicht schönen Antlitzes einen charakteristischen Eindruck. Die Linien desselben sowie die Konturen des ganzen Kopfes waren gestreckt, doch ließen sie eine gewisse energische Spannung nicht vermissen. Die Haltung des schmächtigen, mageren Körpers dagegen war gemächlich bequem und beim Gehen etwas bummelig.

Wenn Franz Zeit erübrigen konnte, so ging er mit mir ans Klavier und spielte seine neukomponirten, noch nicht veröffentlichten Lieder vor, wobei er mich auch gelegentlich um meine Meinung über Einzelheiten befragte. Er war ungemein schwierig in Betreff der Klavierbegleitung. Hier vermochte er sich manchmal nicht zu genügen, und bisweilen geschah es, daß er längere Zeit brauchte, um darüber ins Klare zu kommen, ob ein Ton der rechten oder der linken Hand zu geben sei. Die Merkmale seiner äußerst subtilen Gestaltungsweise treten auch unverkennbar in seinen Kompositionen hervor.

Als Dirigent zeichnete Franz sich eben nicht aus. Er schlug zwar gewissenhaft, obwohl etwas steif den Takt und ließ es auch in den Proben an Bemerkungen nicht fehlen, aber sein damals bereits in einem stärkeren Grade hervorgetretenes Gehörleiden hinderte ihn daran, die Leistungen der einzelnen Orchestermitglieder gehörig zu kontrolliren, so daß seine Aeußerungen sich mehr auf das Ensemble als auf Details bezogen. Dabei bediente er sich mitunter absonderlicher Bilder. So sagte er bezüglich einer Stelle im Finale von Mendelssohns A-moll-Symphonie, sie müsse „schwefelgelb" klingen, was natürlich von den Orchestermitgliedern nicht begriffen wurde. Er konnte sich aber auch deutlich ausdrücken. Bei einer Klavierprobe, die er im Gesangverein hielt, kam unter den einzuübenden Chören eine Fuge vor. Der Alt hatte das vom Basse intonirte Motiv zu imitiren, setzte aber mit dieser Stimme zugleich ein, was schon ein anderesmal vorgekommen sein mochte, denn Franz rief den betreffenden Damen zu: „Herrchesses, nu loofen Sie ja schon wieder mit dem Baß". Gefiel ihm in den Orchesterproben etwas besonders gut, so schwenkte er sein rechtes Bein perpendikelartig hin und her.

Im Oktober 1848 veranstaltete Franz zu seinem Vorteil ein Konzert im Theater unter Mitwirkung von Franz Liszt. Dadurch fand ich erwünschte Gelegenheit, diesen Klavierheros zu hören und zu bewundern, was mir bisher versagt geblieben war. Wie immer, so enthusiasmirte er auch diesmal durch seine stupenden Leistungen die zahlreich erschienene Zuhörerschaft. Nach dem Konzert lud Liszt den Konzertgeber zu sich ins Hotel mit dem Bemerken ein, er könne mitbringen, wen er wolle, und so begleitete ich Franz. Bald war eine Gesellschaft bei dem Gefeierten versammelt, welche von ihm in gewohnter Liebenswürdigkeit bewirtet wurde. Selbstverständlich gewährte es mir ein besonderes Interesse, Liszt bei dieser Gelegenheit persönlich kennen gelernt zu haben. Er war so freundlich, mich nach Weimar einzuladen, doch kam ich vorderhand nicht dazu, dem Folge zu leisten.

Der mir so angenehme und anregende Verkehr mit Franz hörte

nicht lange darnach auf, da ich im Herbst 1850 Leipzig verließ. Als ich ihm später in Dresden wieder begegnete, war er nicht mehr ganz der Alte. Sein Gehörleiden hatte sich wesentlich verschlimmert, was nachteilig auf seine Gemütsstimmung einwirkte. Dies äußerte sich in einer gewissen Neigung zu Widerspruch und selbst zu Streitigkeiten. So schieden wir denn diesmal nicht sehr freundlich von einander, ohne uns indessen entzweit zu haben. Viele Jahre verflossen, ehe es zu einer Wiederbelebung unserer früheren Beziehungen kam. Ganz unerwartet erhielt ich aber im Herbst 1879 eine Zuschrift von Franz, welche Anlaß zum wiederholten Briefwechsel gab.

Die Uebungen im Vorspieleramt zu Halle beförderten meine Fähigkeit, ein orchestrales Streichquartett zu führen, was mir bei Uebernahme der gleichen Funktion im Winter 1848—49 bei dem Leipziger Euterpekonzert sehr zu statten kam. Dieses aus freier Vereinigung der Orchestermusiker hervorgegangene Institut, welches von 1824—1886 bestand, war in musikalischem Betracht nach dem Modus der Gewandhauskonzerte eingerichtet, ohne doch denselben Konkurrenz zu machen. Jede der beiden Anstalten hatte ihr eigenes Publikum.

Silhouetten

aus dem Leipziger Musikleben der vierziger Jahre.

Als ich nach Leipzig kam, nahm dieser Ort den unbestrittenen
Rang einer Metropole der deutschen Tonkunst ein. Die beiden hervorragendsten Tonmeister der nachbeethovenschen Periode, Mendelssohn und
Schumann, wirkten dort und bildeten einen starken Anziehungspunkt für
musikalische Talente von nah und fern. Tonsetzer des In- und Aus-
landes zogen nach der Pleißestadt, und nicht wenige derselben hielten sich
zeitweilig in ihr auf, um im persönlichen Verkehr mit den genannten
tonangebenden Künstlern ihr Wissen und Können zu bereichern oder ihre
Werke aufzuführen. So erschienen dort im Laufe der Zeit Ferdinand
Hiller, Sterndale Bennet, J. Verhulst, Heltor Berlioz, Niels W. Gade,
Karl Reinecke, Félicien David und manche andere noch. Zum Teil war
es denselben darum zu thun, die klassischen Instrumentalkompositionen
in mustergiltiger Wiedergabe zu hören, die neu entstandenen Werke
Mendelssohns und Schumanns an der Quelle kennen zu lernen, oder
auch eigene Erzeugnisse aufzuführen. Groß war überdies die Zahl der
Gesangs- und Instrumentalvirtuosen, welche in den Gewandhauskonzerten
auftraten. Da gab es zur Winterszeit ein reichbewegtes, künstlerisches
Leben und Treiben seltener Art.

Mendelssohn erhob das Gewandhauskonzert zu maßgebendem Ansehen für die musikalische Welt, nicht nur, weil die von ihm erzielten
Leistungen des Orchesters vorbildliche Bedeutung gewannen, sondern auch,
weil schaffende und ausübende Künstler Gelegenheit fanden, mit ihren
Leistungen unter so günstigen Umständen vor die Oeffentlichkeit zu treten,

wie sie anderswo nicht leicht gegeben waren. Was Mendelssohns Wirksamkeit auszeichnete, war nicht allein seine eminente Direktionsgabe, sondern auch das geistige Uebergewicht seiner gewinnenden Persönlichkeit. Alle Mitwirkenden fühlten den hingebenden Ernst und die Pflichttreue dieses Mannes, alle auch ordneten sich ihm gern und willig unter, so daß im Gewandhausorchester eine musterhafte Disziplin herrschte. Jeder einzelne setzte seine Ehre darein, zum Besten des Ganzen thätig zu sein. Man that nicht nur seine Schuldigkeit, sondern war mit Lust und Liebe bei der Sache.

Mendelssohns feuriges Auge übersah und beherrschte das ganze Orchester. Umgekehrt hingen aber auch aller Blicke an der Spitze seines Dirigentenstabes. Daher vermochte er mit souveräner Freiheit die Massen in jedem Augenblick nach seinem Willen zu leiten. Wenn er sich bei den Aufführungen mitunter kleine Abweichungen im Tempo durch improvisirte Ritardandos oder Accelerandos gestattete, so gelangen dieselben in einer Weise, daß man hätte glauben können, sie wären in der Probe eingeübt worden.

In der Regel gab Mendelssohn den Orchestermitgliedern seine Direktive auf freundliche Weise, öfters unter Anbringung eines Scherzwortes. Er konnte aber auch ungehalten über Versehen sein und dann sich demgemäß äußern. Ein solcher Fall kam vor, als einem zweiten Geiger am Schlusse des ersten Satzes von Schumanns B-dur-Symphonie im Eifer das Mißgeschick passirte, in eine Pause kräftig hineinzustreichen. Mendelssohn wurde vor Erregung darüber sofort leichenblaß, und als das Stück beendet war, ging er an den betreffenden Spieler heran und sagte erregt, wenn auch nur halblaut, so etwas dürfe im Gewandhauskonzert nicht vorkommen.

Einen Gegensatz zu dieser Scene bildete Mendelssohns Verhalten auf einer Probe, in welcher ein neues Musikstück vorgenommen wurde. Der Paukenschläger Pfundt, ein in musikalischer Hinsicht sehr zuverlässiges Mitglied des Orchesters, hatte sich verpausirt, wollte es aber, als Mendelssohn ihn darauf ansprach, nicht zugeben. Beim Repetiren der fraglichen Stelle zeigte sich's dann aber, daß Pfundt thatsächlich gefehlt hatte, worauf der Meister bezüglich der ersten Scene im Freischütz, wo Kilian den

Max durch den Meisterschuß übertrifft, lächelnd sagte: „Sehen Sie, lieber Pfundt, da ist mal wieder der Bauer über den Jäger gekommen." Die feine Ironie, welche in diesem Citat lag, wurde natürlich bemerkt und erregte allgemeine Heiterkeit.

Mendelssohn besaß das feinste rhythmische Gefühl. Die leiseste Schwankung wurde von ihm in den Proben mit dem Zuruf: „Tempo, Tempo, meine Herrn!" monirt. Im Tutti entging ihm keine Ungehörigkeit, auch kein falscher Ton, und auf die pünktliche Befolgung der vom Komponisten vorgeschriebenen Vortragszeichen hielt er mit größter Strenge. Seine Art, ein Stück für die Aufführung vorzubereiten, war durchaus zweckmäßig. Zunächst ließ er es einfach nur durchspielen, worauf er darin speziell die einzelnen Stellen durchnahm, welche Anlaß zur Korrektur gaben. Bei diesem Verfahren konnte er im Gegensatz zu jenen Dirigenten, welche die Sache nochmals und abermals von Anfang bis Ende wiederholen lassen, um ihre Bemerkungen zu machen, in verhältnismäßig kurzer Zeit viel erledigen. Die Mitwirkenden waren für jede ihnen ersparte Wiederholung erkenntlich und um so mehr bemüht, ihren Führer möglichst zu befriedigen.

Wie gewissenhaft Mendelssohn übrigens als Dirigent verfuhr, beweist der Umstand, daß er sich vor jeder Probe die Partituren der aufzuführenden Werke vom Orchesterdiener nach Hause bringen ließ, um sie gründlich durchzusehen, obwohl deren Inhalt ihm genau bekannt war.

Ab und zu erfreute Mendelssohn das Gewandhauspublikum durch Vorträge auf dem Pianoforte, welches er mit großer Meisterschaft behandelte. Nicht nur stand ihm eine bedeutende Technik zu Gebote, sondern bei schöner, kerniger Tonbildung auch das Vermögen, auf dem Instrument zu singen und ein farbenreiches Kolorit zu entfalten. Spielte er öffentlich nach Noten, so durfte ich ihm das Blatt umwenden.

Mendelssohn hatte eine feingebaute, schmächtige Figur. Seine gewandten, behenden Körperbewegungen waren außerordentlich lebhaft. Dem entsprach der öfters plötzlich wechselnde Gesichtsausdruck. Das dunkle Auge zeigte ein blitzendes Feuer. Es konnte ebenso schnell einen freundlich wohlwollenden und heitern, wie einen scharf durchdringenden oder auch ernst sinnenden Ausdruck annehmen. Im letzteren Falle blinzelte er, den Blick auf eine bestimmte Persönlichkeit gerichtet, wohl auch mit den Augen, wodurch seine Miene etwas Forschendes erhielt. Die hohe, schöngewölbte Stirn war von schwarzem Haupthaar umrahmt, welches zur Seite und nach hinten in gelockter Form herabfiel. Das nach dem Kinn schmal zulaufende Antlitz begrenzte ein kräftiger Backenbart. Die mäßig gebogene Nase erinnerte an den römischen Schnitt und verriet die orientalische Abkunft. Der äußerst fein geformte Mund war von sprechendem Ausdruck. Wenn er sich bei der Unterhaltung oder beim Lachen öffnete, so erblickte man zwei Reihen blendend weißer Zähne. Alles vereinigte sich in Mendelssohns Wesen, um seine gesamte Erscheinung zu einer anziehenden und einnehmenden zu machen. So ist es denn begreiflich, daß er eine höchst beliebte, verehrte Persönlichkeit war, und dies nur so mehr, als seine geistigen Eigenschaften unwiderstehlich fesselten.

Im Verkehr mit befreundeten Personen war Mendelssohn unbefangen, heiter und gemütlich, ja, wenn er gute Laune hatte, außerordentlich lustig, wobei er, ein wenig lispelnd, unter Anbringung von Scherzworten, geistig belebt sprach. Gegen ihm Fernerstehende verhielt er sich zuvorkommend, doch etwas reservirt. Galt es indessen, sich gegen junge, aufstrebende Talente über deren Leistungen auszusprechen, so gab er rückhaltslos seine Meinung kund, und verschwieg neben dem Lobe auch den Tadel nicht, welch letzteren er aber stets in wohlwollendem Tone vorbrachte.

Während Mendelssohn, abgesehen von seiner Kompositionsthätigkeit, eine mehrseitige künstlerische Wirksamkeit entfaltete, lebte Robert Schumann in einer merklichen Zurückhaltung von der Oeffentlichkeit und zur Hauptsache emsig seinem Schaffen. Seiner ganzen Naturanlage nach war er nicht zum freien, hingebenden, mitteilsamen Verkehr disponirt. Nahm er auch innerlich regsten Anteil an allen irgendwie bemerkenswerten Tageserscheinungen und Vorgängen im Gebiete der Kunst, wofür seine gesammelten Schriften über Musik und Musiker eine Fülle überzeugender Belege liefern, so verhielt er sich doch in Gesellschaft anderer meist schweigsam und scheinbar in sich versunken. Nur im vertraulichen Verkehr ging er etwas mehr aus sich heraus. Dann enthüllte sich bis zu einem gewissen Grade sein reiches Seelen- und Gemütsleben, welches sich so schön und bedeutend in seiner Musik offenbart. Doch auch selbst im vertraulichen Umgange beharrte er nicht selten in Schweigsamkeit, ohne indessen teilnahmlos zu werden. Schumann war sich seiner in sich gekehrten Natur wohlbewußt. An einen ihm befreundeten Künstler, der ihm brieflich seinen Besuch angekündigt hatte, schrieb er: „Herzlich freue ich mich, Sie hier zu sehen. An mir ist indes nichts zu haben; ich spreche fast gar nichts, abends mehr und am Klavier das meiste."

Wenn Schumann aber einmal auf seine Art gesprächig wurde, so belebte sich sein für gewöhnlich verschleierter Blick, und sein Lächeln konnte dann einen unwiderstehlich gewinnenden Ausdruck annehmen. Zu einem andauernden Redefluß kam es indessen bei ihm nicht. In der Regel sprach er mit weicher, gedämpfter Stimme in abgebrochenen Sätzen, und wie vor sich hin. Doch nahm er stets teil an dem, was um ihn her vorging, wie seine gelegentlich in die Unterhaltung geworfenen Bemerkungen bewiesen.

Schumanns volles, etwas gerötetes Antlitz war von gutmütigem, aber keineswegs bedeutendem Ausdruck: das reiche Seelenleben des genialen Mannes leuchtete nicht, oder doch nur auf Momente aus seinem Mienenspiel hervor, weshalb man manchmal im Zweifel darüber sein konnte, welchen Eindruck eine Anrede oder ein zur Sprache gebrachter Gedanke auf ihn gemacht hatte. Der wohlgeformte Mund nahm bei zugespitzten Lippen häufig eine wie zum Pfeifen vorbereitete Stellung an. Die Nase hatte eine ziemlich stumpfe Form und war nicht sehr hervorspringend. Ueberhaupt fehlte es dem rundlichen Antlitze Schumanns an markirten Zügen. Der Schädel war ungemein kräftig entwickelt und von reichlichem dunkelbraunem Haar bedeckt, welches Schumann bei der Unterhaltung bisweilen anhaltend mit der rechten Hand zur Seite strich. Einen Bart trug Schumann in den Mannesjahren nicht. Seine Figur war bei behäbiger Körperfülle etwas über mittelgroß. Der Gang hatte etwas Schleifendes und Schwerfälliges. Ein lebhaftes Tempo habe ich Schumann im Freien niemals nehmen sehen. In seinem Zimmer ging er bisweilen leise auf den Fußspitzen hin und

wider, als ob es ihm darum zu thun gewesen wäre, die Stille nicht
zu unterbrechen, welche in demselben herrschte. Diese Besonderheit kor-
respondirte mit der ihm eigenen Neigung zu einer gewissen Heimlichkeit.
Seine Kleidung war in späteren Jahren stets von schwarzer Farbe.
Dazu trug er für gewöhnlich einen Cylinderhut. Diese Tracht konnte
im Verein mit seiner ruhig gemessenen körperlichen Haltung bei Leuten,
die Schumann nicht kannten, die Meinung hervorrufen, daß er ein
Geistlicher sei.

Da Schumann kurzsichtig war, blinzelte auch er zuweilen, doch aus
anderem Grunde wie Mendelssohn. Er that es nur, wenn er jemand
auf gewisse Distanzen erkennen oder über etwas entfernte Gegenstände
sich orientiren wollte. Manchmal langte er auch sein Augenglas aus
der Westentasche hervor, um besser sehen zu können.

Bei weitem mehr als Schumann trat dessen allgemein verehrte
Gattin im öffentlichen Musikleben Leipzigs hervor. Wie eine Priesterin
der Kunst waltete sie ihres Berufes. Die allseitige Begeisterung, welche
jederzeit ihren unvergleichlichen pianistischen Leistungen entgegengebracht
wurde, war eine herzliche, tiefempfundene. Nicht um äußerliche Virtuosität handelte es sich bei ihr: die in außerordentlichem Maße ihr
eigene virtuose Technik verwertete sie im Dienst der echten Kunst. Gleich
bewundernswert durch die keusche, edle Erfassung und Wiedergabe des
Kunstwerkes durfte sie der großen Pianistenschar als nachahmungswürdiges
Vorbild gelten. Und welch gewinnenden Eindruck empfing man schon,
wenn sie mit dem vornehmen Ausdruck ihres geistig belebten Antlitzes an
den Flügel trat!

Klara Schumann gehörte zu der Aristokratie jener Auserwählten,
welche, ohne es zu wollen, Herrschaft über die Gemüter ausüben. Nicht
mehr von Technik und was dazu gehört, war bei ihren Darbietungen
die Rede, sondern von dem geistig fesselnden, erhebenden Genuß, den sie
spendete. Deshalb wurde man nicht müde, sie zu hören, wozu die Gewandhauskonzerte öfters erwünschte Gelegenheit gaben. Und noch eines:
diese Künstlerin war die berufene Interpretin der Klavierwerke ihres
genialen Lebensgefährten: „Ich habe meine rechte Hand an Dir," schrieb
er ihr gegen Ende des Jahres 1838 aus Wien, indem er mit Schmerz

auf die Unmöglichkeit hinwies, wegen Erlahmung der rechten Hand seine Kompositionen selbst dem Publikum vorzutragen.

Eine zweite schweigsame Persönlichkeit, doch von anderer Art wie Schumann, besaß Leipzig in Moritz Hauptmann. Dieser ausgezeichnete Musikgelehrte war eine mehr still für sich hinlebende Denkernatur, doch ließ er es seinerseits, wenn man mit ihm zusammenkam, an gemütlich-bedächtiger Aussprache nicht fehlen, wobei gelegentlich, wenn die Rede auf problematische Leistungen oder Personen kam, seine Neigung zu witzigen Bemerkungen hervortrat. Als friedensbedürftige Natur gönnte er jedem seine Ruhe, ließ aber dabei erkennen, daß auch er in Ruhe gelassen sein wollte. Ueber strittige Punkte war es nicht schwer, sich mit ihm zu verständigen. Nur einmal wollte es nicht gelingen, als gelegentlich die Rede auf die Stimmungsfrage kam. Hauptmann gab sich dabei als einen Anhänger der absolut reinen Stimmung zu erkennen und meinte, alle Sänger intonirten von Hause aus rein. Diese von ihm ausgesprochene Ansicht erregte um so mehr meine Verwunderung, als seine mit einer sonoren Altstimme begabte Gattin, welche noch kleiner war als er, beim Gesange manchmal in auffallender Weise detonirte. Natürlich wäre es unhöflich gewesen, darauf Bezug zu nehmen; ich beschränkte mich daher auf die allgemeine Bemerkung, daß meinen Wahrnehmungen zufolge die meisten Sänger nicht ganz rein sängen, was besonders bei den Leittönen hervortrete, eine Beobachtung, die ich in unzähligen Fällen gemacht habe. Hauptmann blieb aber bei seiner Meinung, wohl nur, um das Prinzip von der absolut reinen Stimmung aufrecht zu erhalten.

Für gewöhnlich behauptete Hauptmann im Verkehr eine gewisse Reserve bei seinen Aeußerungen. In seinen zahlreichen Briefen hingegen, welche viele grundgescheite, geistvolle Gedanken und Betrachtungen enthalten, sprach er sich rückhaltlos aus. Um öffentlich in bestimmter Weise mit seinen Urteilen hervorzutreten, war er eben nicht der Mann. Deshalb vermochte er auch nicht als Redakteur der Härtelschen Musik-zeitung, deren Leitung er auf dringenden Wunsch der Verleger für ein paar Jahre übernahm, ersprießlich zu wirken. Keineswegs fehlte ihm für eine solche Thätigkeit Einsicht und kritischer Scharfblick, wohl aber Entschiedenheit des Wesens und Schnelligkeit im Arbeiten. „Fink (sein

Vorgänger an der Zeitung) hat die Zeitung zu zwei Dritteil selbst geschrieben, das kann ich nicht," äußerte er brieflich gegen Hauser.

Als Kantor an der Thomasschule war Hauptmann verpflichtet, die
sonn- und festtäglichen Kirchenmusiken in der Thomas- und Nikolaikirche
zu leiten. Diese Wirksamkeit behagte ihm jedoch im Gefühl seiner geringen
Direktionsbegabung ganz und gar nicht. Schon bevor er von Kassel,
wo er der kurfürstlichen Kapelle angehörte, nach Leipzig kam, war ihm
die durch Scheibles Tod erledigte Stelle als Leiter des Frankfurter
Cäcilienvereins offerirt worden. Damals lehnte er den an ihn ergangenen
Ruf mit der Entgegnung ab, er sei kein fertiger Klavierspieler, halte auch
den Beistand durch einen andern am Instrumente für einen traurigen
Notbehelf und meine, daß das Taktschlagen eigentlich etwas sehr Un-
musikalisches sei. Diese Motivirung der Verzichtleistung Hauptmanns
auf das ihm dargebotene Amt war einfach in dem Bewußtsein begründet,
daß er sich demselben nicht gewachsen fühlte. Als die Berufung nach
Leipzig an ihn erging, schrieb er dementsprechend an Hauser: „Ich kann
mich mir als Direktor noch nicht recht vorstellen," und nachdem er den
Kantorposten übernommen, meldete er dem Freunde: „Ich fühle keinen
Beruf zu meiner Stelle, — — — die Stelle gefällt mir recht gut,
aber ich gefalle mir in der Stelle nicht gut. Es fehlt mir an ein-
dringlicher, aktiver Rührigkeit" und so weiter. In der That eignete
Hauptmann sich nicht zum Dirigenten. Er schlug den Takt mit sozusagen
mathematisch abgezirkelter Armbewegung, ohne sonst irgendwie in den
Gang des vorgetragenen Stückes einzugreifen. Seine Haltung hatte
dabei etwas Automatisches, und dies erzeugte im Verein mit seiner
kleinen, von einem großen, stark entwickelten Haupt gekrönten Figur einen
beinahe drolligen Eindruck.

Einen entschiedenen Gegensatz zu Hauptmanns stillem, bedächtigem
Wesen bildete die äußerst lebhafte Rührigkeit des Konzertmeisters David.
Dieser intelligente Künstler, der nicht nur über eine bedeutende Geigen-,
sondern auch über eine gewandte Kompositionstechnik gebot, war von
einer erstaunlichen Betriebsamkeit. Durch rastlosen Eifer wirkte er auf
seine, besonders nach der Eröffnung des Konservatoriums von nah und
fern ihm zugeströmten Schüler ungemein fördernd ein. Das persönliche

Verhältnis zu ihnen ließ nichts zu wünschen übrig; er war seinen Zöglingen in jeder Beziehung ein hochschätzbarer Mentor, bald freundlich
aufmunternd, bald mit wohlwollendem Ernst ermahnend und anfeuernd,
wie es eben der Augenblick erforderte. Mit seiner reiflich durchdachten
Lehrmethode gab er sichere Haltpunkte für das Geigenstudium. Die
Eigenschaft seines königlichen Namensvetters aber, welcher durch sein
Saitenspiel Sauls Schwermut zu bannen verstand, besaß David nicht,
wogegen die Neigung zum verstandesmäßig präparirten Effekt ihn überwiegend beherrschte. Eine poetisch vertiefte Auffassung des Kunstwerkes
blieb ihm versagt. Um diesen Mangel zu ersetzen, war er bemüht, seine
Leistungen durch sogenannte, im Wege einer spekulativen Reflexion ge-
wonnene Spielfinessen interessant zu machen. In den späteren Jahren trat
dies immer stärker hervor. Dabei litt er an einer Kadenzenmanie, das
heißt, er versah die ihm unter die Finger geratenen Violinkompositionen
mit nicht improvisirten, figurativen Zuthaten, auch wenn es dem Charakter
der Musikstücke nicht angemessen war.

Man behauptete damals in Leipzig, daß David nicht immer die
schickliche Gelegenheit zur Anbringung von Kadenzen abgewartet, sondern
dergleichen auf Lager gehalten habe, um für alle Fälle versorgt zu sein.
Diese närrische, jedenfalls aus der Luft gegriffene Idee mag durch jene
Kadenzen veranlaßt worden sein, welche David zu den von ihm be-
arbeiteten und teilweise mit moderner Zuthat versehenen Violinsätzen aus
dem achtzehnten Jahrhundert gemacht hatte, denn dieselben passen wenig
zu dem Charakter der betreffenden Musik. Trotz alledem schätzte Mendelssohn ihn sehr hoch, dessen schönes Violinkonzert er übrigens in die
Oeffentlichkeit einführte. Im Hinblick hierauf äußerte Schumann gegen
David ein hübsches Scherzwort, indem er zu ihm, freundlich ihm auf
die Schulter klopfend, sagte: „Siehst Du, lieber David, das ist so ein
Konzert, wie Du immer komponiren wolltest.“

Zu den Obliegenheiten Davids gehörte, daß er alljährlich ein paar-
mal im Gewandhauskonzert als Solist aufzutreten hatte. Das war für
ihn, da ein Vergleich mit den renommirtesten Violinvirtuosen, die sich
in Leipzig hören ließen, nahelag, keine ganz bequeme Aufgabe, besonders
als er mit den zunehmenden Jahren immer ängstlicher wurde, was ihn

sogar einmal nötigte, am Konzerttage selbst auf sein in Aussicht genommenes Solospiel zu verzichten, da dann Joachim ohne weiteres für ihn eintrat.

Wie alle über die Alltagsmenschen hervorragenden Persönlichkeiten, so hatte auch Frd. David seine Gegner. Dies zeigte sich besonders gelegentlich der Aufführung seiner Oper „Hans Wacht", welche schon bei der zweiten oder dritten Darstellung ihre Anziehungskraft verloren hatte und nicht wieder gegeben wurde. Mit Bezug darauf leisteten seine Widersacher sich einen wohlfeilen Witz, indem sie sagten: „Hans wacht und das Publikum schläft." Aber in einem Punkte konnte man dem verunglückten Opernkomponisten doch nichts anhaben, nämlich als Konzertmeister. Thatsächlich war er ein intelligenter und unermüdlich tapferer Führer des Streichquartetts, wenn er auch im Eifer manchmal etwas zu früh einsetzte, was die Orchestermusiker mit dem Ausdruck „vorhauen" bezeichneten. Der Autorität Mendelssohns, als dessen folgsamer Adjutant er fungirte, ordnete er sich vollständig unter, indem er sich darauf beschränkte, den Geigern zweckmäßige Fingersätze und Bogenstriche vorzuschreiben. Anderen Dirigenten gegenüber zeigte er sich aber manchmal dadurch unbotmäßig, daß er versuchte, sich ihrer Tempoangabe zu entziehen und sein eigenes Zeitmaß durchzusetzen, wobei er seinen großen Mund bedrohlich in die Breite zog und fulminanten Blickes drauflos strich, so daß das einheitliche Ensemble für Augenblicke gestört wurde. Julius Rietz nahm dergleichen nicht ruhig hin. Als David einmal auf der Probe versuchte, ihm ein Tempo zu oktroiren, sagte Rietz zu ihm: „Spiele Du nur, was in Deiner Stimme steht."

Beim Orchesterpersonal wußte David sich durch seine schneidige Energie in Respekt zu setzen; daß man ihn aber geliebt hätte, läßt sich nicht behaupten. Wenn er nicht gut gelaunt war, entfuhr ihm leicht ein scharfes, ironisches Wort. Hier ein Beispiel dafür. In der Probe zu Schumanns neu geschaffenem, von dessen Gattin am 1. Januar 1846 im Gewandhaus vorgetragenem Klavierkonzert konnte das Orchester sich nicht sofort bei jener Stelle des Finales zurechtfinden, an welcher der Dreiviertel- und Zweivierteltakt auf eigentümliche Weise mit einander kombinirt sind. David, der das Stück dirigirte, klopfte ab und rief den begleitenden

Spielern unwirsch zu: „Was machen Sie denn, das kommt ja in jedem
Straußischen Walzer vor." Manche Schumannverehrer glaubten in dieser
Aeußerung eine Geringschätzung des Meisters erblicken zu sollen. Freilich
hatte David schon bei anderer Gelegenheit ihren Unmut durch die Be-
merkung erregt, daß das Fugato am Schlusse des Schumannschen
Klavierquintetts überflüssig sei und besser fortgeblieben wäre, was man
doch jedenfalls nur als einen der Scherze hätte nehmen sollen, welche
David zu machen liebte. Um derartige Einfälle war er nie verlegen.

Als Mendelssohn im Sommer des Jahres 1841 auf den Wunsch
des Königs von Preußen für längere Zeit nach Berlin ging, übernahm
David zeitweilig die Leitung der Gewandhauskonzerte, während er für
gewöhnlich nur die instrumentalen Solovorträge mit Orchester dirigirte.
Im Winter 1843/44 mußte Mendelssohn sich abermals in Berlin auf-
halten, wodurch wiederum eine Vertretung für ihn im Gewandhauskonzert nötig wurde. Diesmal fiel die Wahl auf Ferd. Hiller, der sich
bereits 1840 durch die in Leipzig erfolgte Aufführung seines Oratoriums
„Die Zerstörung Jerusalems" bei dem dortigen Publikum vorteilhaft
eingeführt hatte. Hiller war ein geistreicher, sowohl als Klavierspieler
wie als Komponist hervorragender Künstler, im Dirigiren aber noch ein
Neuling. Zwar schwang er tapfer den Taktstock, wobei er einmal einem
Bratschisten beinahe sein Instrument zerschlagen hätte, doch konnte er
Mendelssohns geniale Führerschaft ebenso wenig ersetzen wie David.
Mit Ende des Winters hörte seine Thätigkeit am Gewandhause auf. Er
begab sich nach Dresden, um auch dort ein paar Jahre als Konzert-
dirigent thätig zu sein. Weiterhin soll mehr über ihn berichtet werden.

Nach Hiller nahm Gade, eine echte Künstlernatur, den Platz am
Dirigentenpulte des Gewandhauskonzertes ein. Schon ehe er nach
Leipzig gekommen, waren dort zwei seiner Werke, nämlich die Ossian-
ouverture und die erste Symphonie, durch Mendelssohn eingeführt und
mit großer Wärme aufgenommen worden. Zu Beginn der Konzertsaison
des Jahres 1843 erschien er nun persönlich in Leipzig. Ich sehe ihn,
nachdem mehr als 50 Jahre verflossen, noch deutlich, wie er in dem
Abonnementskonzert am 26. Oktober im dunkelbraunen mit blanken
Knöpfen garnirten Frack munter und wohlgemut aufs Orchester kam, um

seine C-moll-Symphonie zu dirigiren. Enthusiastischer, von Herzen gehender Beifall begrüßte den kaum mittelgroßen, von Gestalt behäbigen jungen Mann mit seinen an Mozarts Bildnis erinnernden Gesichtszügen.

Nicht so glücklich wie mit seiner ersten, war Gade mit seiner zweiten Symphonie (e-dur), die er drei Monate später als Manuskript zum erstenmale im Gewandhauskonzert aufführte. Mehr Erfolg hatte er mit der a-moll-Symphonie Nr. 3, doch erst mit der vierten in b-dur schuf er wieder ein symphonisches Werk von bleibendem Werte. Dieses anmutige, schön empfundene Stück entspricht so recht dem Charakter seines Urhebers. Gade war ein gemütvoller, prächtiger Mensch ohne alle Neigung zu Machenschaften und Intriguen. Zeigte er sich auch nicht ohne weiteres zutraulich und hingebend im Verkehr, so doch niemals exklusiv oder stolz in seinem Benehmen, immer zugänglich und gefällig, wo sich ihm Anlaß dazu darbot. Dabei beobachtete er aber, namentlich gegen ihm Fernstehende, ein gewisses diplomatisches Verhalten. Nicht leicht ging er, selbst wenn er aufgeräumt war und mitteilsam wurde, entschieden aus sich heraus, so daß es den Anschein gewinnen konnte, als ob er dem Grundsatz huldigte: „Sprechen ist Silber, Schweigen ist Gold."

Bei Gades Beliebtheit in der guten Leipziger Gesellschaft und der ihm zugefallenen ehrenvollen Stellung war es nicht verwunderlich, wenn einige liebebedürftige Jungfrauen der Leipziger Geldaristokratie auf ihn spekulirten, wiewohl ganz vergeblich.

Auch ein paar Schülerinnen des Konservatoriums widmeten dem jugendlichen Meister ein besonderes Interesse. Die eine derselben hatte im Prüfungskonzert die Arie „Robert mein Geliebter" aus Meyerbeers „Robert der Teufel" vorzutragen, und böse Jungen behaupteten, sie habe statt: „Gnade für mich", stets gesungen: „Gade für mich".

Als Dirigent erlangte Gade bald die nötige Routine, da er durch seine mehrjährige Wirksamkeit in der königlichen Kapelle zu Kopenhagen vollkommene Einsicht in den orchestralen Organismus erworben hatte, wie dies schon die klangschöne Instrumentirung seiner ersten Kompositionen erkennen läßt. Man hielt ihn daher in Leipzig fest. Im Winter

1844/45 leitete er die Gewandhauskonzerte allein, im folgenden Winter abwechselnd mit Mendelssohn und im Winter 1847/48 wiederum allein. Sodann aber, bei Beginn des Konfliktes zwischen Deutschland und Dänemark wegen der schleswig-holsteinischen Herzogtümer, kehrte Gade für immer nach Kopenhagen zurück, wo er eine seinen Talenten angemessene Stellung fand, die sich mit den Jahren noch verbesserte, indem er nach Franz Gläsers Tode zum königlichen Kapellmeister ernannt wurde. In seiner Heimat schrieb er noch eine beträchtliche Reihe von Kompositionen, ohne jedoch mit denselben seine älteren zu überbieten. Der Umstand, daß seine Schöpfungen keine Steigerung mehr erfuhren, war zur Hauptsache wohl in der ihm versagt gebliebenen kombinatorischen Kraft begründet.

Im Jahre 1847 war Jul. Rietz von Düsseldorf als Kapellmeister an das Leipziger Theater berufen worden. Er brachte nicht nur den Ruf eines vortrefflichen Musikers, sondern auch den eines excellenten Dirigenten mit. Im Hinblick hierauf ergab es sich von selbst, daß ihm nach Gades Rücktritt die Leitung der Gewandhauskonzerte übertragen wurde.

Rietz war ein grundgescheiter Mensch. Wäre er zugleich von angenehmen, einnehmenden Manieren gewesen, so würden seine Untergebenen mit Verehrung an ihm gehangen haben. In seinem Wesen lag aber etwas Bärbeißiges, und seine Kundgebungen hatten überdies eine starke Dosis von dem bekannten Berliner Sarkasmus, dem er gern freien Lauf ließ. Dabei besaß er die üble Gewohnheit, sich in den von ihm geleiteten Aufführungen mit bedrohlicher Miene nach der Richtung umzusehen, wo irgend ein kleines Versehen vorkam. Indessen wurde sein tüchtiges Wissen und Können respektirt, aber auch gefürchtet. Sein Gesichtsausdruck hatte für gewöhnlich etwas Strenges und Hartes, und dem entsprach der energische Ausdruck seiner kräftig derben Figur.

Rietz besaß ein fabelhaftes Gehör; ihm entging selbst im vollen Tutti kein falscher Ton. Poetisch inspirirt zeigte er sich nicht. Seine Behandlung des Kunstwerkes war sachlich ruhiger, durchdringender Art. Demgemäß wußte er alle Einzelheiten des Ensembles klar und deutlich durchzubilden. Seine Aufführungen zeugten von lebhaftem Temperament, aber bis zu schwungvoller Erhebung kam es nicht. Die vollständige Korrektheit ging Rietz über alles. Er genoß auch den Ruf, niemals einen Fehler beim Dirigiren gemacht zu haben. Im Partiturlesen war er so gewandt, daß seinem Auge kaum ein Schreib- oder Druckfehler entging.

Am schroffsten trat Rietzens rigoroses Wesen im Dienste hervor. Vor seinen satirischen Bemerkungen waren selbst Damen nicht sicher, denen er hin und wieder in größter Ruhe sogar mit Sottisen aufwartete. Einst sollte eine Sängerin im Gewandhauskonzert debütiren. Auf der Probe zu demselben detonirte sie so sehr, daß die Notwendigkeit geboten war, es ihr bemerklich zu machen. Rietz that dies, indem er sie ersuchte, doch ihr a (den Ton nämlich, nach welchem das Orchester einstimmt) einmal anzugeben, was natürlich für die verunglückte Sängerin höchst empfindlich war.

Einen bemerkenswerten künstlerischen Zuwachs erhielt Leipzig im Jahre 1846 durch den Klaviermeister Ignaz Moscheles, dessen pianistische Autorität trotz der epochemachenden Erscheinungen Thalbergs und Liszts noch immer anerkannt wurde. Er übernahm an Mendelssohns Stelle, der seine Uebersiedlung von London nach Leipzig veranlaßt hatte, den höheren Klavierunterricht am Konservatorium, woraus dem Institut erheblicher Nutzen erwuchs, da seine Methode sowie seine gesamte musikalische Richtung auf gediegener Basis ruhte. Ab und zu ließ er sich auch im Gewandhauskonzerte hören. Dann erwies man dem berühmten Manne alle Ehren. Wenn er aber mit würdevoller Miene ans Instrument trat, um seinen Vortrag zu beginnen, so ging es nicht leicht ohne erheiternde Präliminarien ab. Bald war der für ihn bereitgestellte Stuhl zu hoch, bald wieder zu niedrig. Mit skrupulöser Sorgsamkeit prüfte er das ihm dargebotene Exemplar, indem er sich versuchsweise auf dasselbe niederließ, um schließlich einen etwas zu niedrigen Sessel zu verlangen. Dieser mußte nun mit Hilfe von Notenheften erhöht werden. Aber auch das hatte seine Schwierigkeiten. Moscheles erhob sich wiederholt von seinem Sitz, um entweder noch ein weiteres Heft zur Unterlage zu begehren oder dasselbe gegen ein dünneres zu vertauschen. Nun schien alles in Ordnung zu sein. Doch mit nichten! Noch eine letzte Korrektur erfolgte durch Hinzufügung eines einzelnen Notenblattes. Jetzt zeigte Moscheles sich befriedigt, und es konnte losgehen.

Die bei solcher Gelegenheit geoffenbarte Komik des ehrenwerten Künstlers verfehlte natürlich nicht, eine verstohlene Heiterkeit im Publikum zu erregen, welche sich indessen schon beim ersten Solo in Wohlgefallen auflöste.

Die Mehrzahl der damaligen Mitglieder des Leipziger Orchesters war in Betreff des musikalischen Leistungsvermögens lobenswert, sonst aber von landläufigem Typus. Nur ein paar Persönlichkeiten zeichneten sich darunter aus: Pfundt und Queißer. Der erstere, ein Original, war wohlbestallter Pauker oder, wie er sich selbst titulirte, Paukist, denn er wollte in Betreff der Endsilbe nicht gegen seine Kollegen zurückstehen, wie er auch für die Trompetenbläser die Bezeichnung „Trompetisten" empfahl, da ihm der übliche Terminus Trompeter wegen der beiden letzten Silben schimpflich erschien.

Pfundt hatte ursprünglich Theologie studirt, war aber von derselben zur Musik und schließlich zur kunstgemäßen Bearbeitung des Kalbfelles, nämlich zur Pauke, übergegangen. Er machte sich auch um dieses Schlaginstrument dadurch verdient, daß er die Maschinenpauke erfand und eine Paukenschule schrieb. Mendelssohn hielt große Stücke auf ihn, und Hektor Berlioz setzte ihm in Bewunderung seiner Paukerkünste sogar ein literarisches Denkmal. In der That war seine rhythmische Präzision erstaunlich, und sein Wirbel von gewaltiger Energie.

Bekanntlich haben die Pauker öfters längere Zeit zu pausiren, namentlich in der Oper. Solche Ruhepunkte benützte Pfundt, um mit dem stets von ihm bereit gehaltenen, ungewöhnlich großen Doppelperspektiv im Publikum Umschau zu halten, ohne den nächsten Einsatz zu vergessen. Dies seltsame Gebaren war auffallend, noch mehr aber seine schwärmerische Neigung für den Spiritismus, der ihn schließlich überspannt machte und zu allerhand närrischen Einfällen verleitete.

Sein Kollege Queißer zeichnete sich auf andere Weise aus. Dieser war insofern ein musikalisches Phänomen, als er sämtliche Orchesterinstrumente von A bis Z zu traktiren verstand, am besten aber die Posaune. Ja, er war im wahren Sinne des Wortes ein Virtuose auf diesem Instrument, welches er nicht bloß markerschütternd, sondern auch einschmeichelnd zu behandeln wußte. Wenn Shakespeare dem Weber Zettel im ersten Akte des Sommernachttraums die Worte in den Mund legt, er wolle „so sanft brüllen, wie ein saugendes Täubchen", so durfte man von Queißer sagen, daß er vermochte, so zart zu blasen wie ein Flötist. Auf der Posaune ließ er sich in seinen letzten Lebensjahren (er starb 1846) nur als Solist noch hören. Im Gewandhaus- und Theaterorchester führte er die Bratschen- und im Euterpekonzert die Violinspieler. Seine Thätigkeit erstreckte sich aber noch weiter, da er ein eigenes Musikcorps hatte, mit dem er bei allen möglichen Anlässen aufwartete.

Dem Direktorium der Gewandhauskonzerte gehörte eine Persönlichkeit an, die hier nicht übergangen werden darf, weil sie in gewissen Kreisen des musikalischen Leipzig mit diplomatischer Schlauheit eine Art von Suprematie ausübte. Es war der Rechtsanwalt Schleinitz, welcher bei seiner schmalen advokatorischen Praxis hinreichende Muße zur Beschäftigung mit der Musik fand. Er sang nicht übel, spielte auch etwas Klavier. Sein hauptsächliches Interesse widmete er den Gewandhauskonzerten und dem Konservatorium, dessen Direktorium er gleichfalls angehörte. Auf beide Institute wußte er mit raffinirter Berechnung einen maßgebenden Einfluß nach seinem Sinne auszuüben, doch nicht offen und geradezu, sondern sozusagen hinter den Coulissen. Um über alle im Bereich der genannten Kunstanstalten Beteiligte, sowie über deren Thun und Lassen möglichst genau orientirt zu sein, betrieb er mit Hilfe eines dienstfertig devoten Individuums Spionage. Was ihm dasselbe an Personalien und so weiter zutrug, verwertete er zur Erreichung seiner Zwecke. Deshalb war er gefürchtet. Feingebildete Damen empfanden sogar eine gewisse Unbehaglichkeit und unheimliche Beklemmung in seiner Gegenwart, wobei sie sich unwillkürlich an Gretchens Worte: „Es ist so schwül, so dumpfig hie", erinnern mochten. Seiner Physiognomie haftete allerdings etwas Mephistoartiges an. Die markirten und dabei doch schlaffen Züge seines Gesichtes, der graulich-gelbliche Ton desselben, der halb strenge, halb lüsterne und dann wieder sarkastische Ausdruck seines Mienenspieles waren eben nicht vertrauenerweckend. Trotz alledem hatte er es verstanden, sich die Freundschaft Mendelsohns zu sichern, dem er aber auch eine unbedingte Verehrung bezeigte. Seine Begeisterung für denselben kannte keine Grenzen; er ging darin so weit, daß er erklärte, diesen Meister zu kritisiren sei ein Sakrilegium an der Kunst. Die intime Beziehung zu Mendelssohn wurde ihm höchst belangreich, denn ohne sie hätte er sich wohl schwerlich zum dirigirenden Oberhaupt des Konservatoriums aufschwingen können. Dieses Amt wurde ihm im Jahre 1847, also im Todesjahre Mendelssohns, definitiv übertragen. Man beließ es ihm trotz seiner angeblichen späteren Erblindung bis zu seinem Tode (1881).

Und noch einer seltsamen Erscheinung im Leipziger Musikleben der vierziger Jahre sei hier gedacht: Hermann Hirschbachs. Dieser Mann, ein Berliner Kind, begabt mit ungewöhnlich scharfen Verstandeskräften, hätte für die Kunstkritik von Bedeutung werden können, wenn sein schroffes, rücksichtsloses Naturell einer Mäßigung fähig gewesen wäre. Das war ihm aber nicht gegeben. In seinen Urteilen zeigte er sich zumeist unbillig und schonungslos. Nur in einzelnen Fällen hatte er für die Leistungen seiner Zeitgenossen Worte der Anerkennung übrig. Ursprünglich entschied Hirschbach sich für das medizinische Studium, doch ging er während seiner Universitätsjahre zur Musik über. In der Folge wurde er Mitarbeiter an Schumanns Musikzeitung. Seine Beiträge für dieselbe waren ganz dazu gemacht, Schumanns lebhaften Anteil zu erregen, der weiterhin auch den kompositorischen Bestrebungen Hirschbachs ein lebhaftes Interesse widmete, ohne indessen andere dafür erwärmen zu können. Der Grund davon war ein sehr einfacher: Hirschbach verfolgte, ohne ausreichende Kenntnisse und Fertigkeiten in der Kompositionstechnik zu besitzen, große Intentionen. Er wollte da einsetzen, wo Beethoven aufgehört hatte, ein verhängnisvolles Beginnen, das schon so manchen Tonsetzer der Neuzeit irre geführt hat. Intentionen allein thun es eben nicht. Vor allem gehören zum Kunstschaffen Erfindungs- und Gestaltungskraft. Diese Eigenschaften besaß Hirschbach nur in ungenügendem Maße. Seine Kompositionen waren unkorrekt im Satz, und dem Inhalt nach im ganzen genommen von geschmacklos ungeheuerlicher, abstoßender Wirkung. Alle Bemühungen, sie zur Aufführung in den Gewandhauskonzerten zu bringen, blieben erfolglos, wodurch Hirschbach, der sich schließlich für ein verkanntes Genie hielt, in einen gereizten, verbitterten Zustand geriet. Die Frucht davon war das von ihm unternommene musikalisch-kritische Repertorium, dessen Probenummer im Herbst 1843 erschien. Zu Mitarbeitern hatte Hirschbach unter anderen A. F. Riccius und Jul. Knorr gewählt. Das Unternehmen krankte von Hause aus an einem Radikalismus, dem es nach zwei Jahren schon zum Opfer fiel. Hirschbach wollte die wenigen, ihm gut erscheinenden Novitäten auf den Schild erheben, den nach seiner Meinung erträglichen Kompositionen Duldung gewähren, alles übrige aber dagegen mit einigen Federstrichen vernichten. Was sein Mißfallen erregte, besprach er mit einer beispiellosen Härte, welcher nicht selten ein beißender Spott beigesellt war. Wenn er beispielsweise über Reißiger schrieb: „Die Kraft, welche Felsen bricht und Ströme austrocknet, die Zeit, frißt auch den ganzen Reißiger weg", so hatte er freilich nicht unrecht, obwohl es doch höchst rücksichtslos war, einem Mitlebenden ein derartiges Verdikt vor aller Welt ins Gesicht zu schleudern. Wenn er aber in seiner Verbissenheit von Mendelssohns Violinkonzert sagte, dasselbe sei für ihn bloß ein großer Dreier, während andere, Genügsamere, ein Goldstück daran fänden, so war das ein boshafter Ausspruch, der sich von selbst parodirt. Hirschbach mußte es erleben, daß dies von ihm in solcher Weise abgethane Kunstwerk, welches nunmehr schon seit einem halben Jahrhundert ein wertvoller Besitz der instrumentalen und besonders der Geigenliteratur ist, andauernd die allgemeinste, freudige Anerkennung gefunden hat, während seine eigenen Kompositionen bei niemand Anteil zu erwecken vermochten.

Der Ton, in welchem Hirschbach mehrenteils das Amt des Kritikers ausübte, rief bald den Unwillen der Beurteilten hervor und erzeugte eine begreifliche Opposition, sowohl bei Künstlern wie bei Musikverlegern. Seine Mitarbeiter bedienten sich freilich einer gemäßigteren Sprache, aber dadurch wurde die Entrüstung gegen das Repertorium nicht verringert, denn Hirschbach fuhr in dem von ihm einmal angeschlagenen Tone fort. Anonyme und offene Drohbriefe gingen ihm von Verlegern und Komponisten zu, und auch an satirischen Ehrentiteln für ihn ließ man es nicht fehlen. Aus der selbstgeschaffenen fatalen Situation befreite er sich plötzlich durch einen Salto mortale. Am Schlusse des zweiten Jahrgangs seines Repertoriums verabschiedete er sich nämlich als Musikkritiker mit einem höchst sarkastischen Artikel, in welchem er die leitenden Persönlichkeiten des Leipziger Musiklebens auf malitiöse Weise durchzog. Seitdem blieb die kritische Feder von ihm unberührt. Dagegen gab er sich eifriger als zuvor dem Schachspiele hin, in welchem er Außergewöhnliches leistete.

———

Fahrende Künstler.

Die große Zahl der alljährlichen Gewandhauskonzerte erforderte kontinuirlich einen ansehnlichen Bedarf an solistischen Kräften, welche mehrenteils von auswärts herbeigezogen wurden. Anerkannte Celebritäten legten Wert darauf, sich dort hören zu lassen, und nicht minder alle jene Künstler, denen es darum zu thun war, ihren Ruf zu begründen oder denselben zu befestigen. Denn wer in der sächsischen Kantorenstadt mit seinen Leistungen entschieden durchgedrungen war, brauchte um weitere Erfolge nicht besorgt zu sein. Und so wurde Leipzig zur Winterzeit ein Sammelplatz für ausübende Künstler, die das dortige Musikleben nicht nur in anziehender Weise belebten, sondern gelegentlich auch zu einem hervorragend glänzenden machten. Es kamen dabei Produktionen zu stande, die einzig in ihrer Art waren und den Hörern unvergeßlich bleiben mußten. So vereinigten sich in einem Konzert am 30. Oktober des Jahres 1843 Frau Klara Schumann, Mendelssohn und Ferdinand Hiller zur Wiedergabe des Bachschen Tripelkonzertes für drei Klaviere, eine Leistung, wie sie vollendeter und schöner nicht gedacht werden kann. Jeder Takt, jede Note dieses klassischen Tonwerkes erhielt seine volle Bedeutung. Und da keiner der drei Mitwirkenden dominiren wollte, sondern jeder derselben sich willig in den Dienst der Sache stellte, so ergab sich ein durch die in allen Einzelheiten übereinstimmende Darstellung ausgezeichnetes Ensemble, wie es für Pianisten von geringerer geistiger Befähigung unerreichbar ist.

Eine bemerkenswerte Leistung anderer Art war (25. November 1844) die Vorführung des Maurerschen Quadrupelkonzertes durch Ernst,

Bazzini, Joachim und David. Die inhaltlich nicht bedeutende, doch geschickt gemachte Komposition begünstigte das Hervortreten der individuellen Eigenschaften jener vier Geiger, und dieser Umstand gab der Aufführung einen besonderen Reiz. Markant trat die Eigenart der Künstler, zumal in der weitausgeführten Schlußkadenz hervor, da jeder in derselben zum Ergötzen des Publikums ein wahres Brillantfeuerwerk der virtuosen Technik losließ.

Denkwürdiger im künstlerischen Sinne erwies sich eine am 18. November des vorhergehenden Jahres stattgehabte Aufführung des Octetts von Mendelssohn, bei welcher der Komponist selbst an der zweiten Bratsche mitwirkend thätig war, während Gade die viola prima, Moritz Hauptmann die dritte, und Theaterkapellmeister Bach die vierte Violine übernommen hatte. Die zweite Violine und die beiden Violoncelle waren mit Orchestermitgliedern besetzt, während David an der Primgeige stand. Dies Vorkommnis gab, abgesehen von der genußreichen Produktion, sprechendes Zeugnis für das gute kollegiale Verhältnis, welches zwischen den musikalischen Häuptern Leipzigs bestand, wozu allerdings die liebenswürdige Persönlichkeit Mendelssohns wesentlich mit beitrug. Er schätzte nicht nur alle Genossen hoch, die es ernst mit der Kunst meinten, sondern war auch für jüngere Talente zugänglich, denen er mit Rat und That an die Hand ging. Ein Beispiel unter vielen bietet das warme Interesse, welches er für Joseph Joachim in andauernder Weise an den Tag legte.

Dieser Musensohn kam im Herbst 1843, nachdem er eben erst sein zwölftes Lebensjahr zurückgelegt hatte, mit einer vollendet durchgebildeten Geigentechnik, die er zur Hauptsache dem ausgezeichneten Wiener Violinpädagogen Joseph Böhm verdankte, nach Leipzig. Hier fand er alsbald Gelegenheit, sich in einer von Paulinea Viardot-Garcia veranstalteten Abendunterhaltung hören zu lassen. Sein eminentes Talent fand sofort allgemeine Anerkennung. Noch sehe ich in Gedanken deutlich, wie der äußerlich unscheinbare Knabe in Jacke und weißem Halskragen vortrat, um die beiden letzten Sätze aus Beriots drittem Violinkonzert vorzutragen, wobei ihm die Auszeichnung von Mendelssohns Begleitung auf dem Flügel zu teil wurde. Kaum hatte er begonnen, so platzte ihm die

E-Saite. Mit der größten Kaltblütigkeit zog er eine andere auf und spielte dann, ab und zu die neue Saite in den Tuttis nachstimmend, so ruhig und sicher, als ob gar nichts vorgefallen. Seine Leistung war so gewinnend, daß er bald darauf (16. November) veranlaßt wurde, im Gewandhauskonzerte zu debütiren. Es geschah mit Ernsts Phantasie über Motive aus Rossinis „Othello" und gleich günstigem Erfolge.

Joachim stand damals noch ganz unter dem Banner der Virtuosität. Aber bald wurde es damit anders. Mendelssohn, der ein lebhaftes Interesse für den Knaben gewonnen hatte, zog ihn an sich heran und führte ihn der gediegenen musikalischen Richtung zu. So bildete sich Joachim nach und nach zu jenem außerordentlichen Künstler heran, der später als unvergleichlicher Interpret der klassischen Geigenliteratur zu einer maßgebenden Autorität für die violinspielende Welt wurde. Schon im Januar 1849 produzirte er sich in dem Konzerte der englischen Sängerin Charlotte Birch mit Spohrs Gesangsscene und ein Jahr später mit dem Violinkonzert von Beethoven, welches von dem Meister bekanntlich 1806 für den Wiener Geiger Franz Clement componirt worden. Dieses herrliche, von den Violinspielern der Folgezeit vernachlässigte Tonwerk wurde durch Joachim, sozusagen aufs neue creirt, eine künstlerische That, welche mit goldenen Lettern in der Geschichte des Violinspieles verzeichnet zu werden verdient, was auch meinerseits geschehen ist.*) Denn Joachim nahm damit zu jener Zeit eine eminent hervorragende und gleichsam isolirte Stellung ein. Die damaligen Geigenvirtuosen fanden es weit bequemer, Solostücke von Ernst, de Beriot, Vieuxtemps und so weiter zum Vortrage zu wählen, als das verfängliche Konzert Beethovens, welches außer einer virtuos geschulten Technik vor allem poesievolle Auffassung und eine ideale Tonsprache erfordert, um zu vollkommener Wirkung zu gelangen. Nun zeigte Joachim, wie diese in ihrer Art einzige Schöpfung zu behandeln sei. Ist es auch nicht zu bezweifeln, daß ihm dafür manche wertvolle Fingerzeige von seiten Mendelssohns zu teil geworden, so lag doch die seltene Befähigung für die schöngeistige, harmonisch abgerundete und in sich vollendete Re-

---

*) Siehe meine Schrift: „Die Violine und ihre Meister".

produktion in ihm, denn ohne diese Gabe hätte er sich trotz aller Hilfe nicht zu dem Standpunkt emporschwingen können, den er weiterhin in der Kunstwelt einnahm. Hiervon gibt auch die Art und Weise rühmliches Zeugnis, wie Joachim Bachsche Violinsätze vorträgt. In dieser Beziehung hat er keinen Rivalen gefunden. Im Dresdener Tonkünstlerverein spielte er einmal in den sechziger Jahren die fabelhaft schwierige C-dur Fuge nebst dem dazu gehörenden Präludium aus dem letzten Heft der Bachschen Violinsonaten so musterhaft in Auffassung und Ausführung, daß der anwesende Konzertmeister Lipinski, welcher schwer zu befriedigen war, sofort nach Beendigung des Stückes zu ihm aufs Podium ging und ihn angesichts der Zuhörerschaft umarmte. Diese geradezu wunderbare Leistung Joachims ist mir unvergeßlich geblieben.

Thatsächlich gehörte es zu den höchsten Kunstgenüssen jener Zeit, von Joachim die Violinwerke Beethovens, Spohrs, Mendelsjohns und Bachs zu hören. Er begeisterte durch seinen faszinirenden Vortrag derselben nicht nur das große Publikum, sondern entzückte, was viel mehr sagen will, Männer, die im Dienste der Kunst grau geworden, wovon hier nur ein Beispiel.

Im Jahre 1853 war Joachim zur solistischen Mitwirkung beim Düsseldorfer Musikfest eingeladen worden. Er genoß bereits einen seinem hohen künstlerischen Range entsprechenden ausgebreiteten Ruf in der musikalischen Welt. Begreiflicherweise waren daher die rheinischen Musiker, welche noch keine Gelegenheit gehabt hatten, ihn zu hören, auf seine Leistungen außerordentlich gespannt, jedoch in nicht ganz unbefangenem Sinne. Man vermeinte nämlich, Joachims Ruf sei zum Teil ein durch Parteiwesen künstlich gemachter und einigermaßen übertrieben. Mit einem gewissen Vorurteil erwartete man daher sein erstes Auftreten in den Rheinlanden, allem Anschein nach, um ihm möglichst scharf auf die Finger zu sehen. Auch der biedere Kölner Konzertmeister Hartmann, welcher bei dem Feste als Vorgeiger fungirte, war dadurch einigermaßen im ungünstigen Sinne beeinflußt worden.

Joachim hatte Beethovens Konzert zum Vortrage gewählt. Schon in der Probe waren den Leuten, welche ihn zum erstenmale hörten, die Augen über seine Bedeutung aufgegangen. Die Aufführung aber gestaltete sich zu einem glänzenden Triumphe für den Künstler. Und unter welchen erschwerenden Umständen vollzog sich derselbe! Eine wahrhaft tropische Hitze herrschte in der von mehr als 2000 Personen angefüllten Tonhalle. Diese Hitze, mit jeder Viertelstunde sich steigernd, wurde noch fühlbarer auf der erhöhten Orchestertribüne als im Zuhörerraum. Manchem Solisten wäre dabei unbehaglich zu Mute geworden, Joachim aber trat mit der ihm eigenen vornehmen Haltung wie ein jugendlicher Held vor das Publikum, als endlich im zweiten Teil des Konzertes die Reihe an ihn gekommen war. Schon lauschte man in andachtsvoller Stille den hehren, von Joachims Silbertönen getragenen, gleichsam verklärten Tonfolgen Beethovens, als plötzlich, wie bei seinem ersten Auftreten in Leipzig, die E-Saite riß. Eine Scene peinlicher Spannung entstand darüber, daß der im schönsten Gange gewesene Genuß durch einen so absurden Zufall unterbrochen und in empfindlicher Weise gestört worden. Unwillkürlich fragte man sich, was nun geschehen werde. Piris, der zweite Kölner Konzertmeister, welcher mit am ersten Geigenpult stand, half aus der Not. Glücklicherweise hatte derselbe auf seiner Violine eine gute, reine Saite, die er sofort an Joachim abtrat, und nach ein paar Minuten stand dieser wieder vor dem Publikum, das Konzert nochmals von vorne beginnend. Sein einziges Spiel war über alle Beschreibung herrlich und ließ auch hinsichtlich der Intonation nicht das mindeste wünschen, obwohl die neu aufgezogene Saite infolge der tropischen Saalhitze nicht Stimmung hielt und in passenden Momenten hinaufgezogen werden mußte. Während des vom Solospieler poesievoll beseelten Larghettos aber wurde vor innerer Bewegung gar manches Auge feucht, und auch des braven Konzertmeisters Hartmann bemächtigte sich eine solche Ergriffenheit, daß ihm die hellen Thränen von den Wangen herabträufelten. Eine schönere Anerkennung für den gefeierten Geigenmeister war nicht denkbar. Nach dem Finale brach, wie mit elementarer Gewalt, ein minutenlang anhaltender Beifallssturm los. Die Zuhörerschaft konnte sich gar nicht beruhigen und ließ durch fortwährende Beifallsbezeigungen erkennen, daß Joachim noch etwas zum besten geben möge, ohne zu bedenken, welche Zumutung hiermit für den der Erschöpfung nahen Künstler verbunden war. In solchen Fällen kennt das Publikum eben vor lauter Enthusiasmus keine Rücksicht, und so mußte sich denn Joachim endlich noch trotz seines erhitzten und ermüdeten Zustandes zu einer Zugabe bequemen, welche in nichts geringerem bestand als in Bachs Ciacona für Violine Solo. Es war unter den obwaltenden Umständen eine erstaunliche Leistung.

Joachim verblieb in Leipzig, nachdem er neben David als Konzertmeister des Gewandhaus- und Opernorchesters engagirt worden, bis zum Herbst 1850, worauf er dem Rufe Liszts nach Weimar als Konzertmeister der großherzoglichen Kapelle folgte. Hier geriet er anscheinend in die Strömung der von Liszt in Scene gesetzten „neudeutschen" Musikrichtung, unternahm auch weiterhin ein und die andere dementsprechende Komposition, wie aus der unterm 14. Dezember 1854 von Liszt mir brieflich gemachten Mitteilung folgenden Wortlautes geschlossen werden darf: „Joachim schickte mir neulich (aus Hannover, wohin Joachim 1854 als Hofkonzertmeister berufen worden) mit seiner im Druck erschienenen „Hamlet"-Ouvertüre, zwei andere zu Demetrius (von H. Grimm) und zu Heinrich IV. (von Shakespeare) — zwei merkwürdige, mit Löwenklaue und Löwenmaul konzipirte Partituren! - -"

Es möge dem Leser überlassen bleiben, zu beurteilen, inwiefern diese beiden Kompositionen der ungeheuerlichen Vorstellung Liszts von der „Löwenklaue" und dem „Löwenmaul" entsprechen. Wie dem aber auch sein möge — sympathisirte Joachim wirklich einmal zeitweilig mit der Weimarer Strömung, so kam er nach und nach davon zurück. Ja, einige Jahre später erklärte er sich rückhaltlos gegen dieselbe, indem er unter dem 27. August 1857 an Liszt schrieb: „Ich bin Deiner Musik gänzlich unzugänglich, sie widerspricht allem, was mein Fassungsvermögen aus dem Geist unserer Großen seit früher Jugend als Nahrung sog."

Innerlich hatte Joachim sich, als er Vorstehendes schrieb, schon mit wärmstem Interesse der kompositorischen Thätigkeit seines Freundes Brahms zugeneigt. Jene briefliche Aeußerung gegen Liszt erscheint daher um so erklärlicher.

Daß Joachim als Geiger sich die eigentümlichen Vorzüge seines unnachahmlichen Spieles trotz seiner vorgeschrittenen Jahre bis auf den heutigen Tag bewahrt hat, wird jeder Urteilsfähige ohne weiteres zugeben. Besitzt er auch nicht mehr die Jugendfrische der Jünglingsjahre, so entschädigt er dafür durch die vollkommenste Reife des an den Klassikern der Tonkunst gefestigten und geadelten Geistes.

Was war es nun, wodurch Joachim schon in jungen Jahren eine so hohe exceptionelle Stellung als ausübender Künstler errungen hatte? Die ebenmäßig ideal schöne, edle, gehaltvolle, in allen Einzelheiten harmonisch durchgebildete Darstellungsweise, bei der jede Note, jede Phrase und Figur auf gleicher Höhe steht. Auch die außerordentlich geklärte und begeistigte Tongebung Joachims hatte ihren Teil daran. Das rein virtuose Element im technischen Sinne war es nicht. Es gab damals Geiger, welche in dieser Beziehung mit ihm rivalisiren konnten, vielleicht sogar ihn in gewissen Punkten übertrafen. Nur in einer Hinsicht vermochten sie mit ihm nicht gleichen Schritt zu halten, nämlich in der echt musikalischen, vertieften Durchdringung und stilgerechten Wiedergabe des darzustellenden Kunstwerkes. In diesem Betracht überragte er sie alle ohne Ausnahme, und dadurch erlangte er eine so prädominirende Stellung, die er auch bis auf die Gegenwart behauptet hat. Immer war ihm das virtuose Element nur Mittel zur Gestaltung eines von seelenvoller Hingabe erfüllten und getragenen Kunstschönen.

Der von Joachim eingenommene Standpunkt erscheint um so rühmlicher, als zu jener Zeit, in welcher sich seine Künstlerschaft festzustellen begann, das reine Virtuosentum die größte Begünstigung in der weiten Oeffentlichkeit genoß. Dasselbe war in verschiedenen Schattirungen von geistig aufstrebenden, und im besseren Sinne künstlerisch wirkenden Erscheinungen bis zum bloßen Ohrengeklingel herab vertreten.

Der ernsteren Richtung angehörend, ist als einer der Besten jener Zeit H. W. Ernst zu nennen. Dieser ungemein begabte Geiger war unverkennbar bemüht, sich in künstlerischer Beziehung über den landläufigen Virtuosenstandpunkt zu erheben. Aber die dabei doch in einem gewissen Grade hervortretende Neigung zu äußerlichen Effekten der Violintechnik ließ die schätzbaren Seiten seines Strebens nicht zu vollkommen reiner Wirkung gelangen. Dazu kam, daß seine Leistungen ungleich waren. Ernst gehörte zu den sanguinisch-nervösen Naturen, die wesentlich vom Stimmungswechsel abhängen. War er gut disponirt, so hatte sein Spiel im Ausdruck etwas Hinreißendes, Bestrickendes. Sein Ton entwickelte dann außerordentlichen Glanz und intensive Wärme, besonders in der Cantilene, die stellenweise das heißblütige, für Momente leidenschaftlich Erregte seiner Individualität durchbrechen ließ, und die mit kedem Griff ausgeführten schwierigen Passagen erinnerten an das im Brillantfeuer erglänzende Farbenspiel eines funkelnden Edelsteines. Hatte er aber, wie man zu sagen pflegt, keinen guten Tag, so ließ seine Intonation hier und da an Reinheit zu wünschen, und manche gewagte, sonst ihm gelungene Schwierigkeit mißglückte. Neben seinen, mit feinster Kenntnis der spezifischen Geigeneffekte abgefaßten Kompositionen gehörten zu Ernsts Paradestücken die dem graziös tändelnden Genre angehörenden E-dur-Variationen von Mayseder, die er mit scheinbar improvisirten Zusätzen von Terzen- und Oktavengängen, sowie mit sonstigen Verzierungen in reizender Weise vorzutragen verstand.

Aber Ernst wollte, wie schon angedeutet, mehr sein als bloßer Virtuose. Ihn verlangte darnach, sich als guter Musiker zu legitimiren, und er trat daher in Leipzig nicht nur als Solo-, sondern auch als Quartettspieler auf, obwohl in letzterer Eigenschaft nur mit bedingtem Erfolg. Seine Auffassung schwankte nicht selten zwischen den Gegensätzen des Normalen und Extravaganten. Auch erlaubte er sich mitunter die Einmischung von Varianten. So spielte er zum Beispiel im Finale des G-dur Quartetts von Haydn bei der Wiederholung des Hauptthemas

anstatt

Es fehlte ihm offenbar einigermaßen an der Pietät vor dem Autorrecht. Wie hätte er es auch sonst vermocht, mit einer ernstlich gemeinten Transkription von Schuberts „Erlkönig" für Violine Solo vor das Publikum zu treten — ein bedenkliches, zur Lachlust reizendes Experiment.

Derlei kuriose Schwänke lagen damals in der Luft. Hatte ich doch auch Gelegenheit, von Sivori im Mailänder Theater eine mit obligaten Geigenblitzen und Donnerrollen ausgestattete Gewitterscene, sowie von Ole Bull (allerdings nur privatim) Teile des Duetts aus Mozarts Don Juan „Herr Gouverneur zu Pferde" für Violine Solo zu hören. Welchem

von diesen Virtuosen der Preis für solche Späße zuzuerkennen wäre,
möchte schwer zu entscheiden sein.

Ernst trug auch einmal im Gewandhauskonzerte Spohrs „Gesangs-
scene" vor, wobei gleichfalls sein nicht ganz einwandfreier musikalischer
Standpunkt zu Tage trat. Es fehlte ihm nicht allein die für Spohrs
Eigenart erforderliche Auffassung, er erlaubte sich auch hier virtuose
Zuthaten, indem er einfache Tongänge in Terzen verwandelte, was dem
Charakter der betreffenden Stellen nicht einmal entsprach.

Einen musikalisch gleichmäßigeren Standpunkt als Ernst, nur mit
der Nuance des Südländers, nahm der italienische Geiger Antonio
Bazzini ein, was schon aus dessen Violinkompositionen hervorgeht, die,
obwohl gleichfalls für den Konzertsaal und Salon berechnet, doch eine
in gewisser Beziehung solidere Beschaffenheit vor den eigentlichen Vir-
tuosenerzeugnissen voraus haben. Bazzini gebot über eine stupende
Geigentechnik, besonders im doppelgriffigen Spiel. Dennoch erzeugte
seine dabei in Beugungen und Krümmungen geratene Körperhaltung den
nicht anmutenden Eindruck, als ob manche Schwierigkeiten ihm große
Mühe und Anstrengung verursachten. Seine Vortragsweise war musikalisch befriedigend, wurde aber durch fast fortwährendes Tontremuliren
in der Cantilene beeinträchtigt, da die Wirkung zu sehr ins Empfindsame,
Sentimentale überging.

Bazzinis Leistungen waren trotz ihrer sehr schätzbaren Seiten nicht
von so durchgreifenden Erfolgen begleitet, wie diejenigen anderer damaliger Geiger. Dies hat vielleicht mit dazu beigetragen, daß er sich
früher von der öffentlichen Wirksamkeit als Konzertspieler zurückzog, als
es sonst bei Virtuosen der Fall zu sein pflegt. Vom Jahre 1864 ab
widmete er sich, nachdem er Brescia zu seinem Wohnorte gewählt, mit
Eifer der Komposition und übernahm dann, neun Jahre später, das
Amt des Kompositionslehrers an der Mailänder Musikschule, deren
Direktor er später wurde.

Wieder mehr der virtuosen Richtung gehörte der belgische Violinist
Hubert Léonard an, welcher sich 1845 im Leipziger Gewandhauskonzert
hören ließ. Sein Spiel zeigte das unverkennbare Gepräge der französisch-
belgischen Schule, der er seine Ausbildung verdankte. Léonard zeichnete

sich durch die größte Korrektheit und Sorgsamkeit in Behandlung des
Technischen aus. Auch über eine tadellose Intonation gebot er. Seine
Vortragsweise zeugte von lebhaftem Temperament, schloß aber tiefere
Regungen und geistigen Aufschwung aus, wofür ein akademisch ver-
ständiger Ausdruck eintrat. Um die Gemüter für sich zu gewinnen, fehlte
es ihm an innerlicher Wärme. Er gehörte zu jenen Virtuosen, die
sich in technischer Hinsicht keine Blöße geben, aber geistig nicht hervor-
ragen.

Dies letztere war auch bei dem polnischen Violinisten Apollinary
von Konski der Fall, welcher durch technisch extravagirende Einfälle
mitunter die Lachmuskeln seiner Zuhörer in Bewegung setzte, ohne es
zu beabsichtigen. Dann betrieb er seine zum Teil in Schnurrpfeifereien
bestehenden Künste mit einer Art von sittlichem Ernst und nahm deshalb
wohl die durch seine Spielmanier hervorgerufene Heiterkeit für einen
Beweis des Wohlgefallens.

Konski, der sich 1848 zu Leipzig im Gewandhauskonzert und im
Theater hören ließ, war vorübergehend Paganinis Schüler gewesen, von
dem er auch Einzelheiten entlehnt hatte, doch nicht gerade zum Vorteil
seiner Leistungen. So spielte er selbstkomponirte Solovariationen auf
der G-Saite, wofür er sich eine Violine besonders hatte herrichten
lassen. Diese Produktion war einigermaßen burlesk, machte aber, da sie
ohne Paganinis Genieblitze gegeben wurde, keinen durchschlagenden Effekt.
Dann wieder ging er des Gegensatzes halber ins äußerste Extrem und
führte die Finger auf einer vollständig besaiteten Geige so nahe dem
Steg in die höchste Applikatur, daß es klang, als ob junge, kürzlich erst
dem Nest entwachsene Singvögel sich im Zwitschern übten, wodurch man
in eine wahrhaft joviale Stimmung versetzt wurde.

Nun wollte Konski sich aber auch als Klassiker zeigen und wählte
daher zum Vortrag im Gewandhauskonzert Spohrs „Gesangsscene", mit
der er indessen entschieden Fiasko machte. In seiner Vorliebe für die
Quincaillerien des Virtuosentums hatte er die Fähigkeit zum breiten
Passagen- und Cantilenenspiel eingebüßt, und so war denn in dem
Vortrag des Spohrschen Konzertes alles mehr oder minder flattrig, locker
und ohne Halt. Bei alledem brachte es doch dieser sonst freundliche und

anscheinend harmlose Tausendsasa dahin, später Direktor des Warschauer Konservatoriums zu werden.

Wie anders nahm sich dagegen sein älterer Landsmann Karl Lipinski aus, welcher gleichfalls Geigenvirtuose, doch keiner vom gewöhnlichen Schlage war. Als geborener Violinist zählte er zu den schon in der ersten Hälfte dieses Jahrhunderts seltener gewordenen und seit Mitte desselben wie ausgestorbenen Geigeroriginalen. Seine Behandlung des Instrumentes war eine ganz eigenartige. Wer ihn während der vierziger Jahre in Leipzig hören wollte, mußte das sekundäre der dortigen Konzertunternehmungen, nämlich das Euterpekonzert*), besuchen, denn zu einem Auftreten im Gewandhause hätte keine Macht der Welt ihn bestimmen können. Dies hing so zusammen: Lipinski hatte sich, nachdem der Leipziger Konzertmeister Matthäi 1835 mit Tode abgegangen war, um dessen Stelle beworben, doch ohne Erfolg, weil Mendelssohn bereits seinen Jugendfreund Ferdinand David für den vakanten Posten ausersehen hatte. Die dadurch Lipinski bereitete Enttäuschung hinterließ bei ihm eine artistische Verschnupfung, welche er nicht wieder los werden konnte. Kam er auf das Gewandhauskonzert und dessen 1835 an dasselbe berufenen genialen Dirigenten zu sprechen, so traten die Symptome jener scheinbar ruhenden Verschnupfung in auffallender Weise hervor, die einen drolligen Eindruck machte. Sein Urteil über David konzentrirte er mit laustischer Schärfe in die lakonische Aeußerung, daß derselbe wie eine . . . .**) spiele und alles zu hoch greife. Mendelssohns jugendfrische und reizvolle Musik zum „Sommernachtstraum" dagegen bezeichnete er närrischerweise als eine Karikatur. Im Laufe der vorliegenden Mitteilungen wird sich Gelegenheit finden, auf Lipinski, mit dem ich während der sechziger Jahre häufig in Dresden verkehrte, nochmals zurückzukommen.

Regen Anteil erweckte in Leipzig das jugendliche Schwesterpaar Therese und Maria Milanollo. Dasselbe stand allerdings im Banne der französisch-belgischen Schule, welche mehr äußere als innere Vorzüge schätzt und pflegt. Es kam aber alles, was die damals noch halb im Kindesalter befindlichen Mädchen spielten, so zierlich, anmutig und delikat

*) Lipinski ließ sich dort im Winter 1848—49 hören.
**) Der von Lipinski gebrauchte Ausdruck läßt sich nicht gut wiedergeben.

heraus, daß man seine Freude daran haben mußte. Die jüngere, Maria, machte einen lebendigeren, muntereren Eindruck als ihre Schwester. Aber diese entschädigte dafür durch einen für ihre Jahre bemerkenswerten Ernst sowie durch einen elegischen Zug. Das geschwisterliche Band wurde durch den frühzeitigen Tod Marias zerrissen. Und da die sie überlebende Schwester weiterhin mit dem französischen Offizier Parmentier, der uns später wieder begegnen wird, die Ehe einging, so verblich die Erinnerung an ihre Erscheinung bald.

Außer den erwähnten Persönlichkeiten ließen sich zu jener Zeit noch Männer wie Kalliwoda, Jansa, Karl Müller und Rießstabl auf der Violine hören. Sie spielten alle brav; etwas Besonderes wüßte ich indessen von ihren Leistungen nicht zu berichten, und selbst von Jean Bott, einem der besten Schüler Spohrs, gilt dieses.

*   *   *

Es ist eine eigene Sache um das zum Selbstzweck erhobene Virtuosentum. Die einseitige Beschäftigung mit technischen Dingen, zu anhaltend betrieben, wird immer mehr oder weniger auf Kosten des Geistes geschehen. Bei den Kunstreitern, Luftspringern und Athleten konzentrirt sich das geistige Element in den Armen und Beinen. Grundgescheite oder geistig hervorragende Erscheinungen findet man daher nicht leicht unter ihnen. Aehnlich ist's mit den exklusiven Virtuosen. Durch das fortwährende Bestreben, immer größere und größere technische Aufgaben zu bewältigen, wird ein beträchtlicher Teil der intellektuellen Kräfte für die Finger- und Armgelenkdressur konsumirt und somit die Pflege der geistigen Thätigkeit bis zu einem gewissen Grade beeinträchtigt. Natürlich gibt es auch merkwürdige Ausnahmen davon, aber diese bestätigen eben die Regel.

Die Vertreter der auf den Schild erhobenen absoluten Virtuosität waren nicht allein unter den Geigern, sondern auch unter den renommirten Klavierspielern jener Tage anzutreffen. Namhaft zu machen wären beispielsweise Willmers, Dreyschock und Mortier de Fontaine. Sie alle erschienen, zum Teil wiederholt, auf dem Podium des Gewandhauses und genossen die lebhafteste Zustimmung des Publikums,

wie das allgemein üblich ist. Aber wie standen sie doch alle mit einander
gegen einen Franz Liszt zurück, der nicht lange vorher in Berlin durch
seine unerhörten pianistischen Leistungen einen solchen Enthusiasmus
erregt hatte, daß die akademische Jugend ihn nach Ausspannung der
Pferde in seinem Wagen wie einen Triumphator durch die Straßen fuhr,
und die Damen um die von ihm liegen gelassenen Handschuhe oder
einen Schluck Wasser aus dem Glase, welches er mit seinen Lippen berührt hatte, mit einander ins Handgemenge gerieten. Freilich, wer dergleichen Paroxysmen hervorzurufen vermag, muß solch ein ausübender
Künstler sein, wie es eben Liszt unvergeßlichen Andenkens war. Indessen,
ein jeder kann nur so viel Pulver verschießen, wie er besitzt, und das
thaten denn auch jene drei genannten Pianisten mit bestem Bemühen,
ein jeder auf seine Weise.

Der Hang, sich auf irgend eine Art bemerklich zu machen oder
auszuzeichnen, ist tief in der Natur zahlreicher Menschen begründet,
worüber sich eine interessante Abhandlung schreiben ließe, wenn man
nicht nur unbescholtene, sondern auch übel berufene, ehrlose Individuen,
wie Gauner, Schnapphähne, Spitzbuben und Mordbrenner, dabei ins
Auge fassen wollte. Daß die landläufigen Virtuosen im besonderen von
dem Gelüste, sich hervorzuthun, nicht frei sind, ist leicht begreiflich.
Beifall und möglicher Gewinn an Geld sowie Dekorationsbändchen
erscheinen ihnen als verlockende Ziele, und die Präliminarien dazu sind
außergewöhnliche Kunststücke. So gingen Willmers und Dreyschock darauf aus, sich Aufgaben für die linke Hand allein zu stellen, welche gar
manche Spieler mit beiden Händen nicht in korrekter Weise zu bewältigen
vermochten. Hatten sie mit ihrer erstaunlichen Finger- und Armgelenk-
technik ein reichliches Pensum an Kraftproben in Musikstücken von mehrenteils zweifelhafter Beschaffenheit geleistet, so gaben sie gleichsam als
leckeren Nachtisch ihre linkshändigen Künste zum besten, wobei das neugierige Publikum, teilweise auf Stühle und Bänke steigend, sie mit
spannungsvollen Blicken verfolgte, wie man sie etwa einem Jongleur
oder Taschenspieler widmet. Dreyschock aber, dem die linksbeflissene
Konkurrenz des handhaften Willmers lästig war, suchte als Klavier-
herkules seinen Kollegen dadurch aus dem Sattel zu heben, daß er die

Baßpartie in Chopins F-moll-Etude in Oktavenverdopplung verarbeitete, wodurch dieselbe infolge des notwendig gewordenen breiten Tempos den schwerfälligen und schleppenden Charakter eines polkatanzenden Elefanten erhielt.

Auf so waghalsige Experimente ließ sich Mortier de Fontaine, der diplomatisch schlaue Pianist, nicht ein, vielmehr war er bemüht, den Klassiker herauszubeißen, indem er seinem schmächtigen Repertoire als stehende Nummern ein Händelsches und Mendelssohns G-moll-Konzert einverleibt hatte. Letzteres Musikstück trug er mit sehr beifällig auf- genommenem Salonaplomb vor, der bei Händels Konzert nicht anwend- bar war.

Neben seinem sauber geglätteten Spiel verstand Mortier de Fon- taine sich ausgezeichnet auf Taschenspielerkünste, durch die er sich in gesellschaftlichen Kreisen zu empfehlen suchte. Daß ihm dies nicht immer gelang, zeigt folgender Vorgang, dem ich als Augenzeuge beiwohnte. Raimund Härtel gab eine größere Gesellschaft, zu der außer dem Violin- virtuosen Ernst auch Mortier de Fontaine eingeladen worden. Da ein guter Violoncellist gleichfalls zugegen war, so wurden die drei Herren gebeten, die Anwesenden durch den Vortrag eines Trios zu erfreuen. Die Wahl fiel auf Beethovens B-dur-Trio op. 97, welches ja als ein in seiner Art einziges Prachtstück jedem ausübenden Musiker von Rang genau bekannt und vollkommen geläufig sein muß. Das war aber bei Mortier de Fontaine keineswegs der Fall, er kam bald nach dem An- fang aus dem Takt und warf dabei so gründlich um, daß seine Partner auf eine weitere Fortsetzung des Vortrags verzichteten. Nachdem die Bestürzung über dies unerwartete Ereignis sich einigermaßen gelegt hatte, begann Mortier de Fontaine, um die erlittene Niederlage zu vertuschen, seine Taschenspielerkünste mit Würfel und Karten, wodurch er sogleich einen Kreis von Schaulustigen herbeilockte. Ernst aber, der den Unmut über die durch ihn hervorgerufene Blamage nicht verwinden konnte, nahm nunmehr an dem verunglückten Mitspieler Rache, indem er ihn mit so trivialen Kunststücken persiflierte, daß die Gesellschaft darüber in die heiterste Stimmung geriet, wodurch der von Mortier de Fontaine beabsichtigte Coup paralysirt wurde.

Indessen war dieser Mann kein Eskamoteur vom gewöhnlichen Schlage. Er verstand es, seine Fingerfertigkeit nicht nur für Würfel- und Kartenkunststücke, sondern auch für die Annektirung fremden, kompositorischen Eigentumes auf talentvolle Weise zu verwerten, indem er gelegentlich ein Salonstück unter seinem Namen veröffentlichte, dessen Autor der polnische Komponist Nowakowski*) war, mit welchem Mortier de Fontaine in Warschau verkehrt hatte. Nowakowski benachrichtigte davon, sobald ihm diese Freundschaftsbezeigung bekannt geworden, das Publikum durch einen offenen Protest, in welchem er sein geistiges Eigentum des ihm entwendeten Musikstückes nachwies.**)

Von andrer Art, wie die drei zuletzt erwähnten Pianisten, war, außer vielen sonstigen, längst vergessenen, John Fields Schüler Charles Mayer, der im Jahre 1850 von Petersburg nach Dresden übersiedelte und dann im Gewandhauskonzerte auftrat. Er durfte sich rühmen, die all-bekannte Trilleretude komponirt zu haben, welche von klavierspielenden Dilettanten Jahrzehnte hindurch als eine pianistische Kostbarkeit geschätzt wurde. Sie klingt auch recht hübsch, und besonders gut nimmt sich der von Mozart entlehnte Anfangsgedanke aus:

Ch. Mayer:

Mozart:
Finale der Violinsonate
in D-dur.

Ch. Mayer war seiner äußeren Erscheinung nach kein Adonis, wofür er nichts konnte. Seine unscheinbare, einer Bantingkur nicht be-dürftige Gestalt mit dem wie faltig verknitterten Antlitz hatte etwas unfreiwillig Humoristisches, zumal er für gewöhnlich eine durch ihre schon

---

*) S. d. Erklärung Nowakowskis in den „Signalen für die musikalische Welt" vom Jahre 1847, S. 414.

**) Hierauf bezüglich schrieb Schumann unterm 3. Juli 1848 an Nottebohm nach Wien: „Sagt' ich's nicht, daß er (Mortier de Fontaine) ein Betrüger ist? Er hat auf Nowakowskis Letztes nichts erwidert."

verschossene Farbe sich auszeichnende Perücke trug, die auffallend mit seinem Spiel kontrastirte. Denn dieses war von der saubersten Glätte, Accuratesse, Tonklarheit und einer an Unfehlbarkeit grenzenden Sicherheit. Wirklich ließen sich für eine Weile diese perlenden, völlig mühelos ausgeführten Skalen, Läufe und Passagen mannigfachster Art mit Vergnügen anhören. Allein die damit verbundene ziemlich farblose Vortragsweise machte allmälich gegen die technischen Vorzüge gleichgiltig. Vor einigen Jahren hatte ich Gelegenheit, auf einer Industrie-Ausstellung ein durch Elektrizität in Bewegung gesetztes Klavier zu hören. Unwillkürlich wurde ich dabei lebhaft an Ch. Mayers Spiel erinnert, nur daß er nicht so rasend schnelle Tempi nahm. Mayer bediente sich übrigens, soviel ich weiß, nur seiner eigenen, anständig gemachten Kompositionen zum Solospiel.

Echt künstlerische Genüsse spendete Karl Reinecke mehrfach während der vierziger Jahre in den Räumen des Gewandhauses. Sein Spiel zeichnete sich damals schon durch Tonschönheit, Elastizität des Geistes, feinste Nuancirung sowie schöne Auffassung und Gestaltung sowohl im Zarten wie im Kräftigen aus. Namentlich war er auch im Vortrage von klassischer Kammermusik stark, und gewisse Schumannsche Kompositionen, wie den Karneval, die Kinderscenen, Fantasiestücke, Novelletten, Kreisleriana und den Faschingschwank in Wien, vor allem aber das Quintett und Quartett habe ich niemals besser, geistentsprechender gehört als von ihm. Später excellirte er ganz besonders im Vortrage Mozartscher Musik, worin er keinen Rivalen hat.

Noch manche andere Klaviergrößen bedachten das Leipziger Musikleben mit ihren Leistungen, so zum Beispiele Wilhelmine Clauß, deren anmutigem, graziösem Talent alle Anerkennung zu teil wurde, Emil Prüdent, und der durch sein wild geniales Wesen sich bemerklich machende Henri Littolf. Indessen will ich nunmehr, um nicht zu weilläufig zu werden, der Violoncellisten gedenken.

Seit Bernhard Rombergs epochemachender Erscheinung ist das Violoncell von einer Reihe ausgezeichneter Talente mit bedeutendem Erfolg für die technische Ausbildung weiter kultivirt worden. Am schönsten wirkt es freilich in der Cantilene, wogegen es im lebhaften Passagenspiel weder mit der Geige noch mit dem Pianoforte rivalisiren kann. Leipzig selbst besaß in Friedrich Grützmacher einen höchst begabten, schon in jungen Jahren mit ausgezeichneten Leistungen hervorgetretenen Violoncell-virtuosen. Derselbe wurde 1860 als erster Cellist in die königliche Hof-kapelle nach Dresden berufen, deren Zierde er mit dem Titel eines Konzertmeisters noch jetzt ist.

Unter den auswärtigen Cellisten, welche in Leipzig auftraten, war A. F. Servais weitaus der bedeutendste. Er spielte auf seinem sonor und edel klingenden Guarneri nicht Violine, wie es eine Zeit lang nach dem von Romberg gegebenen Beispiel Mode war, sondern zog aus ihm einen markigen, üppig schwellenden Ton, war aber dabei in der Wieder-gabe deutscher Musik nicht frei von dem Firnis und Parfüm der französisch-belgischen Schule. Das meiste Interesse erweckte er durch die Ausführung seiner ganz in dem damals beliebten Salontone gehaltenen Kompositionen, welche ihm die Möglichkeit gaben, seine sicher fundirte brillante Technik im günstigsten Lichte zu zeigen.

Demnächst sei der originellen Erscheinung einer Cellospielerin jener Tage gedacht. Es war Lisa Christiani. Sie erschien urplötzlich im Leipziger Gewandhaus wie Schillers Mädchen aus der Fremde: „Man wußte nicht, woher sie kam, und schnell war ihre Spur verloren, sobald das Mädchen Abschied nahm." Eines Tages meldeten die Zeitungen, daß sie in Rußland der Cholera erlegen sei.

Die Vergegenwärtigung des Bildes einer cellospielenden Dame erzeugt etwas von jener Unbehaglichkeit, die man so leicht bei Begriffs-verwirrungen empfindet. Und dies mag nicht allein in dem etwas unästhetischen Eindruck der dabei unvermeidlichen körperlichen Attitüde begründet sein, sondern auch in dem schroffen Gegensatz des Baßinstrumentes und einer weiblich zarten Erscheinung in Gesellschaftstoilette. Indessen sind das Geschmackssachen, gleichwie bei Krinolinen, Reifröcken, Chignons und anderen durch die Mode erzwungenen Kulturerrungenschaften. Gab es doch schon im vorigen Jahrhundert zu Venedig eine Musikschule „alla Pietà", in welcher das ganze Orchester nur aus weiblichen Per-sonen bestand, und noch in neuerer Zeit veranstaltete eine Wiener Damenkapelle öffentliche Produktionen. Dergleichen erhält leicht einen burlesten Beigeschmack. Wer's nicht gesehen hat, denke sich einmal eine trompete-, horn- und posauneblasende oder gar fagottirende Dame. Welche Komik wird da bereits durch die bloße Vorstellung erregt! Und selbst die kleineren Blasinstrumente wie Flöte, Oboe und Klarinette empfehlen sich nicht für das zarte Geschlecht, weil die Handhabung dieser Tonwerkzeuge keineswegs zur Verschönerung des menschlichen Antlitzes beiträgt. Wie ungraziös ist die breitgezogene Mundstellung beim Flöte-blasen, wie muß der Oboebläser die Mund- und Gesichtsmuskeln zu-sammenkneifen, und wie sehr der Klarinettist und Fagottist die Backen aufblasen, um anständige Töne hervorzubringen. Alles dieses wird sich bei einem weiblichen Antlitz doppelt unerfreulich ausnehmen.

Füglich könnte man die Musikinstrumente in männliche und weib-liche einteilen, wenn es darauf ankäme, zu entscheiden, was von denselben für das genus masculinum und für das genus femininum passend ist. Da wäre denn zu sagen, daß Klavier und Harfe oder Guitarre und Zither sich für weibliche Individuen ganz wohl eignen. Sie mögen sich daher mit denselben immer befassen. Von der Kultivirung der Orchester-instrumente dagegen wäre doch jeder Dame abzuraten. Nur die Geige, welche in der fraglichen Beziehung gewissermaßen auf der Grenze des Zulässigen steht, möchte eine Ausnahme davon machen, obwohl nur für das Solospiel, denn zu Orchestergeigerinnen dürfte es trotz der angestrebten Frauenemanzipation wohl nicht kommen.

Indessen die Vertreterinnen des schönen Geschlechtes, falls sie wirk-liche Schönheiten sind, können sich schon manches in Betreff des Ex-terieurs erlauben, und so durfte denn auch Lisa Christiani bei ihrer in jeder Hinsicht brillanten persönlichen Erscheinung sich mit dem Brumm-basse einlassen, ohne von ihrem Eindruck auf die Männerwelt etwas einzubüßen. Ließ sich ja selbst Mendelsohn dazu herbei, ihre Vorträge auf dem Klavier zu accompagniren, obwohl dieselben nicht von Belang waren. Doch spielte sie ihre Sächelchen im Nipptischcharakter, unter denen namentlich eine Musette aus dem siebenzehnten Jahrhundert großes Gefallen erregte, ganz artig.

Was konnten nach dieser Violoncell-Fee Männer wie der schon einigermaßen passirte Berliner Konzertmeister Moritz Ganz und der sein

appretirte russische Kammervirtuose Karl Schuberth (ein Don Ottavio-
exemplar), dem übrigens eine sehr gewandte Technik zu Gebote stand,
noch ausrichten? Thatsächlich vermochten sie das Leipziger Publikum
nicht so für sich zu gewinnen wie ihre schöne Vorläuferin.

Hier wäre das Kapitel über die Instrumentalsolisten zu schließen.
Allein ich kann nicht umhin, noch einige Worte über einen Künstler
hinzuzufügen, der durch seine außerordentliche Virtuosität auf der
Harfe allerorten großes Aufsehen erregte. Es war der Engländer
Parish Alvars.

Es liegt ein eigener Humor darin, daß die britische Nation, das
eminent praktische, mit überwiegender Neigung industriellen und handels-
politischen Unternehmungen nachgehende Volk, eine besondere Vorliebe
für die Harfe, also für jenes Instrument hat, welches durch seine altehrwürdige Geschichte und nicht minder durch seine geisterhaft hin-
schwebende Klangwirkung in einem poetischen Lichte erscheint, wie es
denn auch durch die bildenden Künste mit richtigem Gefühle zum Attribut
der Engel und ähnlicher Phantasiegestalten gemacht worden ist.

Schon die alten Barden Britanniens bedienten sich der Harfe bei
ihren Gesängen, und auch in der Neuzeit genießt dies Tonwerkzeug in
England besondere Schätzung und Pflege. Außer Parish Alvars erinnere
ich mich eines englischen Harfenvirtuosen Namens John Thomas, der in
den sechziger Jahren Deutschland bereiste und sich als ein geschickter
Spieler erwies. Seinen Landsmann Alvars vermochte er freilich nicht
zu erreichen; wenn dieser stattliche Mann die Harfe unter seine Finger
nahm, so glaubte man mitunter Geisterstimmen zu hören, die sich bald
in flüsternden, schmeichelnd holden und bald in brausenden Klängen vernehmen ließen. Es lag etwas mystisch Dämonisches in diesem wechselreichen und bestrickenden Tonspiel. Wie bedauerlich, daß man derartige
Eindrücke nicht fixiren konnte, was jetzt mit Hilfe des Phonographen
bereits einigermaßen möglich ist, und später wohl noch in vollkommenerer
Weise möglich werden wird. Aber Parish Alvars ist längst dahin, und
mit ihm seine eigenartig reizvolle Kunst.

Sänger und Sängerinnen.

Die Vokalmusik nahm in den Gewandhauskonzerten, abgesehen vom Sologesang, vergleichsweise zur Instrumentalmusik während der in Rede stehenden Periode eine sekundäre Stellung ein, und zwar nicht nur in quantitativer, sondern mehrenteils auch in qualitativer Hinsicht. Hierin unterschied sich die öffentliche Musikpflege Leipzigs wesentlich von jener der niederrheinischen Städte. Dort bildete stets das vokale Element, obwohl die instrumentale Kunst nicht vernachlässigt wurde, den Schwerpunkt der Aufführungen. Es ist eine Besonderheit des rheinischen Musiklebens, daß die Veranstaltung regelmäßiger Winterkonzerte nicht wie die des Leipziger Gewandhauses von sogenannten maßgebenden Direktionen ausgeht, sondern in der Regel von Musik- oder Gesangvereinen. Diese, dem Publikum gegenüber durch einen Verwaltungsausschuß oder Vorstand repräsentirt, stellen sich mithin in den Mittelpunkt der städtischen Musikpflege und bestimmen zugleich deren Richtung und Charakter. Bezeichnend dafür ist die regelmäßige Mitwirkung der Gesangvereine in den zu veranstaltenden Konzerten der Rheinlande.

Die im Leipziger Gewandhaus ab und zu dargebotenen chorischen Leistungen waren meist minimer Art, da die Räumlichkeit eine Vergrößerung der Orchestertribüne zur Aufstellung ansehnlicher Chormassen für gewöhnlich nicht gestattete, denn die Plätze im Zuhörerraum konnten nicht eingeschränkt werden, weil sie sich durch Abonnement in festen Händen befanden. Das beteiligte Publikum legte auch den größten Wert darauf, keines der Konzerte zu versäumen. Nicht der Mode halber erschien es, sondern aus wahrem Interesse an der Tonkunst. Das Leipziger Publikum

hatte eben durch den langen Bestand der Gewandhauskonzerte eine ge-
diegene musikalische Erziehung erhalten. Wirklich waren viele Kunstfreunde von ungewöhnlicher musikalischer Bildung darunter, die allen
Vorträgen mit gespanntester Aufmerksamkeit und Teilnahme folgten; und
unter diesen vielen befand sich eine Anzahl kunstverständiger Männer,
in Betreff deren Mendelssohn einmal äußerte: „In Leipzig gibt's Dilettanten, die mehr von der Musik wissen als manche angesehene Kapellmeister." Mit diesen Dilettanten meinte er die Genossen der damaligen
Leipziger Liedertafel, welche um die Wette für ihre regelmäßigen Zu-
sammenkünfte ganz respektable Männerquartette komponirten. Wie genau
sie durch langjähriges Hören die klassischen Orchesterwerke kannten, geht
daraus hervor, daß sie bei deren Aufführungen im Konzert sofort jede
neue von Mendelssohn angebrachte Vortragsnuance bemerkten.

Bei Extrakonzerten, also nur ausnahmsweise, wie z. B. bei der
Aufführung von Mendelssohns „Elias" nach des Meisters Dahinscheiden,
kam ein größerer Chor zur Aufstellung. Für gewöhnlich wurde, wenn
etwa eine Kantate, ein Opernfinale oder ähnliche kleinere Chorsachen
in Aussicht genommen waren, was nicht häufig geschah, der numerisch
bescheidene Thomanerchor herangezogen, welcher in klanglicher Beziehung
nur wenig ergiebig war.

Unter den gegebenen lokalen Verhältnissen ist es leicht begreiflich,
wenn die Direktion sich für den vokalen Teil der Programme vorzugsweise an solistische Kräfte hielt. Erforderte ein Konzert der männlichen
Gesangsmitwirkung, so wurden meist die bei der Leipziger Bühne en-
gagirten Sänger in Anspruch genommen, zumal man dieselben für ein
bescheidenes Honorar haben konnte. Längere Zeit hindurch nahm man
darauf Bedacht, eine bestimmte Sängerin, wenn schon nicht für die ganze,
so doch für einen Teil der Konzertsaison zu engagiren. Hierbei war
der Umstand maßgebend, daß man damals weite Reisen noch nicht so
leicht und in kurzer Zeit zurücklegen konnte, wie es später infolge der
ausgedehnten Entwicklung des Eisenbahnwesens möglich wurde. Ein
zweiter Grund war dann noch der, daß die Direktion in pekuniärer
Beziehung besser wegkam, wenn sie sich eine Sängerin gleich für eine
fortlaufende Reihe von Konzerten sicherte. In den vierziger Jahren

wurden von seiten der Direktion mit Vorliebe englische Sängerinnen
gehegt und gepflegt, die indessen durch ihre Leistungen nicht gerade besonders glänzten. Am meisten noch entsprach unter ihnen eine Miß Birch,
trotz ihrer englisch temperirten Vortragsweise, den Anforderungen, während
Miß Helene Dolby, die spätere Gattin des Violinvirtuosen Sainton,
damals noch nicht sehr weit über die Anfängerschaft hinausgekommen,
hauptsächlich durch ihre jugendlich blühende und hübsche Erscheinung
wirkte, und namentlich bei dem bärtigen Teil des Publikums Sympathien
erweckte. Außerdem wäre noch eine Miß Lincoln zu nennen, die indessen
nichts Bemerkenswertes leistete. Miß Dolby war, soweit ich mich erinnern kann, die letzte der für einige Zeit engagirt gewesenen Töchter
Albions. Man mochte sich endlich daran erinnern, daß es auch in
Deutschland Sängerinnen gab, die der Berücksichtigung wert waren, und
wirklich erfolgte weiterhin für längere Dauer das Engagement der vortrefflichen Sängerin Sophie Schloß aus Köln, deren Leistungen um so
höher zu veranschlagen waren, als sie nicht von einer persönlich be-
stechenden Erscheinung begleitet wurden. Sie besaß eine schöne, sonore,
sympathische Altstimme, wußte sich aber auch mit Mezzosopranpartien von
mäßigem Tonumfange gut abzufinden. Außer ihr debutirten vor und
nach ihr in den Gewandhauskonzerten von bekannteren deutschen Sängerinnen Fräulein Pauline Marr, Frau Spatzer Gentiluomo, die freilich
schon passirte Frau v. Seckendorf-Faßmann, Frau Fischer-Achten und Palm-
Spatzer, sowie Fräulein Emma Babnigg, — lauter ehedem in der Kunstwelt wohlaccreditirte Namen. Sie alle wurden jedoch durch Jenny Linds
Erscheinung in den Schatten gestellt.

Nicht selten ist es zu beobachten, daß sogenannte schöne Stimmen
keine tiefgehendere Wirkung machen, wogegen es wieder Fälle gibt, in
denen bei weniger brillanter Stimmbegabung außerordentliche Erfolge zu
verzeichnen sind. Eines der auffallendsten Beispiele dafür war Jenny
Lind. Der unvergleichliche Eindruck, den die „schwedische Nachtigall",
diese Sängerin von Gottes Gnaden, hervorrief, lag nicht in ihrem zarten,
bisweilen umflorten Organ, sondern in der Macht des geistigen Elementes.
Blieb sie in den ihrem Naturell gesteckten Grenzen bezüglich der Wahl
des Vorzutragenden, so wirkten ihre Leistungen unbeschreiblich entzückend,

besonders in Momenten, in denen der seelische Ausdruck sich zu intensiver
Wärme steigerte, ohne daß jemals die Schönheitslinie überschritten wurde.
Ihre Vortragsweise war dann innerlichst empfunden, dabei stets keusch
und von maßvoller Haltung. Manches sang sie ganz schlicht hin, worauf
dann, wie durch plötzliche Inspiration, das Anschlagen tiefster Gefühls-
tonart doppelt ergreifend wirkte. Wer diese Künstlerin in Haydns
Schöpfung oder im ersten Finale aus Webers „Euryanthe" gehört hat,
wird es nicht vergessen können. Als letztes Stück unter ihrer Mitwirkung im Gewandhause zu Gehör gelangte, wurden die begleitenden
Orchestermitglieder bei der Solostelle

wie - der ihn se - hen, Won - nen und
We - - - - - - - hen durchwogen die Brust

so vollständig von ihrem Gesang hingenommen, daß sie samt und sonders
vergaßen, im richtigen Moment wieder einzusetzen.

Jenny Lind gehörte zu jenen wenigen, auserwählten Künstlernaturen,
bei deren Gaben man nicht mehr an die Technik denkt. Diese gehorchte
ihr übrigens, selbst in difficilen Fällen, so vollkommen, daß den Hörer
bei ihren Vorträgen niemals die Empfindung der Möglichkeit eines Miß-
lingens überkam. Ihre Physiognomie zeigte auch nie eine Spur jener
unerfreulichen Mimik, welche so manchen bedeutenden Gesangskünstlern
durch einen hohen Ton, einen Triller, oder durch eine schwierige Kolo-
ratur abgenötigt wird. Beim Singen veredelten sich ihre nicht schön
zu nennenden Gesichtszüge, und nahmen bisweilen sogar einen ideal
verklärten Ausdruck an.

Während ihrer Anwesenheit in Leipzig (1845) wurde Jenny Lind
gefeiert, wie es eine vom Volk geliebte und verehrte Fürstin sich nur
immer wünschen mag. Nach dem Konzerte, in welchem sie alle Gemüter
im Sturm erobert hatte, brachte man ihr einen solennen Fackelzug dar.
Sie war Gast des Brodhausenschen Hauses, in dessen geräumigem Hofe

sich eine unübersehbare Menschenmenge zur Darbringung begeisterter Ovationen eingefunden hatte. Diese waren so stürmisch, daß Jenny Lind nach längerem Zögern sich am Fenster zeigen mußte, um ihren Dank durch Wehen mit dem Taschentuch auszudrücken, während Mendelssohn, welcher der Künstlerin die Huldigung erwiesen hatte, beim Euryanthenfinale am letzten Bratschenpult mitzuspielen (Gade dirigierte), in den Hof herabkam, um namens der Gefeierten den versammelten Kunstfreunden für die bewiesene Aufmerksamkeit zu danken, und dann als Leipziger Musikdirektor (wie der Meister sich ausdrückte) ein Hoch auf die Künstlerin auszubringen, welches brausenden Widerhall fand.

Bemerkenswert erscheint es, daß scharf ausgeprägte künstlerische Naturen meist nur in einem bestimmt umschriebenen Gebiete ganz Hervorragendes zu leisten vermögen. Dies war auch bei Jenny Lind der Fall. Weder gebot sie über starke Affekte noch über ein hochgehobenes Pathos, wie denn auch in ihrem Wesen nichts dergleichen lag. Dagegen war ihr in seltenem Maße der Ausdruck für die sinnig-anmutvolle, liebliche, gemütvolle Lyrik mit der Nuance des Jungfräulich-Schwärmerischen eigen. Aber es war nicht die sehnsuchtsvolle Schwärmerei der Romantik, welche so häufig in Schumanns Liedern und auch in dessen „Paradies und Peri" zu uns spricht, sondern mehr jene in sich befriedigte Gemütsstimmung, die auf dem Grunde einer naiven Frömmigkeit des Sinnes ruht. Darum konnte Jenny Lind die Stimmung, welche z. B. in den beiden großen Arien der Schöpfung und in Liedern, wie Schumanns „An den Sonnenschein" oder Mendelssohns „Leise zieht durch mein Gemüt" lebt, zu so hinreißender Wirkung bringen, während es ihr nicht gegeben war, der Peri „Hangen und Bangen in schwebender Pein" völlig entsprechend zum Ausdruck zu bringen, so Schönes sie auch gesanglich in dieser Partie leistete.

Ihre Landsmännin, Henriette Nissen, die spätere Gattin des dänischen Komponisten Siegfried Saloman, war im Winter 1849—50 für eine größere Reihe von Gewandhauskonzerten engagiert. Sie besaß bei heller und ziemlich spitzer Tongebung eine sehr bedeutende Kehlfertigkeit, vermochte daher auch den kolorierten Gesang besser zur Geltung zu bringen als den getragenen. Eine „schwedische Nachtigall" wie die Lind war sie nicht. Eher erinnerten ihre Leistungen an die Hohlroller, Lach- und Bogentriller, sowie an die Glockentöne eines wohlerzogenen Kanarienvogels, von dessen niedlichem schlanken Wesen ihr indessen nichts eigen war. Doch ließ sich gegen ihre ansehnliche persönliche Erscheinung nicht das mindeste einwenden.

Ein anmutiges Talent der sächsischen Kantorenstadt war Elise Vogel,[*] die später als Frau Elise Pollo einen großen Leser- und Verehrerkreis, zumal in der Damenwelt, durch ihre mannigfachen literarischen Gaben erfreute. Ihrer zarten, graziösen Erscheinung entsprach ganz die ihr eigene liebliche, zu Herzen gehende Vortragsweise, durch die sie sich in einer Reihe von Gewandhauskonzerten schnell beliebt machte. In der Wiedergabe von Gesängen, wie Webers „Glöcklein im Thale“ und was diesem Genre verwandt ist, war sie besonders glücklich. Mendelssohn, der sich für ihr anmutiges Talent lebhaft interessirte, nannte sie sein „Singvögelchen“.

Und noch jener schon erwähnten Künstlerin sei hier gedacht, die wie keine andere auf den Brettern, welche die Welt bedeuten, Großes, Ueberwältigendes leistete: Wilhelmine Schröder-Devrient. Bisweilen fühlte sie sich dazu aufgelegt, die Bühne, den Platz ihres ruhmreichen Wirkens, mit dem Konzertsaale zu vertauschen, und so kam sie denn im Jahre 1849 einmal von Dresden, wo sie bekanntlich Hofopernsängerin war, nach Leipzig zu einem Gewandhauskonzerte herüber.

Im eigentlichen Sinne des Wortes konnte die Schröder-Devrient nicht als einwandfreie Gesangskünstlerin gelten. Sie war eben nur so weit Sängerin, als es sich mit dem hochgehobenen Pathos und der Energie ihrer nicht selten überwallenden Leidenschaft im dramatischen Ausdruck vertrug. Hatte sie auch ernstliche Gesangsstudien gemacht und von Zeit zu Zeit den berühmten Dresdener Gesangsmeister Miecksch zu Rate gezogen, so wurde doch der dadurch erzielte Gewinn immer wieder bald paralysirt, weil die Künstlerin bei ihrer Bühnenthätigkeit mehr Gewicht auf das Dramatisch-Leidenschaftliche als auf einen schön

[*] Ihr Bruder war der bekannte Afrikareisende, welcher Anfangs 1856 im schwarzen Weltteil seinen Tod fand.

beherrschten, korrekten Gesang legte. Die Folge davon war, daß sich allmälich bei ihr abnorme Gesangsmanieren festsetzten, die in späteren
Jahren zur schärfsten Ausprägung gelangten. Die großen, hinreißenden
Wirkungen, welche sie auf der Scene erreichte, beruhten hauptsächlich
im affektvollen und pathetischen Ausdruck. Vermöge ihrer von Genialität
getragenen Begabung war es ihr verliehen, den tragischen Zug, welcher
z. B. in den Partien der „Donna Anna“ und des „Fidelio“ dramatisch
wie musikalisch ausgesprochen ist, zur tief ergreifenden Darstellung zu
bringen. Daneben vermochte sie aber auch die klassische Würde und
Hoheit der von Gluck in seinen Meisteropern hingestellten weiblichen
Charaktere auf imponirende Art zu veranschaulichen. Die echt dramatische
Richtung ihres Naturells übertrug sie nun aber unwillkürlich auf den
Konzertgesang. Besonders auffallend wurde das bei ihrem Vortrag
lyrischer Sachen, die sie mit heftigen deklamatorischen Accenten und
stärkster Farbengebung ausstattete. Mochten nun auch einerseits einzelne
Vokalkompositionen, wie etwa Schuberts „Erlkönig“ oder Schumanns
„Ich grolle nicht“ der Neigung zu solcher Vortragsweise Vorschub leisten,
so überschritt die Künstlerin andererseits doch häufig bei Gesängen entgegengesetzten Charakters die Grenze des Zulässigen. An die Stelle des
„bel canto“ trat dann ein forcirter Ausdruck, dem es indessen an
geistreichen und bedeutenden Momenten nicht fehlte.

Bekanntlich gibt es Naturen, bei denen der Trieb zu künstlerischem
Wirken nicht erlöscht, und die noch im höheren Alter dem Anreiz nach-
geben, sich darin zu bethätigen. Zu ihnen gehörte auch Wilhelmine
Schröder-Devrient. Nachdem sie infolge ihrer 1850 geschlossenen Ehe
mit dem livländischen Edelmann v. Bock bereits eine Reihe von Jahren
dem Privatleben angehört hatte, überkam sie in ihrer letzten Lebensperiode
wieder das Verlangen, in öffentlichen Konzerten zu Dresden aufzutreten,
wo sie ehedem so große Triumphe gefeiert hatte. Es war zwar ein
interessantes, aber doch zugleich etwas peinliches Ereignis, denn die Zeit
hatte inzwischen ihre Rechte an die Stimme und überhaupt an das Ge-
sangsvermögen der Künstlerin in so hohem Grade geltend gemacht, daß
ihre Leistungen einen wahrhaften Genuß nicht mehr gewähren konnten.
Das Publikum aber war so taktvoll, seinen ehemaligen Liebling in

Erinnerung der vielen herrlichen Stunden, die es ihm zu verdanken gehabt, nicht fallen zu lassen.

Daß zu jener Zeit in den Gewandhauskonzerten renommirte Sänger aufgetreten wären, ist mir nicht erinnerlich. Erforderte ein Konzert der männlichen Gesangsmitwirkung, so wurden, wie schon bemerkt, meist die in Leipzig vorhandenen Bühnensänger in Anspruch genommen. Doch gab das Theater einmal Gelegenheit, den berühmten Bassisten Staudigl in Donizettis „Lucia di Lammermoor" zu hören. Dieser perfekte Sänger besaß bei schöner Tonbildung eine große Koloraturfertigkeit, wie solche für die italienische Oper erforderlich ist.

Unter den ständigen Mitgliedern der Leipziger Bühne war Lortzing die bei weitem interessanteste Persönlichkeit, nachdem er mit seinen Opern „Die beiden Schützen" und „Czar und Zimmermann" hervorgetreten. Die Partie des Iwan in dieser letzteren allerliebsten Oper sah ich ihn noch selbst geben, daneben aber auch andere Rollen. Er eignete sich vorzugsweise für die Darstellung von Naturburschen und episodischen Aufgaben im komischen Fach. Nach dem durchgreifenden Erfolge der oben genannten Opern fühlte Lortzing das Bedürfnis, von der Bühne herab und als Dirigent ins Orchester hinunterzusteigen, was 1844 geschah. Er war aber schon zu alt, um sich in die Thätigkeit eines Operndirigenten gehörig hineinzufinden, geriet mit der Direktion in Differenzen, die ihn zum Rücktritt bestimmten, trat jedoch weiterhin wieder für einige Zeit in sein Amt ein. Bekanntlich kam er später in Bedrängnisse, die sein Ende beschleunigten. Merkwürdig ist die von Raymund Härtel mir mitgeteilte Thatsache, daß das bänkelsängerartige Lied „Einst spielt ich mit Scepter und Krone" aus „Czar und Zimmermann", wohl das schwächste Musikstück der Oper, deren gesamte Verlagskosten gedeckt hat, einen so ungeheuren Absatz fand dasselbe.

Neben Lortzing machten sich unter den Leipziger Bühnenmitgliedern August Kindermann und Pögner in besonderer Weise bemerklich. Kindermann*) besaß eine prachtvolle Barytonstimme, und genoß mit Recht nicht nur den Ruf eines trefflichen Sängers, sondern auch eines ausbündigen

---

*) Vater der talentvollen, 1883 verstorbenen Wagnersängerin Reicher-Kindermann.

Kneipgenies. Die häufigen Trankesopfer, welche er nicht selten mit
fataler Nachwirkung dem Könige Gambrinus während seiner Leipziger
Jahre (1839—46) darbrachte, schadeten aber seinem unverwüstlichen
Organe nicht im mindesten, sondern schienen dasselbe sogar zu konserviren,
denn er wirkte nachher als höchst beliebter Hofopernsänger in München
noch eine lange Reihe von Jahren mit ungeschwächter Kraft.

Pögner, ursprünglich Theologe, war Bassist, und leistete als solcher
recht Braves, wurde aber wegen seines kurrigen, stets mit Worten kampf-
bereiten Wesens einigermaßen gefürchtet; er hielt sich stets auf dem
„Qui vive!“ und wurde aggressiv, sobald er sich irgenwie touchirt fühlte.
Dazu gibt folgendes Vorkommnis einen guten Beleg. In der Thomas-
kirche wurde einst Spohrs Oratorium „Der Fall Babylons“ aufgeführt.
Bei der Generalprobe dazu befand sich unter den Zuhörern ein Musik-
freund, der nicht ganz richtig im Kopfe, dabei aber ungefährlicher Natur
war. Während der Pause wandte dieser sich an den genannten, ihm
wohlbekannten Sänger, und sagte ihm, er habe eine Stelle seiner Partie
wohl zu kräftig intonirt, worauf der Angeredete kurz angebunden erwiderte: „Ach was. Sie verstehen nichts von der Sache und sind ja
überhaupt verrückt.“ Jener parirte diese Invektive mit Schlagfertigkeit,
indem er sagte: „Ja, das ist richtig, aber ich habe manchmal lichte
Momente. Ein solcher ist jetzt gerade bei mir eingetreten, und da sehe
ich, daß Sie ein großer Esel sind.“ Sprach's und ließ den verblüfften
Sänger stehen, der im Augenblick nichts darauf zu erwidern vermochte.

*   *   *

Als ich das elterliche Haus zu Ende des Winters 1843 verließ,
geschah es mit dem Wunsche, mich der virtuosen Laufbahn zu widmen.
Nachdem ich aber in Leipzig ein Jahr studirt, dazu die erste Konzertsaison erlebt und gesehen hatte, was in dieser Beziehung zu leisten war,
wurde mir's klar, daß es für mein Alter zu spät sei, diese Idee weiter
zu verfolgen. Mein Absehen konnte nur noch darauf gerichtet sein, mich
im Violinspiel für brauchbare Sololeistungen vorzubereiten, und außerdem
meine Ausbildung als Musiker möglichst anzustreben. Vermöge des mir
dargebotenen Bildungsstoffes erreichte ich das auch. Nicht allein der im

Konservatorium und dann noch privatim genommene Unterricht förderte mich in meinen Bestrebungen, sondern auch meine darauffolgende regel-mäßige Mitwirkung im Gewandhauskonzert und in der Oper, wodurch ich zugleich den Orchesterdienst genau kennen lernte. Anregend und bildend war dann die fortgesetzte Uebung im Quartett- und Kammer-musikspiele. Ein wichtiges Moment für die weitere Uebung im Solospiel bildete die Gelegenheit, Künstler aller Art und Qualität in den Gewand-hauskonzerten zu hören und von ihnen zu lernen.

Unter den vorstehend angedeuteten Verhältnissen kam das Jahr 1850 heran, in welchem sich mir unvermutet die Aussicht auf eine willkommene Veränderung meiner beruflichen Thätigkeit eröffnete. Im Juni erschien nämlich Robert Schumann in Begleitung seiner Gattin in Leipzig. um seine Oper „Genofeva" zur erstmaligen Aufführung zu bringen.*) Während seiner Anwesenheit daselbst fand zu Ehren des Künstlerpaares im Hause eines der Gewandhausdirektoren eine Gesellschaft statt, zu der auch ich eingeladen war, um mit Frau Schumann etwas zu musiziren. Schumann hatte damals schon das ihm kurz vorher angetragene Amt des städtischen Musikdirektors in Düsseldorf acceptirt, welches er im Herbst desselben Jahres antrat. In einer Unterhaltung mit ihm darüber äußerte ich, daß es mir erwünscht sei, auch einmal an den schönen Rhein ziehen zu können. „Nun," entgegnete Schumann nach einigem Bedenken, „dazu könnte vielleicht Rat werden. Soviel ich weiß, ist in Düsseldorf kein Sologeiger, der ja für alle Fälle erwünscht wäre. Hätten Sie Lust, mir dahin zu folgen, so will ich bei dem dortigen Konzertvorstande den Ver-such zu einem Engagement machen." Begreiflicherweise war ich durch das freundliche Entgegenkommen des Meisters aufs angenehmste überrascht und dankte ihm im voraus für das mir bewiesene Wohlwollen, das weitere seiner Fürsorge überlassend.

Bald darauf beurlaubte ich mich für ein paar Monate vom Theater-dienst, um in der Heimat die Ruhestätte meiner teuren Eltern zu be-suchen, die zu Anfang des Jahres kurz nach einander aus diesem Leben

*) Ueber die Aufführung dieser Oper finden sich nähere Nachrichten in meiner Schumannbiographie sowie in der sich daranschließenden „Schumanniana" (Leipzig bei Breitkopf & Härtel).

geschieden waren. Kaum erst von dort nach Leipzig zurückgekehrt, empfing ich folgende Zuschrift Schumanns:

„Düsseldorf, den 20. September 1850.

Lieber Herr Wasielewski!

Vorläufig nur wenige Worte! Die Direktion der Konzerte wird nach ihren Kräften alles thun, daß wir Sie hieher bekommen, und wie es uns, mich und meine Frau, freuen würde, brauchen wir Ihnen nicht zu sagen. Es handelt sich nur noch um eine Einigung mit dem Theater. Darüber werde ich Ihnen sobald als möglich schreiben. Es betrifft freilich zunächst nur ein Engagement für den nächsten Winter. Sind Sie aber einmal hier, so werden Sie, glaube ich, nicht wieder fortkommen.

Daß Ihnen das hiesige musikalische wie gesellige Leben sehr zusagen würde, glaube ich gewiß. Ich bin davon im höchsten Grade erfreut und überrascht, einmal von der Tüchtigkeit der Kräfte, namentlich des Chors, dann von der Bildung des Publikums, das nur gute Musik will und liebt. Mit einem italienischen Einschiebsel u. dgl. würde man sich hier nur lächerlich machen.

Ueber alles dieses schreibe ich Ihnen noch ausführlich.

Zunächst möchte ich nur wissen, ob Sie auf die ohngefähren Bedingungen hin, die ich auf der vorigen Seite erwähnte, zu kommen bereit wären — und dann wohl (?) sobald als möglich? —

Noch eines. Es steht an der ersten Geige ein hiesiger Musiker, der ein tüchtiger Vorgeiger sein soll. Er wäre in keinem Fall zu verdrängen, da er ein Düsseldorfer ist und schon eine Reihe von Jahren an dieser Stelle. Jedenfalls bin ich überzeugt, daß Sie gut mit ihm auskommen werden, wenn Sie sich eben nur neben ihn, nicht geradezu über ihn stellen wollen. Ihre Ueberlegenheit wird er zuletzt doch selbst fühlen.

Nun schreiben Sie mir bald! Es wird Ihnen hier gefallen, das glaub' ich gewiß, und nicht allein in musikalischer Beziehung. Man fühlt sich doch auch hier dem großen Weltgetriebe näher.

Alles dies bleibt noch unter uns. Mit dem Nächsten erfahren Sie dann das Bestimmtere.

Freundlich grüßend, auch von meiner Frau

Ihr ergebener

R. Schumann."

Ohne weiteres erklärte ich mich bereit, die mir dargebotene Stellung anzunehmen. Einige Tage darauf ging mir nachstehender Brief Schumanns zu.

„Düsseldorf, den 29. September 1850.

Lieber Herr Wasielewski!

Wenn Sie bis zum 15. Oktober hier sind, ist's Zeit genug. Sie reisen den ersten Tag bis Hannover, übernachten im Unions-Hotel neben der Eisenbahn (gut und nicht teuer), fahren tags darauf gegen 9 Uhr ab und sind abends 7 Uhr hier. Sie schreiben mir doch den Tag der Abreise genau, daß ich Sie auf dem Bahnhof erwarte. Gern hätten wir Sie für die ersten Tage Ihres Hierseins bei uns beherbergt; aber wir haben nur eben knapp Platz für uns — trotz eines ziemlich teuren Logis.

Noch ein paar praktische Bemerkungen. Die Lebensmittel sind hier nicht teuer (sehr gut), alles andere aber viel teurer als bei uns. Nehmen Sie sich an Kleidern, Wäsche, Schuhwerk u. s. w. so viel mit, als Sie können. Auch Cigarren! Sie brauchen sich auf der Grenze in Minden nicht visitiren zu lassen, wenn Sie sagen, daß Sie direkt von Leipzig nach Düsseldorf reisen — müssen aber in Leipzig gleich ein Billet für die ganze Strecke lösen.

Hier werden wir uns einstweilen nach einem Logis für Sie umthun. Lieb wäre es uns, ohngefähr zu wissen, was Sie daranwenden wollten. Und nun noch einige Bitten und Aufträge!

Seien Sie so gefällig, zu Rietz zu gehen und ihn um die Orchesterstimmen zu meinem Adventlied (zur hiesigen Aufführung den 24. Oktober) zu bitten, und bringen Sie mir sie mit. Ich möchte aber schon bald Antwort haben, ob ich mich darauf verlassen kann, die Stimmen geliehen zu erhalten, da sie im Verneinungsfall hier ausgeschrieben werden müßten.

Sodann: sehen Sie Herrn Reimers, so sagen Sie ihm, ich hätte an ihn gedacht; es wären aber zwei ganz gute Violoncellisten hier, und somit hätte ich leider nichts für sein Herkommen thun können.*)

Sodann bitte ich Sie, vor Ihrer Abreise zu Kistner und Whistling, auch Peters zu gehen und zu fragen, ob diese nicht etwas für mich haben, was Sie mir mitzubringen so gut sein wollen.

Auch von Dresden erhalten Sie vielleicht in der nächsten Zeit etwas für mich.

Dies wären denn eine Menge prosaischer Aufträge, die Sie mir zu lieb ausrichten wollen. Die Poesie soll dann h i e r nachfolgen, wenn wir zusammen musiziren und gelegentlich auch beim Rheinwein. So kommen Sie denn bald!

Grüßen Sie Grabau vielmals und seien Sie es selbst vielmals.

Ihr ergebener
R. Schumann.

Die Stelle am Theater habe ich nun mit Ihrer Zustimmung fahren lassen. Beiliegende Zeilen**) bitte ich Herrn Senff zu geben. —"

Nunmehr bereitete ich in aller Ruhe meine Abreise nach Düsseldorf vor. Der Abschied von Leipzig wurde mir nicht leicht, denn abgesehen davon, daß ich dort unter den günstigsten Umständen meine künstlerische Ausbildung empfangen hatte, war mir der Verkehr in jenen Familien, über welche ich in den vorhergehenden Blättern berichtet habe, eine angenehme, schwer zu entbehrende Gewohnheit geworden. Indessen tauschte ich dagegen den beträchtlichen Gewinn ein, dem genialen Schumannschen Künstlerpaar näher zu treten, das heitere, fröhliche rheinische Leben und die romantischen Ufer des schönsten deutschen Stromes kennen zu lernen. Am 15. Oktober, abends 7 Uhr, nach zwanzigstündiger Fahrt (damals

---

*) Der talentvolle Violoncellist Reimers, welcher sich in Leipzig aufhielt, kam bald darnach auf sein eigenes Risiko nach Düsseldorf. (Er ging in späteren Jahren nach Australien, wo er starb.

**) Dieselben betrafen die von der Verlagshandlung Bartholf Senff verlegten Waldscenen Schumanns, für welche ich diesem das Honorar überbrachte.

gab es noch keine Schnellzüge), traf ich in Düsseldorf ein, freudig überrascht, von Schumann und dessen Gattin auf dem Bahnhof bewillkommnet
zu werden. Am folgenden Morgen war mein erstes Geschäft, mir ein
Logis zu verschaffen, welches ich bald fand. Dann begrüßte ich gegen
Mittag das Künstlerpaar in seiner Behausung.

Am Rhein.

Düsseldorf verdankt seinen Ruf als Kunststadt ursprünglich der Malerei. Schon seit 1707 bestand dort eine vom Kurfürsten Karl Theodor gegründete Kunstakademie, die jedoch als Malerschule hervorragende Bedeutung erst gewann, nachdem die Stadt 1815 an den preußischen Staat gefallen war, und derselbe 5 Jahre später die Leitung des Kunstinstitutes an Peter v. Cornelius übertrug. Seitdem gelangte Düsseldorf für geraume Zeit in der Malerwelt zu bedeutendem Ansehen. Der freundlich gelegene, von alters her mit weitläufigen und prächtigen Parkanlagen versehene Ort sollte sich aber bald auch in musikalischer Beziehung hervorthun und zwar zunächst durch Felix Mendelssohn-Bartholdy, welcher im Jahre 1833 das Amt des dortigen Musikdirektors übernahm. Sein Wirken daselbst währte freilich nur zwei Jahre, da er dann als Dirigent der Gewandhauskonzerte nach Leipzig gezogen wurde. Doch gab er trotz seiner kurzen Wirksamkeit in Düsseldorf dem Musikleben der Stadt, namentlich in Betreff des Chorgesanges, ein gediegenes Fundament, auf dem sein Amtsnachfolger, Julius Rietz, weiterbauen konnte. Als dieser treffliche Dirigent 1847 an das Leipziger Theater berufen wurde, trat Ferdinand Hiller an seine Stelle, den nach dessen Uebernahme des Kölner Kapellmeisterpostens im Jahre 1850 wiederum Robert Schumann ablöste. Fürwahr, eine Reihe künstlerischer Persönlichkeiten, auf die Düsseldorf stolz zu sein alle Ursache hat.

Der gemischte Gesangverein, welcher in den Konzerten mitwirkte, hatte eine numerisch ansehnliche Stärke und zählte unter seinen Mitgliedern wohlgeübte, klangvolle Stimmen, wie solche in den Rheinlanden häufig vorkommen. In den Chorproben dirigirte Schumann aus der Partitur, während seine Gattin auf dem Pianoforte die Begleitung ausführte, wodurch das Studium der Gesangswerke wesentlich erleichtert wurde. Die Orchesterverhältnisse waren nicht ganz so günstig. Mit Ausnahme einzelner guten Musiker, namentlich in den Holzblasinstrumenten, erhoben sich die Mitwirkenden, unter denen sich auch einzelne Dilettanten befanden, nicht viel über die Mittelmäßigkeit. So ungleiche Kräfte erfordern, um etwas Befriedigendes zu leisten, eines fortwährenden sorgsam eingehenden Studiums in Betreff der Einzelheiten sowie des präzisen Zusammenspieles. Dies aber zu bewirken, war Schumann nur bedingungsweise gegeben, da er bisher keine Gelegenheit gehabt hatte, sich mit der Orchestertechnik im rein praktischen Sinne vertraut zu machen. Ueberdies lag es nicht in seinem Naturell, immer entschieden und mit Bestimmtheit aufzutreten und einzugreifen, wie er denn auch nicht die nötige Ausdauer und körperliche Elastizität besaß, in langen, anstrengenden Proben stehend bis zum Schlusse mit der erforderlichen Energie auszudauern. Er zeigte sich befriedigt, wenn keine auffallenden Fehler vorkamen. Die vor Antritt seines Amtes gegen Hiller brieflich geäußerte Besorgnis, daß die Orchestermitglieder ihm möglicherweise durch ungebührliches Benehmen Verdruß bereiten könnten, war unnötig, da Schumann sich gegen dieselben sehr schonend verhielt. Doch wurde dieser Punkt nicht ohne Grund von ihm berührt, denn Mendelssohn hatte in Betreff desselben eine fatale Erfahrung in Düsseldorf gemacht. Zu seiner Zeit waren im dortigen Orchester rebellische Elemente, die gegen seine sachlich berechtigten Anordnungen und Forderungen oppositionellen Groll nährten. Endlich brach derselbe auf einer Probe los, indem ein Mitglied der Verschworenen auftrat und in bedrohlichem Tone mit erhobenem Geigenbogen Mendelssohn zurief: „Denken Sie an die Stumme von Portici", dann aber sporenstreichs mit seinen Complicen das Lokal verließ, wodurch die bezügliche Konzertaufführung in Frage gestellt wurde. Glücklicherweise konnte noch rechtzeitig Rat geschafft werden, da der in Düsseldorf stationirte Brigadegeneral, in dessen Hause Mendelssohn befreundet war, die erforderlichen Mitglieder der Regimentsmusik für Probe und Konzert zur Disposition stellte. Auch Rietz soll mit dem Düsseldorfer Orchester üble Erfahrungen gemacht haben. Unter Schumann kam aber nichts dergleichen vor.

Was speziell meine persönliche Stellung im Orchester betraf, so durfte ich mit derselben zufrieden sein. Das Verhältnis zu meinem Nebenmann am ersten Geigenpult war und blieb ein friedliches, obwohl Schumann sich nicht an ihn, den seitherigen Vorgeiger, sondern stets an mich wandte, wenn etwas zu besprechen oder zu berichtigen war, so daß mir de facto die Führerschaft der Violine zufiel, was überdies seine Begründung darin fand, daß ich außer meinen kontraktlich ausbedungenen Konzertvorträgen auch die sonst vorkommenden Soli zu spielen hatte. Für mein Debut war von mir Mendelssohns damals noch ziemlich neues Violinkonzert gewählt; in einem der folgenden Konzerte, deren Zahl sich im ganzen während des Winters auf acht belief, trug ich dann noch das A-moll-Konzert von Viotti vor.

Sobald ich in Düsseldorf nach meiner Ankunft das Notwendigste erledigt hatte, trieb es mich an, nach Köln hinüberzufahren, um mir die Metropole der Rheinlande anzusehen und Ferdinand Hiller zu begrüßen. Der Weg zu ihm führte mich am Dom vorüber, von dem damals erst noch wenig mehr als der seit 1322 schon zum Gottesdienste benützte Chor und die untere Hälfte des südlichen Turmes nebst den Verbindungsmauern des Langschiffes vorhanden war. Diese Teile machten einen ruinenartigen Eindruck, indessen konnte man aus den Dimensionen derselben auf die Großartigkeit der ganzen Anlage schließen. Wurde doch auch Schumann durch den Anblick des Vorhandenen zu seiner Es-dur-Symphonie angeregt. Die Wirkung des Chores war immerhin ein mächtiger. Wenn man sich vergegenwärtigt, daß an diesem herrlichen Monumente der Gotik noch das meiste zu thun blieb, so muß man staunen, daß die Vollendung desselben in einem verhältnismäßig so kurzen Zeitraum bewerkstelligt werden konnte, denn die regelmäßige Weiterführung des Baues erfolgte nicht vor 1842, und schon im Jahre 1883 stand das majestätische, in seiner Gesamtwirkung überwältigende Werk fertig da. Freilich wäre eine so rasche Vollendung in früheren Zeiten unmöglich gewesen, da man noch nicht über die modernen technischen Hilfsmittel unter Anwendung der Dampfkraft zur Aufwärtsbeförderung der kolossalen Werkstücke verfügte, wie es in der Neuzeit möglich war.

Von den übrigen Kirchen Kölns erschienen mir die im gotischen Stil gehaltene Minoritenkirche, die mit einer originellen Kuppel versehene St. Gereonskirche und Santa Maria im Kapitol als die sehenswertesten. Unter den sonstigen Gebäuden macht das leider versteckt liegende Rathaus eine gute Figur.

Zu einem zweiten Besuche der Stadt wurde ich später durch den Karneval veranlaßt.

Der Karneval wird wohl in den meisten rheinischen Orten durch Mummereien, Tanzvergnügungen und gründliche Schmausereien gefeiert, aber doch nirgends in so großem Maßstabe wie in Köln. Hier hat er sich zu einem wirklichen Volksfest ausgebildet, an welchem alle Stände irgendwie agirend oder genießend teilnehmen. Schon gleich nach Neujahr beginnen die Vorbereitungen dazu. Dann kommen diejenigen, welche die Faschingsfreuden in Scene setzen, in einem bestimmten Lokal zusammen, um die humoristischen Darstellungen und Späße der Fastnachtstage zu beraten und zu vereinbaren. Der Haupthanswurst präsidirt in diesen Versammlungen. Er hält urkomische Reden, an denen sich auch die zahlreich erschienenen Narren und Gecken beteiligen. Dann werden auch launige, schelmische Lieder gesungen, durch die man einander, sowie die etwa erschienenen Zuhörer erheitert. Darüber kommt der Fastnachtssonntag heran, an welchem sich nach Beendigung des Kirchendienstes ein munteres Leben auf gewissen Plätzen und Straßenzügen entfaltet. Die Fortsetzung erfolgt bei Eintritt der Dämmerung in den verschiedenen Lokalen bis zu später Stunde. Damit ist der Karneval inaugurirt.

Am folgenden Tage, Rosenmontag genannt, findet der Hauptwitz statt. Gleich nach Tisch wogen unmaskirte und maskirte Menschenmassen in den Hauptstraßen bunt durch einander, um zu sehen und sich sehen zu lassen. Viele begeben sich auch nach dem Neumarkt, von wo der Karnevalszug ausgeht. Dieser besteht aus einer Anzahl mit mannigfachen, drolligen Emblemen der Narretei versehenen großen vierspännigen Wagen, auf denen schalkhafte Darstellungen von Zeit- und Tagesbegebenheiten, oder von lokalen Zuständen und Vorkommnissen, die Stoffe zur Persiflage

geben, veranschaulicht sind. Auch hervorragende Persönlichkeiten der
Stadt, welche sich im Laufe des Jahres irgendwie lächerlich gemacht
haben, werden dabei in humoristisch-spöttischer Weise bedacht. Während
die betreffenden Wagen langsam durch die Straßen fahren, wirft die
Bemannung derselben Blätter mit drolligen, meist im Kölner Patois ab-
gefaßten Gedichten unter die vor- und nachdrängende Menge. Dazu
Musik, Lachen und Hallo von allen Seiten, zum Teil hervorgerufen
durch das Bombardiren mit Sträußchen, Karamellen und ähnlichen
Dingen nach den von Zuschauern beiderlei Geschlechts dicht besetzten
Fenstern. Es gehören gute Nerven dazu, um unter alledem bei voller
Besinnung zu bleiben. Mit einbrechender Dämmerung begeben sich dann
viele nach dem Gürzenichsaale, und dort entfaltet sich ein überlustiges
Treiben. Man tanzt wirr durch einander, singt und treibt allerhand
Schabernack. Mir war zu Mute, als ob ich in einen wirbelnden Strudel
geraten sei, der mich mit sich fortnahm. Viele auch ziehen es vor, nach
üblichem Brauch truppweise die ihnen befreundeten Familien zu besuchen,
in denen sie, dem überall mit Speisen und Getränken besetzten Tisch
zusprechend, ihre Späße loslassen. Durch einen Maskenanzug völlig
unkenntlich gemacht, verbrachte ich den Rest des Abends in dem Hause
eines mir wohlbekannten Musikfreundes. Dort hatten sich die gleichfalls
maskirten Freunde des Hausherrn ein Stelldichein gegeben. Alle wurden
der Reihe nach bald erkannt, worauf sie sich zu fröhlichem Beisammensein
demaskirten, während ich ihnen unerforschlich blieb, weil man an mich
nicht im entferntesten gedacht, bis endlich die Dame vom Hause in der
Meinung, es habe sich eine verpönte Persönlichkeit in die Gesellschaft
eingeschlichen, aufs dringlichste von mir verlangte, die Gesichtsmaske ab-
zunehmen, was eine erheiternde Scene hervorrief.

In dem Rosenmontag erreicht der Kölner Karneval seinen Höhepunkt.
Am Fastnachtsdienstag ist man schon so ziemlich erschöpft, und es findet
da nur noch ein mattes Postludium unter Tafelfreuden statt. Wer in
den Rheinlanden lebt, muß den Kölner Karneval einmal sehen, weil
derselbe für die Beurteilung von Land und Leuten Bedeutung hat.

In Düsseldorf erlebte ich eine Fastnachtsfeier, welche vom dortigen
„Malkasten“, dem Kasino der Maler, ausging. Diese war anderer Art

und zwar echt künstlerischer. Die Malergesellschaft hatte im geschlossenen
Raum ein glänzendes Maskenfest veranstaltet, bei welchem es gewissermaßen aristokratisch herging. Den Mittelpunkt des Getriebes bildete
der von dem berühmten Meister Andreas Achenbach dargestellte „Prinz
Karneval" mit seinem Hofstaat, um welchen sich die ganze Gesellschaft
gruppirte. Es war ein farbenprächtiges Bild von wahrhaft malerischer
Wirkung. Auch Robert Schumann nahm mit seiner Gattin an der Veranstaltung teil.

Häufig verkehrte ich mit Gewinn für Genuß und Belehrung in
den Malerkreisen, wozu bequeme Gelegenheit im „Malkasten" geboten
war. Dort fand man stets fröhliche, lustige Gesellschaft, und die Lebens-
geister, angeheitert durch den edlen Rebensaft, loderten manchmal im
jugendlichen Feuer empor. Hauptsächlich waren es die jüngeren Künstler
und Akademieschüler, welche dort zum zwanglosen Verkehr und Gedankenaustausch über Kunst oder über Tagesereignisse und sonstige
interesseerregende Dinge zusammenkamen. Die tonangebenden Meister,
wie Lessing, Andreas und Oswald Achenbach, Hildebrand, Graf Kalkreuth,
Camphausen, Köhler, Gude, Sohn, A. Weber und Schirmer, ließen sich
im Malkasten entweder gar nicht oder nur ausnahmsweise einmal sehen.
Schirmer war ein biderber Deutscher, sowohl seiner äußeren Erscheinung
wie seiner künstlerischen Gesinnung nach. Julius Rietz, der mit ihm
intim befreundet war, erzählte auf die letztere bezüglich folgendes.
Schirmer wurde von seinen Freunden zum öfteren angegangen, doch
einmal nach Italien zu reisen, um dort Studien zu machen. Lange
wich er diesem Ansinnen aus, endlich aber entschloß er sich doch zu einer
Fahrt nach dem Lande der Künste. Von dort zurückgekehrt, lud er
alsbald seinen Freund ein, sich die in Italien angefertigten Farbenskizzen
anzusehen. Rietz folgte der Einladung. Nach längerer Unterhaltung,
während welcher die an den Wänden des Ateliers hängenden Skizzen
von ihm betrachtet wurden, sagte er endlich: „Nun, lieber Schirmer,
Du wolltest mir ja die in Italien gemachten Studien zeigen." „Du
hast sie soeben schon gesehen," erwiderte Schirmer. „Aber die nehmen
sich doch dem Kolorit nach ganz deutsch aus," meinte Rietz. „Ach",
erwiderte Schirmer, „es ist ja Unsinn, von italienischem Kolorit zu reden.

Da unten sieht alles genau so aus wie bei uns." Er sah eben alles durch die deutsche Brille.

Das Lokal des Mallastens befand sich zu jener Zeit noch nicht in dem ehemaligen Jakobischen Garten zu Pempelfort, sondern in einem alten, an der Ratinger Straße gelegenen Hause von düsterem Aussehen. Betrat man aber den Gesellschaftsraum der Künstlerzunft, so empfing man den entgegengesetzten Eindruck, da Wände, Decke, Simse und Fensternischen mit mannigfachen, in buntem Farbenschmuck schillernden Malereien dekorirt waren. Gelegentlich veranstaltete der Vorstand des Mallastens eine Produktion vor eingeladenen Gästen. So wurde während meines Düsseldorfer Aufenthaltes Shakespeares Lustspiel „Viel Lärmen um nichts" in scenischer Darstellung gegeben, wobei mir die Rolle des Gerichtsdieners Holzapfel zufiel. Dergleichen mitzumachen und überhaupt nach vollbrachter Tagesarbeit mich auf die eine oder andere Weise zu divertiren, fühlte ich bei meinem lebenslustigen Temperament immer Neigung. Oesters besuchte ich auch die Ateliers der angesehensten Maler, wodurch meine Anschauungen über die bildende Kunst geklärt und gefördert wurden.

Häufiger verkehrte ich in dem gastfreundlichen Hause des Akademieprofessors Hildebrand. Dieser Maler, welcher sich hauptsächlich durch sein Bild: „Die Söhne Eduards" in weiteren Kreisen bekannt gemacht hatte, war ein gemütlicher, aufgeräumter Herr, der durch sein nie versiegendes Erzählertalent seine Gäste zu unterhalten wußte. Unter den letzteren befand sich meist Theodor Mintrop, der bis zu seinem dreißigsten Jahre als schlichter Landmann hinter dem Pfluge hergegangen war, dann aber durch Gesellschap in richtiger Würdigung seines Malertalentes der Düsseldorfer Kunstschule zugeführt wurde, um auf derselben seine Ausbildung zu bewerkstelligen, was ihm in kurzer Zeit gelang. Ganz besonders zeichnete er sich durch die reizende Darstellung von Kindergruppen aus. — Mintrop war eine im besten Sinne des Wortes naive Natur, dabei sinnig, einfach und anspruchslos in seinem Wesen. Sehr erheiternd war es, ihn sein dörfliches Vorleben und die Enthebung von demselben mit humoristisch gefärbter Gemütlichkeit im rheinischen Plattdeutsch erzählen zu hören. Hildebrand setzte dann wieder mit Anekdoten aus seinem Künstlerleben ein, und manchmal wurde das Beisammensein dadurch bis weit über die Mitternachtsstunde ausgedehnt. Gelegentlich äußerte er sich auch über die Art, wie es mit der Porträtmalerei zu halten sei, indem er bemerkte, daß dieselbe mehr Schwierigkeiten biete, als man gemeiniglich glaube. Die meisten Menschen, so fuhr er fort, setzten, wenn sie zum Porträtiren erschienen, eine gemachte, fremde Miene auf, die nicht zu verwerten sei. Da gelte es nun, die Leute in der Unterhaltung so sich vergessen zu machen, daß sie ihren gewohnten, natürlichen Ausdruck annehmen. Manchmal gelänge dies Manöver erst beim dritten- oder viertenmale, und dann müsse man aufpassen, um das Charakteristische der Physiognomie schnell auf die Leinwand zu übertragen. Hildebrand beabsichtigte, ein lebensgroßes Bildnis von Schumann zu malen; es kam aber leider nicht mehr dazu. Dieser joviale Mann verfiel später in tiefe Schwermut, dem trüben Gedanken hingegeben, daß er in der Malerei nichts mehr hervorbringen würde. Schweigsam und ernst saß er stundenlang da, den Blick auf die Erde gerichtet. Schließlich wurde er geisteskrank.

Welche Annehmlichkeiten und Freuden das gesellschaftliche Leben Düsseldorfs und die geistig anregenden Einblicke in die Schwesterkunst gewährten — die innerlich befriedigendsten und wertvollsten mir zu teil gewordenen Erlebnisse knüpften sich an den regen Verkehr mit dem Schumannschen Künstlerpaar. Gern ergriff ich in der Folge bei mannigfachen Anlässen die Gelegenheit, um mich dafür erkenntlich zu beweisen. So entsprach ich mit Freuden seinem Wunsche, den von einem meiner ehemaligen Mitschüler des Leipziger Konservatoriums angefertigten Klavierauszug zum „Nachtlied" durchzusehen und nach der Partitur zu vervollständigen. Ferner legte ich, da Schumann in Düsseldorf keinen zuverlässigen Notenschreiber auftreiben konnte, von der D-moll-Symphonie (op. 120) eine neue Partitur mit vollständiger Eintragung des Streichquartetts an, welchem Schumann dann die veränderte Instrumentirung des Werkes bezüglich der Blasinstrumente hinzufügte, war ihm beim Ordnen seiner Schriften für die Herausgabe in Buchform und außerdem noch in manchen anderen Geschäften behilflich, so namentlich in Betreff der Bezeichnung der Violinstimmen zu den Märchenbildern op. 113, sowie zu seiner Es-dur-Symphonie, den beiden Sonaten op. 105 und 120, und dem Klaviertrio op. 110.

Schumann sah es gern, wenn ich vormittags um zwölf Uhr bei ihm vorsprach, um ihn zu einem Spaziergange abzuholen, an dem sich seine Gattin häufig beteiligte. Da wurde dann während desselben, wenn er nicht in Gedanken mit einer projektirten oder schon begonnenen Komposition beschäftigt war, was sich durch gelegentliche Handbewegungen und Schweigsamkeit markirte, dieses und jenes besprochen. Es mußte jedoch entweder eine künstlerische Angelegenheit oder sonst etwas Bedeutsames sein, denn für eine indifferente Konversation, wie sie unter guten Bekannten wohl vorkommt, war Schumann nicht zu haben. Längere Zeit hinter einander sprach er bekanntlich überhaupt nicht, sondern in meist kurzgefaßten, aphoristischen Sätzen. Verhielt er sich aber auf der Promenade, die meist durch den weitläufigen Hofgarten führte, andauernd schweigsam, dann überraschte er auch plötzlich wieder, wie aus dem Traume erwachend, durch eine lakonische Aeußerung über das, was etwa um ihn vorging. Einmal kamen wir an einem leierdrehenden Mann vorüber, dessen Instrument sehr verstimmt war. Diesen unangenehmen Effekt bezeichnete Schumann humoristisch als „schleichendes Musikgift“. Große Freude hatte er im Frühjahr an dem Gesang der Nachtigallen, die im Hofgarten zahlreich vorhanden waren. Hörte er sie, so pflegte er freundlich lächelnd zu sagen: „auf jedem Baum sitzt eine“. Für das Naturleben hatte er überhaupt Sinn. Kamen wir auf unseren Wanderungen an den Rhein, so langte er sein Augenglas hervor und betrachtete mit Wohlgefallen den munteren Lauf desselben mit seiner Staffage an vorüberfahrenden Schiffen und Kähnen.

Wenn ich verhindert war, Schumann auf seinem Vormittagsspaziergange zu begleiten, so holte ich das Versäumnis nachmittags zwischen 5 und 6 Uhr nach, bis zu welcher Zeit Schumann zu arbeiten pflegte, und blieb ein Stündchen bei ihm. Es wurde dann eine Cigarre angezündet und von mir öfters das Gespräch auf seine künstlerische Vergangenheit hingelenkt. Dabei erfuhr ich mancherlei von ihm, was mir sein früheres Leben bis zu einem gewissen Grade erschloß.

An einem dieser Nachmittagsbesuche fand ich Schumann mit der Durchsicht des Klavierauszuges von Wagners „Lohengrin“ beschäftigt. „Sehen Sie sich einmal,“ sagte er, „diese Solobaßstimme an,“ indem er auf die Instrumentaleinleitung zum zweiten Akt hinwies, „dazu läßt sich keine zweite Stimme machen." „Wagner liebt das Aparte," erwiderte ich. „Das ist so eine von seinen sonderbaren Ideen," meinte Schumann, zu etwas anderem übergehend. Dann erwähnte er, daß ihm Vierlings Ouverture zu „Maria Stuart" übersandt worden sei. „Ist sie schön?" fragte ich. „O," erwiderte er, „d i e muß häßlich sein." Damals glaubte ich, Schumann habe mit dem Worte „häßlich" sagen wollen, eine Ouverture zu dieser Schillerschen Tragödie müsse herb bis zur Schroffheit gehalten sein, was er auch jedenfalls meinte. Heute erscheint mir seine Aeußerung in anderm Lichte, denn welch eine Menge wahrhaft häßlicher Musik ist seit jener Zeit zu Tage gekommen.

In Schumanns Behausung ging es, abgesehen von ein paar kleinen Gesellschaften, still und ruhig zu, wenn seine Gattin nicht musizirte, was mehrfach im Laufe des Winters geschah. Bei solchen Anlässen wurde entweder etwas Klassisches, wie z. B. Beethovens G-dur-Sonate op. 30, welche auch bald nebst Mozarts Es-dur-Trio für Klavier, Klarinette und Bratsche zum öffentlichen Vortrag gelangte, oder etwas von Schumanns Kompositionen gespielt. Damals hatte er die „Märchenbilder" für Klavier und Bratsche (op. 113) geschrieben, welche sofort durchgespielt und dann an den folgenden Tagen zu verschiedenen Malen wiederholt wurden, da kleine Verbesserungen in der Bratschenstimme, sowie im Arrangement derselben für Violine vorzunehmen waren. Als weiterhin wieder einmal musizirt wurde, trug Frau Schumann ihr hübsches Klaviertrio in G-moll (op. 17) vor, über das sie sich allzu bescheiden dahin äußerte, daß es ein „Weibertrio", und nur als ein solches zu nehmen sei. An diesem Tage spielte sie mit mir auch ein neu angekommenes Duo von Marschner à vista durch, dessen Stillosigkeit und Flachheit uns weidlich amüsirte. Schumann aber vermerkte das übel und sagte, es mache ihm einen betrübten und keineswegs spaßhaften Eindruck, eine Komposition der Art von einem Manne kennen zu lernen, der sonst Hervorragendes geleistet habe. — Bei anderer Gelegenheit kamen Stücke wie Beethovens C-moll-Trio (op. 1), Schumanns „Phantasiestücke" (op. 88) nebst dem zweiten Klaviertrio (op 80) und Hummels E-dur-Trio, dessen veralteter Duktus uns nicht behagen wollte, an die Reihe.

Das Zusammenspiel mit Frau Schumann war mir immer ein musikalisches Fest, und mehr noch als das, nämlich eine geistige Anregung wertvoller Art, denn ich fühlte mich dadurch künstlerisch gehoben und vermochte infolge dessen mehr zu leisten als gewöhnlich, wie ich denn überhaupt im Verein mit ausgezeichneten Partnern eine Steigerung meiner Leistungsfähigkeit wahrnehmen konnte.

Einmal wurde im Hause eines der Mitglieder des Konzertkomitees musiziert. Frau Schumann spielte das Es-dur-Quartett (op. 47) ihres Gatten, der seinen Platz entfernt von der übrigen Gesellschaft in einer entlegenen Ecke des Salons genommen hatte. Mitten im ersten Satze kam er plötzlich in Erregung herbei und unterbrach unsern Vortrag mit der Bemerkung, daß das Tempo zu schnell sei, was indessen gar nicht der Fall war. Wir bemühten uns, ihn von der Grundlosigkeit seines Einspruches zu überzeugen, aber er blieb bei seiner Behauptung, und so mußten wir nochmals in einem langsameren Zeitmaße von vorne beginnen, trieben jedoch nach und nach unwillkürlich in das lebhaftere, richtigere hinein. Der Vorfall hatte für Frau Schumann begreiflicherweise etwas Peinliches; er kostete sie sogar einige Thränen.

Frau Schumann war in jedem Betracht eine außerordentliche Erscheinung, nicht nur als Künstlerin, sondern auch als sorgende Gattin, Mutter und musterhafte Repräsentantin ihrer Häuslichkeit. Wer Gelegenheit hatte, sie in allen diesen Beziehungen zu beobachten, mußte ihr Bewunderung zollen. Was sie als Künstlerin leistete, ist allgemein bekannt. Jederzeit entfaltete die selten begabte Frau durch ihre Leistungen den wärmsten Enthusiasmus. Dieser erfreute sie wohl, gewährte ihr aber an sich allein keine wirkliche Befriedigung. Es gab für sie noch eine höhere Instanz als das Urteil der Menge, und diese Instanz war ihr Gatte. Erst wenn derselbe nach beendigtem Vortrage ihr freundlich zunickte oder zu ihr kam, empfand sie jene Genugthuung, die jedem wahren Künstler nach vollbrachter That zu wünschen ist. Verhielt sich Schumann aber einmal passiv, so bemächtigte sich ihrer große Niedergeschlagenheit, und sie konnte dann Thränen vergießen. Jedenfalls hatten die letzteren mit ihren Grund in einer gewissen, am zarten Geschlecht häufig zu beobachtenden Empfindsamkeit und Reizbarkeit, denn auch bei anderen, gänzlich indifferenten Gelegenheiten vermochte Frau Schumann sich ebenso wenig der Thränen zu erwehren, wie folgender Vorfall beweist.

Schumann rühmte mir einstmals gelegentlich unseres Beisammenseins in einer Düsseldorfer Weinwirtschaft als große Delikatesse „saure Schweinsnieren," und fragte mich, ob ich dieselben kenne. Als ich es verneinte, sagte er: „O, besuchen Sie uns doch morgen abend, da sollen Sie von meiner Frau mit diesem Gerichte regalirt werden." Gern nahm ich die freundliche Einladung an und fand mich pünktlich zur bezeichneten Zeit in des Meisters Behausung ein. Kaum hatten wir begonnen der gerühmten Speise zuzusprechen, so brachte das bei Tisch aufwartende Mädchen eine Flasche Champagner, den Frau Schumann sofort kredenzen wollte. Ihr Gatte aber machte eine abwehrende Bewegung mit der Hand und sagte ganz ruhig: „Man trinkt doch erst ein Glas gewöhnlichen Tischwein." Diese harmlose Bemerkung machte auf Frau Schumann einen so tiefen Eindruck, daß ihr augenblicklich Thränen in die Augen traten.

Mehr Ursache zur Betrübnis mochte die treffliche Frau gehabt haben, als sie gewahr worden, daß Schumann mich mit ein paar neu entstandenen Kompositionen, von deren Vorhandensein sie noch nichts wußte, bekannt gemacht hatte, um einzelnes darin bezüglich der Geigenbehandlung mit mir zu besprechen. Da sagte sie mir unter Thränen, wie empfindlich es ihr gewesen sei, erst hinterher zu erfahren, was ihr Mann geschaffen.

Frau Schumann besaß eben ein ungemein zart besaitetes Gemüt, infolge dessen sie gar leicht außer Fassung geriet. Bevor ich im Frühjahr 1851 Düsseldorf für einige Monate verließ, erhielt ich eine Einladung zu einer vom Vorsitzenden des Konzertkomites gegebenen Abendgesellschaft. Der bei Tisch gespendete Maitrank wurde mir speziell als Abschiedsgast in einem großen Humpen dargereicht, welcher wohl zehnmal so viel Stoff enthielt wie die Gläser der anderen Gäste. Frau Schumann, die es sofort bemerkte, richtete ein darauf bezügliches Scherzwort an mich. „Ja, sehen Sie," so erwiderte ich, „ein guter Musiker muß immer aus der Partitur spielen;" womit ich meinte, daß mein Pokal sich zu den übrigen auf dem Tische befindlichen Trinkgefäßen verhalte wie eine Partitur zum Klavierauszuge. Diese harmlose Aeußerung rief bei Frau

Schumann alsbald eine mir unerklärliche Verstimmung hervor. Sie wurde einsilbig und die Unterhaltung wollte mit ihr nicht wieder in Fluß kommen. Erst am folgenden Tage erfuhr ich den Grund davon. Als ich nämlich bei Schumann eintrat, um ihn zu einem Spaziergange abzuholen, waren seine ersten, in ernstem Tone an mich gerichteten Worte: „Was haben Sie denn gestern abend mit meiner Frau gehabt?" „Nicht das mindeste," antwortete ich. „Doch," fuhr Schumann fort, „Sie haben da von Partiturspiel gesprochen, und meine Frau glaubt nun, Sie hätten ihr damit zu verstehen geben wollen, daß sie nicht im stande sei, eine Partitur zu lesen, weil sie in den Gesangvereinsproben nur Klavierauszüge beim Accompagniren benutzt." „Das ist mir gänzlich unbekannt gewesen," entgegnete ich lachend. Nachdem ich dann den Meister über den Sinn meiner Aeußerung aufgeklärt, konnte auch er sich des Lachens nicht erwehren, und das spaßhafte Vorkommnis war damit erledigt.

Die momentanen Gemütserregungen, welche bei Frau Schumann so leicht zum Durchbruch kamen, wie aus den vorstehenden Erzählungen zu entnehmen ist, waren unverkennbare Symptome jenes hochgespannten Feingefühles, ohne das sie gewiß nicht in ihrer Kunst so Außerordentliches geleistet haben würde.

Die von Schumann geleiteten Abonnementskonzerte, in deren sechstem (6. Februar 1851), seine soeben erst entstandene Es-dur-Symphonie als Manuskript zur Aufführung gelangte, verliefen vorderhand im allgemeinen zur Zufriedenheit des Publikums, welches alle Ursache hatte, erkenntlich dafür zu sein, daß ein so hohes Künstlerpaar, wie das Schumannsche, an der Spitze des Düsseldorfer Musiklebens stand. Denn auch Frau Schumann schmückte dasselbe mehrfach durch ihre hocherfreuende pianistische Mitwirkung.

Nach Beendigung der Winterkonzerte veranstaltete ich im April drei Kammermusikabende, zu denen ich mich mit dem in Düsseldorf habilitirten tüchtigen Klavierspieler Julius Tausch und dem schon erwähnten Cellisten Reimers unter lebhafter Teilnahme der Musikfreunde vereinigt hatte.

Private Verhältnisse machten es mir erwünscht, die folgenden Sommermonate in Dresden zu verleben. Schumann gab mir zu erkennen, wie lieb es ihm sein würde, mich zum Herbst wieder in seiner Nähe zu sehen.

Er werde, so sagte er, alles thun, um mein Engagement auf ein weiteres Jahr zu ermöglichen. Auch mir war es sehr erwünscht, nach dem Orte wieder zurück zu kehren, an dem ich mich in jeder Hinsicht so wohl gefühlt hatte. Hoffend, daß es geschehen werde, reiste ich bald darauf ab und in den blütenreichen Frühling hinein.

Zunächst hielt ich mich einige Tage in Leipzig auf, wo ich eine verheiratete Schwester hatte, begrüßte alte Freunde und Bekannte und begab mich dann nach der durch ihre Kunstschätze und durch ihre anmutige Lage so anziehenden Hauptstadt Sachsens.

Dresden war mir bereits durch wiederholte kurze Besuche von Leipzig aus nicht mehr fremd. Aber ich kannte dort niemand. Diesmal hatte Schumann mich an den Maler-Dichter Robert Reinick, Berthold Auerbach, sowie an die Professoren Julius Hübner und Eduard Bendemann adressirt. Die beiden letzteren waren mit einander verschwägert und machten ein angenehmes Haus. Bendemann, damals mit den Entwürfen und Ausführungen der Freskogemälde in den Hauptsälen des königlichen Schlosses beschäftigt, gab sich als eine feinfühlig sinnige, Hübner hingegen als eine überwiegend verständige Künstlernatur zu erkennen, immer bereit, zu dociren und zu belehren. Bei Auerbach und meinem Landsmann Reinick offenbarte sich im Verkehr sogleich das ihnen eigene gemütlich zutrauliche Wesen. Alle nahmen mich freundlich auf. Außerdem trat ich dann weiterhin in persönlichen Verkehr mit dem Konzertmeister Lipinski und ebenso mit Friedrich Wieck. Manchen angenehmen Abend brachte ich im Familienkreise der Genannten zu, durchstrich die hübsche Umgebung der Stadt und ergötzte mich an den herrlichen Schätzen der Gemäldegalerie. Im übrigen trieb ich mit Fleiß meine Studien im Geigenspiel.

Schnell schwanden die Sommermonate hin, und ehe ich mich dessen versah, stand der Herbst vor der Thüre. Lipinski wollte mich gern für die königliche Kapelle gewinnen und machte mir dahingehende Vorschläge, wie er mich auch beim damaligen Intendanten v. Lüttichau empfahl. Indessen erschien es mir schließlich doch nicht verlockend, Mitglied eines Orchesters zu werden, welches mir im Hinblick auf die hergebrachten Formalitäten vorläufig keine Aussichten für eine maßgebende künstlerische

Stellung eröffnete. Zudem hatte ich mich schon vor Lipinskis Antrag Schuman gegenüber durch eine briefliche Mitteilung halb und halb gebunden, worauf er mir geantwortet:

„Düsseldorf, den 11. Juni 1851.

Lieber Wasielewski!

So oft ich an Sie gedacht, so waren doch immer so viel Abhaltungen, die mich am Schreiben hinderten, daß Sie es freundlich entschuldigen wollen. Haben Sie vielen Dank für Ihren ersten und zweiten Brief, die ich mit Ungeduld öffnete.

Die Aussicht, daß Sie vielleicht wieder zurückkehren, freut mich sehr. Könnten Sie mir nur bald Bestimmtes darüber mitteilen.

Sonst ist das hiesige Leben so ziemlich das alte, Ihnen wohlbekannte. Als wollte mich ein gut Geschick für den verlorenen treuen Spaziergänger in etwas entschädigen, so schickte es mir kurz nach Ihrer Abreise einige ältere und jüngere Bekannte. Zuerst kam Verhulst aus dem Haag mit seiner jungen Frau, mit denen wir eine Fahrt nach dem Siebengebirge machten, — dann Reinecke, dessen Ouverture *) doch recht schöne und bedeutende Züge enthält, zuletzt Herr Radecke,**) der uns ganz vortrefflich auf der Orgel vorgespielt. Nun ist es wieder still geworden, äußerlich; — innerlich, das wissen Sie, arbeitet es immer. Ich weiß nicht, ob ich Ihnen von einem Märchen gesagt: „Der Rose Pilgerfahrt"; dies ist auch so ziemlich vollendet. Außerdem habe ich ein merkwürdiges Buch kennen gelernt: Elisabeth Kulmanns sämtliche Dichtungen, was mich seit 14 Tagen beschäftigt. Suchen Sie es sich zu verschaffen. Ich kann nicht mehr sagen als: „Es ist ein Wunder, das sich hier uns zeigt." Auch komponirt habe ich einiges daraus.

Im Verein haben wir die H-moll-Messe von Bach angefangen (auch ein Wunder) — und es geht besser damit, als ich dachte. Die werden wir möglichst im nächsten Winter aufführen, und S i e müssen dabei sein.

---

*) Es war eine von Reinecke komponirte Ouverture zu „Hamlet", die er Schumann zur Ansicht mitgeteilt hatte.

**) Robert Radecke, Hofkapellmeister a. D. in Berlin.

Sonst sind wir alle leidlich wohl, ich nur manchmal von nervösen Leiden afficirt, die mich manchmal besorgt machen; so neulich nach Rabeckes Orgelspiel, daß ich beinahe ohnmächtig wurde. Vielleicht, daß auch dagegen das höhere Alter schützt.“

Den Schluß dieses Briefes fügte Frau Schumann hinzu, da ihr Gatte daran verhindert war.*)

Gegen Mitte Oktober kehrte ich nach Düsseldorf zurück und trat, allseitig freundlich bewillkommnet, wieder in mein vorjähriges Verhältnis. Frau Livia Frege hatte mir für Schumann ein Kästchen mit Leipziger Lerchen mitgegeben, auf die ich gleich des nächsten Tages von dem Empfänger zum Nachtessen eingeladen wurde.

Mein Düsseldorfer Leben gestaltete sich für mich ganz so, wie ich es verlassen hatte, nur daß es in musikalischer Beziehung noch ergiebiger für mich war. Nicht allein fand ich Gelegenheit, in Elberfeld, Barmen, Iserlohn (hier mit meinem Freunde Karl Reinecke) und Duisburg zu konzertiren, sondern es wurde auch die Zahl der in Düsseldorf mit meinen beiden Genossen zu Ende des vorhergehenden Winters gegebenen Kammermusikabende von drei auf sechs erhöht. Dazu kam, daß Schumann bald nach meiner Ankunft Kompositionen vollendete, die für mich insofern ein besonderes Interesse hatten, als ich bei ihrer Ausführung mitwirkend beteiligt war. Schon am zweiten Tage nach meiner Rückkehr von Dresden brachte Schumann die A-moll-Sonate op. 105 zum Vorschein, die seine Gattin dann auf der Stelle mit mir durchspielte. Im ganzen zeigte sich Schumann von der Ausführung befriedigt, nur das Finale konnte ich ihm nicht zu Danke spielen. Es wurde noch dreimal durchgenommen, doch Schumann meinte, er habe eine andere Wirkung von der Geigenpartie erwartet. Ich vermochte ihm nicht genügend den störrischen, unwirschen Ton des Stückes wiederzugeben. Die Sonate hatte übrigens als Komposition nicht ganz seinen Erwartungen entsprochen, weshalb er eine zweite, „bessere“, zu machen beschloß. Zunächst

---

*) In einem andern Briefe, der mir leider abhanden gekommen ist, schrieb Schumann: „Sehen Sie Bendemann, Hübner, Reinick, Auerbach, so grüßen Sie sie von mir; machen Sie doch einen oder den andern von ihnen, namentlich Auerbach, auf die Kulmann aufmerksam; ich glaube, sie werden es mir danken.“

aber ließ Schumann sein drittes Klaviertrio G-moll op. 110 folgen, welches nach seiner Fertigstellung gleichfalls sofort gespielt wurde. Diesem originellen Werke liegt in den drei ersten Sätzen eine gereizte, düstere Stimmung zu Grunde, welche nicht gerade zum Mitgenuß einladet. Schumann mochte dies selbst empfunden haben, und hatte daher gesucht, dem Finale einen humoristisch schwungvollen Ton zu geben. Er meinte aber selbst, nachdem er's gehört, es habe damit nicht so recht gehen wollen. In der That hat der Humor dieses Satzes etwas Erzwungenes; wenigstens ist er nicht spontan.

Schon bald darnach überraschte Schumann durch die Mitteilung von der Vollendung seiner inzwischen in Angriff genommenen Violinsonate D-moll (op. 120.) So schnell ging ihm das Komponiren damals noch von der Hand. Diese tiefernste, mit Ausnahme des reizenden langsamen Satzes, düstere Tonschöpfung von heftig aufgeregtem, in den beiden letzten Teilen stürmisch bewegtem Charakter, ist ungleich bedeutender als ihre Vorläuferin. Die darin enthaltenen Schwierigkeiten für beide Instrumente erfordern ein sehr sorgsames Studium, und nicht minder ein liebevolles Eingehen auf den nicht so ohne weiteres wiederzugebenden wuchtigen Gehalt. Das Stück wurde mehrfach probirt, doch mußte ich meine Stimme des Finales wegen allein üben, um damit zurecht zu kommen. Eine allgemein durchgreifende Wirkung hat dies bedeutende Kunstwerk nicht gehabt, und manche Künstler vermochten zu demselben damals kein rechtes Verhältnis zu gewinnen. So war es mit Hiller. Als ich diese Sonate nach ein paar Jahren gelegentlich seines Aufenthaltes in Bonn mit ihm durchspielte, citirte er am Schluß derselben Goethes dem „Schüler" in den Mund gelegte Worte: „Mir wird von alledem so dumm, als ging mir ein Mühlrad im Kopfe herum." Diese abfällige Aeußerung, welche sehr peinlich auf mich wirkte, vermochte ich mir im Augenblick nicht zu deuten. Hinterher fiel mir jedoch ein, daß Schumann ehedem in seiner Musikzeitung einige Kompositionen Hillers sehr scharf, aber wohl nicht ungerecht beurteilt hatte. Dies mochte Hiller nicht ganz verschmerzt haben.

Bemerkenswert ist die Thatsache, daß Schumanns Klavierwerke in den Unterrichtsstunden der von Hiller geleiteten Rheinischen Musikschule nicht willkommen waren. Als einer der Schüler dieser Anstalt einstmals die „Kreisleriana" des Meisters sich privatim eingeübt hatte und diese Komposition seinem Lehrer Br. vorspielen wollte, klappte derselbe ohne weiteres das betreffende Notenheft zu und sagte: „Solche Musik spielen wir hier nicht."

Ferdinand Hiller, dieser geistreiche, in gewissen Beziehungen hoch-zuschätzende Künstler, scheint übrigens Schumanns Bedeutung nicht ganz richtig taxirt zu haben, während er seine eigene Musik wohl etwas zu hoch veranschlagte. Eines Vormittags, da ich Schumann meinen Besuch machte, fand ich Hiller bei ihm. Im Laufe der Unterhaltung erwähnte Schumann, daß er immer häufiger von den Verlegern um Kompositionen angegangen werde, hinzufügend, wie sehr ihn dies freue, da er daraus entnehmen könne, daß sich die Teilnahme an seinen Schöpfungen steigere. Als ich dann mit Hiller fortging und wir kaum auf der Straße an-gelangt waren, äußerte er verdrossen: „Ich weiß nicht, was die Verleger an der Schumannschen Musik haben; die meinige ist doch ebenso gut, und mir wird es schwer, sie bei einem Verleger anzubringen." Diese unbefangene Aeußerung machte mich so verdutzt, daß ich nichts darauf zu erwidern wußte. Hätte ich Hiller doch auch nicht aufrichtig meine Meinung sagen können, ohne ihn zu verletzen. Ich dachte bei mir „Schweigen ist ja auch eine Antwort."

Wie anders sprach sich dagegen Schumann über Hiller aus. Eines Abends führte er mich in eine Weinwirtschaft, und gut gelaunt, wie er eben war, ließ er vom Kellner eine Flasche Champagner bringen, indem er sagte: „Ich habe keine Liebhaberei weiter, als bisweilen ein Glas solchen Weines zu trinken, es ist ein eigentümlicher Genuß." Die Rede kam dann auf Hillers Symphonie mit dem Motto: „Es muß doch Frühling werden." „Ich habe," so bemerkte Schumann, „bei meinem letzten Besuche in Köln die Symphonie in Hillers Hause flüchtig durch-gesehen, aber gleich eine recht bedeutende Leistung darin kennen gelernt; ich finde, daß Hiller im allgemeinen zu wenig anerkannt wird, er ist doch ein ganz excellenter Musiker." „Gewiß," erlaubte ich mir hinzu-zufügen, „man ist nicht immer ganz rücksichtsvoll und gerecht gegen ihn gewesen. Namentlich war es in Leipzig so, wo einmal zum Schluß des

Gewandhauskonzertes seine D-moll-Ouverture gespielt wurde.*) Da verließ ein Teil des Publikums vor Beginn derselben in beinahe demonstrativer Weise den Saal." Schumann fuhr dann fort: „Ich habe eine ähnliche Beobachtung gemacht. Aber was erheben denn die Leute für Ansprüche? Haben sie denn so sehr viel Auswahl, daß ein Mann wie Hiller nicht die gehörige Achtung beanspruchen darf?" „Das wohl nicht," entgegnete ich, „wenn Hillers Musik nicht die Anerkennung findet, die sie in gewissen Beziehungen verdient, so scheint mir's daran zu liegen, daß das geistige Element, die Erfindung, nicht frappant genug darin ist. Man muß viel Respekt vor seinen Leistungen haben; sie interessiren, elektrisiren aber nicht. Es fehlt ihnen dasjenige, was die Massen in Bewegung versetzt und mit fortreißt." „Das mag richtig sein," meinte Schumann, „und so etwas läßt sich auch nicht erzwingen."

Weiter äußerte Schumann sich noch über Hillers gesamte künstlerische Thätigkeit anerkennend und fügte hinzu, derselbe werde in Köln sicher viel Gutes wirken. In der That ist dies geschehen. Hiller hat sich um das Kölner Musikleben sowie um die gedeihliche Entwicklung der von ihm geleiteten Musikschule verdient gemacht, wofür die Kölner ihm eine dauernde dankbare Erinnerung schuldig sind.

Nicht so günstig, wie über Hillers künstlerisches Wirken, urteilte Schumann über dessen feuilletonistische Schriftstellerei. Speziell betraf es jene Artikel, welche Hiller nach Beendigung seiner Pariser Direktionsthätigkeit in der Kölnischen Zeitung veröffentlicht hatte. Bezüglich dieser Berichte meinte Schumann, Hiller hätte sie lieber ungedruckt lassen sollen,

---

*) Höchst wahrscheinlich ist es die Ouverture, über welche Mendelssohn an Hiller zu Anfang des Jahres 1836 schrieb: „Mir ist nichts widerwärtiger als ein Tadel der Natur oder des Talentes eines Menschen; . . . aber ist es der Fall wie hier in Deinem Stück, daß gerade alle Themas, alles was Talent oder Eingebung ist (wenn's, wie Du willst), gut ist, und schön und ergreifend, und die Entwicklung desselben ist nicht gut, da meine ich, dürfe man es nicht verschweigen; — da meine ich, kann der Tadel niemals unrecht sein, — da ist der Punkt, wo man an sich und seinen Sachen bessern kann, — . . . Sag mir nicht, es sei so, drum müsse es sein; ich weiß recht gut, daß kein Musiker seine Gedanken, sein Talent anders machen kann, als der Himmel sie ihm gibt, daß er aber, wenn der Himmel sie ihm gut gibt, sie auch gut ausführen können muß, das weiß ich ebenfalls . . . Ich glaube, daß Du, Deinem Talent nach, keinem Musiker jetzt nachstehst, aber ich kenne fast kein Stück von Dir, das ordentlich durchgeführt wäre."

und fügte hinzu: „es ist schlimm, wenn ein Musiker, und zumal so einer wie Hiller, nichts Besseres anzufangen weiß, als Journalartikel zu schreiben, besonders über Dinge, die für die Kunst ganz indifferent sind."

Um diese Zeit war gerade Heines „Romancero" erschienen. Schumann zeigte sich indignirt davon. „Ich habe," sagte er, „nur wenig darin gelesen, denn der Inhalt des Buches ist gar zu traurig, es wimmelt von Gemeinheiten. Wohl kann es vorkommen, daß jemand so etwas für sich schreibt, aber unbegreiflich ist's, dergleichen in die Welt zu schicken. Heine hat im „Romancero" die Kehrseite seiner dichterischen Thätigkeit gezeigt. Es gibt meines Wissens nur noch ein Buch, welches einen ebenso abstoßenden Eindruck auf mich gemacht hat: die ‚Confessions‘ von Rousseau." Im Gegensatz zu diesen Aeußerungen erging Schumann sich im Lobe der Schriften des Schweizers Jeremias Gotthelf (Albert Bitzius), dessen „Uli der Knecht" ihn ganz besonders angesprochen hatte.

Wie früher, so begleitete ich auch jetzt wieder Schumann häufig, wenn er seine täglichen Promenaden machte. Auf einer derselben wurde über die damaligen Musikzustände Deutschlands im allgemeinen gesprochen, wobei Schumann äußerte, es sei doch zur Zeit eine rechte Freude, in der Kunst und für die Kunst zu leben, da sie so florire. Die oberflächliche virtuose Richtung des Einzelnen sei so ziemlich verschwunden, und an dessen Stelle nun mehr und mehr die Virtuosität des Orchesterspiels getreten. Dazu wäre die Musik im weitesten Sinne in das praktische Leben eingedrungen, und werde während der nächsten fünfzig Jahre sicher in Blüte stehen. Dann könne aber doch einmal eine Stagnation im Schaffen eintreten, da die Kunstformen schon zu sehr durch die Heroen erschöpft seien. Wenigstens werde es einer längeren Ruhepause bedürfen, bis sich für das Schaffen neue Bahnen eröffnet hätten.

Wenn Schumann heute noch lebte, so würde er seine vorstehend citirten Aussprüche wohl etwas modifiziren, dies namentlich in Betreff der ausübenden Kunst. Verwunderung würde ihn überkommen, wie jetzt klassische Tonwerke von gewissen Dirigenten durch Anbringung unmotivirter, gänzlich willkürlicher Tempobeschleunigungen, Dehnungen und plötzlicher Rückungen verunstaltet werden. Das Schlimmste ist: der eine macht's dem andern nach, und so wird das Uebel mit der Zeit epidemisch.

Sehr richtig sagt Schumann in seinen musikalischen Lebensregeln, es sei abscheulich, in Stücken guter Tonsetzer etwas zu ändern.

Ein anderes Mal kam die Rede auf Mendelssohn und dessen Klavierspiel. Schumann sagte: Er erinnere sich noch sehr wohl des ersten Males, da er Mendelssohn habe spielen hören. Das Stück, welches er in unvergleichlicher Weise zu Gehör brachte, sei die Cis-moll-Fuge von Bach gewesen. „Wie künstlerisch vollendet war seine Vortragsweise," fuhr Schumann fort, „und wie wundervoll begleitete er Lieder am Klavier. Durch sein feinsinniges Accompagnement überstrahlte er beinahe die Sängerin. Und höchst merkwürdig war mir sein Spiel, wenn er beim gemütlichen Zusammensein sich plötzlich ans Instrument setzte und ein Opernstück auswendig vortrug. Einmal spielte er viel hinter einander aus Mozarts ‚Don Juan‘. Da glaubte ich geradezu das Orchester zu hören, so bezeichnend markirte er den Eintritt der Oboe, des Hornes oder der Trompete. Er wußte die Tasten in einziger Weise zu beleben und zu beseelen. Und dann seine Gabe der freien Improvisation. Er hatte es in der Gewalt, beim Phantasiren verschiedenartige Motive auf die geistreichste Weise, scheinbar wie zufällig, mit einander zu verknüpfen." „Es ist wahr," fügte ich hinzu, „auch mir ist es aufs höchste bewundernswert erschienen."

„Als Mendelssohn", so bemerkte ich weiter, „das erste Gewandhauskonzert im Herbst 1843, ehe er auf Wunsch Friedrich Wilhelms IV. nach Berlin ging, durch den Vortrag seines G-moll-Konzertes und ein paar seiner Lieder ohne Worte schmückte, wurde er wiederholt so stürmisch hervorgerufen, daß er sich zu einer Zugabe veranlaßt sah. Er begann nun mit Nr. 1 des ersten Heftes seiner Lieder ohne Worte, und man glaubte, er werde das Publikum damit abfinden. Gegen Schluß des Stückes aber ergriff er ein paar Motive aus der großen Oberonarie für Sopran, welche unmittelbar vorher von einer Sängerin Namens Hagedorn gesungen worden, und verwob dieselben in einer längeren Improvisation nicht nur thematisch, sondern auch kontrapunktlich mit dem vorausgegangenen Liede ohne Worte auf so überraschende Art, daß es zum Erstaunen war. Vielleicht hatte Mendelssohn sich vorher darauf präparirt." „Wenn auch," entgegnete Schumann, „es bleibt doch immer bewunderungswürdig, sich mit solcher Geistesgegenwart auf der Klaviatur zu ergehen. Angesichts eines ganzen großen Publikums vermöchte ich das nicht."

„Haben Sie auch Hiller phantasiren hören?" fragte ich. „Jawohl," entgegnete Schumann, „aber er hatte dabei mehr die Manier einer arabeskenartig ausgeschmückten Aneianderreihung von Motiven, als eines bedeutsam kombinirten Gedankenergusses und -aufbaues."

Im vorhergehenden Winter war es mir aufgefallen, daß sich in Düsseldorf, Hiller ausgenommen, der manchmal von Köln herüberkam, gar keine auswärtigen Künstler sehen ließen, um Schumann aufzusuchen oder Beziehungen mit ihm anzuknüpfen, was seinen Grund mit in dem bekannt gewesenen Umstande gehabt haben mag, daß der Meister nicht leicht zugänglich und bei ersten Begegnungen sehr wortkarg war. Mit Beginn der guten Jahreszeit wurde das aber anders, wie aus dem letzten der mitgeteilten drei Briefe Schumanns an mich hervorgeht. Und auch im darauffolgenden Winter (1851—1852) kam seinetwegen einiger Besuch nach Düsseldorf. Zunächst war es Albert Dietrich, später Hofkapellmeister in Oldenburg, der sich in Düsseldorf zu längerem Aufenthalt einfand, ein feinsinniger, gemütvoller, für Schumann schwärmender Künstler. Alsdann erschien ein Violinvirtuose Sulot. Er war ein Mulatte und besaß erstaunliche Fertigkeit, spielte Schumann das Beethovensche Konzert vor und gewann damit dessen lebhaften Beifall. Doch fand er in Düsseldorf keine Gelegenheit, öffentlich aufzutreten, weshalb er gleich wieder abreiste. Ich habe nie wieder etwas von ihm gehört.

Endlich fand sich noch Rudolf Willmers herzu, um Schumann zu begrüßen. Wenn man bedenkt, daß der Meister diesem Virtuosen in seiner Musikzeitung eine sehr scharfe, wenn auch vollkommen berechtigte Zensur bezüglich einiger seiner Kompositionen erteilt hatte, so muß man gestehen: es war alles mögliche von ihm, ein Zusammentreffen mit Schumann nicht vermieden zu haben. Der Meister nahm ihn in seiner Weise freundlich auf und machte ihm am folgenden Tage in meiner Begleitung einen Gegenbesuch im Hotel. Dabei ging es sehr possierlich zu. Willmers war nebst seiner jungen hübschen Frau mit dem Patiencelegen beschäftigt, als wir bei ihm eintraten. Nach der gegenseitigen Begrüßung

bat Willmers, Platz zu nehmen. Schmann aber war trotz aller
Höflichkeitsbezengungen nicht zum Niedersitzen zu bringen; er blieb mit
dem Hute in der Hand stehen, als ob er sich sofort wieder entfernen
wollte. Dennoch verweilte er ein paar Minuten. Da die Unterhaltung
nicht in Fluß kommen wollte, griff Willmers in einer Art von Verlegenheit zu den Karten, um mit denselben ein paar Kunststücke zu machen.
Schumann lugte mit blinzelnden Augen und zugespitztem Munde auf
die Willmersschen Manipulationen herab, und als das erste Schaustück
seiner Kunstfertigkeit vorüber war, schickte der Meister sich, kaum ein
paar Worte lispelnd, zum Fortgehen an. Alles Bitten, noch etwas zu
verweilen, fruchtete nichts. Mit stoischer Ruhe empfahl er sich. Ich
dachte, Schumann würde sich hinterher in irgend einer Weise über
Willmers äußern, aber kein Wort kam über seine Lippen.

Am Abend desselben Tages (11. Dezember) fand eines der von
Schumann dirigirten Abonnementskonzerte statt, in welchem ich Spohrs
Gesangsscene vorzutragen hatte. Im Begriff, damit zu beginnen, erblickte
ich Willmers in der ersten Reihe der Zuhörer nahe vor mir sitzend.
Diese Wahrnehmung machte mich einigermaßen befangen, denn der Ge-
danke, vor einem in technischer Hinsicht so geschniegelten und gebügelten
Fingerhelden spielen zu sollen, verursachte mir eine gewisse Beklemmung.
Indessen nahm ich mich zusammen und spielte so gut ich konnte. Mein
Vortrag verlief denn auch im ganzen zur Zufriedenheit des Publikums.

Die Düsseldorfer Konzertsaison erstreckte sich diesmal bis tief in den
Frühling herein, da am 20. Mai (1852) noch eine musikalische Aufführung zum Besten der Stadtarmen veranstaltet wurde, bei welchem ich
in dem von Frau Schumann vorgetragenen Mendelssohnschen D-moll
Trio mitwirkte. Um diese Zeit fand dann auch noch eine schnell improvisirte musikalische Matinée zu Ehren der Anwesenheit des Prinzen
von Preußen (des nachmaligen Kaisers Wilhelm) nebst dessen Gemahlin
und Familie im Ständehause statt. In derselben spielte Frau Schumann ein paar Stücke aus den „Pensées fugitives" von Heller und
Ernst mit mir. Hierauf unternahm ich eine kleine Erholungsreise und
kehrte mit dem Entschluß zurück, noch ein weiteres Jahr in Düsseldorf
zuzubringen. Es kam aber anders. Im Juni wurde ich zur Mit-

wirkung nach Bonn zu einer musikalischen Abendunterhaltung des dort einige Jahre bereits bestandenen Beethovenvereins eingeladen. Nach derselben machte ich die Bekanntschaft einer Persönlichkeit, die meinem Geschick eine Wendung gab. Es war der Universitätsprofessor Friedrich Heimsoeth, ein feiner Kunstkenner und durch und durch musikalisch gebildeter Mann. Neben seiner akademischen Thätigkeit als Philologe der altklassischen Sprachen hatte er auf mannigfache Weise für die Pflege des Chorgesanges in Bonn gewirkt, konnte dies aber seiner beruflichen Pflichten halber nicht weiter fortsetzen. Da ihm meine musikalischen Vorträge zugesagt hatten und er aus unserer Unterhaltung entnehmen konnte, daß ich einer ernsten künstlerischen Richtung angehörte, machte er mir den Vorschlag, nach Bonn überzusiedeln und die Leitung eines neu zu gründenden Gesangvereins für gemischte Stimmen, sowie der von demselben zu veranstaltenden Winterkonzerte zu übernehmen. Dieser Antrag war mir zu verlockend, um ihn nicht in ernstliche Erwägung zu ziehen, da er mir die Aussicht auf eine selbständige künstlerische Thätigkeit eröffnete, und so erklärte ich meine Bereitwilligkeit, mich in Bonn zu habilitiren. Die musikalischen Verhältnisse lagen dort nicht sonderlich günstig, insofern von einem vollzähligen, ständigen Orchester keine Rede war. Es existirte in dem damals noch ziemlich kleinen Orte, der durch seine Universität allerdings eine hervorragende wissenschaftliche Bedeutung behauptete, nur eine bescheidene Musikbande von etwa 18—20 Mann, denen für Konzertzwecke noch einige Musiklehrer hinzugesellt werden konnten. Aber an dem Orte für die Tonkunst zu wirken, wo die Wiege des größten Instrumentalkomponisten gestanden, erschien mir als ein verlockendes Aequivalent, wohl geeignet, gewisse Bedenken bei mir niederzuschlagen. Mein Entschluß, Düsseldorf aufzugeben und die Geburtsstadt Beethovens dafür einzutauschen, stand alsbald definitiv fest, so gern ich auch aus naheliegenden Gründen noch länger in Schumanns Umgebung geblieben wäre. Als ich ihm von meinem Beschluß Kenntnis gab, suchte er mich umzustimmen. Wie sehr ich nun auch durch diesen Beweis seines Wohlwollens erfreut war, — ich vermochte nicht mehr auf Bonn und die dortige mir verheißene Direktionsthätigkeit zu verzichten. Daher machte ich die nötigen Abschiedsbesuche und bereitete alles zu meiner Abreise vor, welche gegen Mitte Juni erfolgte. Indessen versuchte Schumann mich noch im letzten Augenblick festzuhalten, indem er mir durch eine Botin das vom Verwaltungsausschuß des allgemeinen Musikvereins vollzogene schriftliche Engagementsanerbieten für zwei weitere Jahre unmittelbar vor Abgang des Zuges nach dem Bahnhof sandte, welches ich als ein Zeichen seiner Gönnerschaft aufbewahre. Zwei Jahre später, als das finstere Verhängnis über den verehrten Meister hereinbrach, konnte ich nur dankbar dafür sein, daß das Geschick mich von Düsseldorf hinweggeführt hatte, denn es wäre mir zu traurig gewesen, Zeuge des Ausbruches der Geisteskrankheit Schumanns, sowie der kurz vorhergegangenen, ihn kränkenden Differenzen mit der Konzertdirektion zu sein. Ergriff mich doch schon die bloße Zeitungsnachricht von Schumanns Geistesumnachtung aufs tiefste und machte mich für mehrere Tage arbeitsunfähig. Längere Zeit ging ich tagtäglich nach dem Bonn nahegelegenen Endenich, um fortlaufend über das Befinden des so furchtbar heimgesuchten Meisters Erkundigungen einzuziehen.

Kurz nach meiner Abreise von Düsseldorf erhielt ich eine freundliche Zuschrift von Frau Schumann, in welcher sie ihr und ihres Gatten Bedauern über meinen Fortgang aussprach. Ihrer Meinung nach, so schrieb sie, sei die Sache von mir übereilt worden, während ich sie doch reiflich überlegt hatte. Sie wünsche indessen, daß mein Schritt für mich segensreich sein möge. Dem fügte sie hinzu, wie gern auch sie mit ihrem Gatten Düsseldorf, namentlich um des letzteren willen, verlassen würde, denn schon war dem Meister der dortige Aufenthalt verleidet. Er sah sich damals bereits nach einer andern Stellung um und zog deshalb brieflich bei dem Kapellmeister Herrmann in Sondershausen über die dortigen Verhältnisse Erkundigungen ein,*) wie er denn auch unterm 17. Dezember desselben Jahres an C. v. Bruyck schrieb: „Nach Wien möchte ich gern, wenn sich dort irgendwie ein Dirigentenwirkungskreis vorfände." Bekanntlich verblieb Schumann aber in Düsseldorf, da sich ihm keine Aussicht für eine andere Position eröffnete.

Die mir von Frau Schumann zu teil gewordene Kundgebung

*) Der betreffende Brief ist im Anhange unter Nr. 1 wörtlich abgedruckt.

hinterließ in mir die wohlthuende Empfindung, für das verehrte Künstlerpaar keine indifferente Persönlichkeit gewesen zu sein. Schumann bedurfte
allerdings, besonders nach Uebernahme des Direktionsamtes, jemand, der
ihm in gewissen Beziehungen helfend und ratend zur Seite stand. Selbstverständlich nahm seine Gattin, die ihm mit weiblichem Feingefühl vieles
an den Augen abzulauschen verstand, hierbei den ersten Platz ein. Indessen können Frauen doch, besonders wenn sie, wie in diesem Falle,
durch eine hervorragende künstlerische Thätigkeit, sowie durch die Sorge
für eine zahlreiche Familie in Anspruch genommen sind, ihrem Gatten
nicht immer zur Hand sein, und überdies hatte Schumann begreiflicherweise das Verlangen nach einem männlichen Umgange zu gelegentlichem
Gedankenaustausch in beruflichen und anderen Dingen. In Düsseldorf
fand sich jedoch niemand dafür. Hocherfreulich war es mir daher, dem
Meister in dem angedeuteten Sinne etwas gewesen zu sein. Ich ließ
es auch nicht an mir fehlen, wenn ich ihm irgendwie gefällig sein konnte.
Und so nahm ich denn das Bewußtsein mit mir von Düsseldorf fort,
mich für die aus dem näheren Verkehr mit Schumann mir erwachsenen
Annehmlichkeiten auf meine Weise mit bestem Bemühen erkenntlich gezeigt
zu haben.

Schumann blieb mir übrigens nach wie vor freundlich gesinnt und
bewies dies zunächst dadurch, daß er mich bald nach meinem Abschiede
von Düsseldorf durch Uebersendung des Dedikationsexemplars seiner
„Märchenbilder“ (op. 113) mit folgender Inschrift erfreute:

„Erinnere Sie, lieber Wasielewski, dieses Heft an manche zusammen
verlebte Stunden, die Ihre Kunst auch mir zu unvergeßlichen gemacht.“

Düsseldorf, den 10. Juli 1852.

Robert Schumann.

Kaum hatte ich mich in Bonn wohnlich eingerichtet, so verlautete,
daß im Sommer desselben Jahres ein großer Gesangswettstreit für
Männerchor zu Düsseldorf abgehalten werden sollte. Der Bonner Männer-
gesangverein „Concordia“ wünschte sich daran zu beteiligen und mit
um einen der ausgesetzten ansehnlichen Preise zu konkurrieren, besaß aber

zur Zeit keinen Dirigenten. Die Vorstandsmitglieder des Vereins erschienen nun eines Tages bei mir, um mich zu fragen, ob ich die Leitung der „Concordia" sowie die Einübung der Lieder für das Düsseldorfer Fest übernehmen wolle. Das Anerbieten schien mir günstig, um eine Probe meiner Direktionsbefähigung abzulegen, was mir insofern erwünscht war, als ich bisher keine Gelegenheit dazu gehabt hatte. Ich ging also auf den Antrag ein. Die Proben begannen und ich merkte bald, daß die Sänger, welche teilweise aus jüngeren Bürgern der Stadt und teilweise aus Studenten mit frischen, bildungsfähigen Stimmen bestanden, Vertrauen zu mir faßten und meinen Korrekturen willig folgten. Nach Verlauf von einigen Wochen waren zwei Lieder, nämlich das joviale „Trallerliedchen" von Ferdinand Ries und die „Abschiedstafel" von Mendelssohn, für den Gesangswettstreit fertig einstudirt, und so zog ich mit meiner Schar am 31. Juli nach Düsseldorf zum Feste, welches vom 1. bis 4. August stattfand. Die Zahl der von den niederrheinischen Städten angemeldeten Vereine belief sich auf zwanzig, welche in drei Klassen eingeteilt waren. Für jede derselben war ein Preis ausgesetzt. Derjenige der ersten Klasse bestand in einem besonderen, von der Stadt Düsseldorf gespendeten Ehrenpreis. Zur zweiten und dritten Klasse gehörten die Vereine der Städte unter 10000 Einwohnern, zur ersten Klasse dagegen die der übrigen Städte. Diese Klasse umfaßte Köln mit zwei Vereinen, sowie Elberfeld und Bonn mit je einem Verein. Nachdem die beiden unteren Klassen ihre Künste gezeigt hatten, kam am dritten Tage die erste an die Reihe. Zunächst sangen die Elberfelder, dann die Bonner und zuletzt die beiden Kölner Vereine. Von den Preisrichtern, zu denen unter anderen Robert Schumann, Ferdinand Hiller, Musikdirektor Vertelsmann aus Amsterdam, Kapellmeister Fischer aus Mainz, Musikdirektor Messer aus Frankfurt a. M. und Gustav Reichardt, der Komponist des bekannten Arndtschen Liedes: „Was ist des Deutschen Vaterland?" gehörten, wurde der Düsseldorfer Ehrenpreis, bestehend in einem prachtvollen silbernen Pokal in byzantinischem Stil, geschmückt mit einer ziselirten Figur und dem Wappen der Stadt, am vierten Festtage einstimmig der von mir geleiteten „Concordia" zuerkannt. Meine Sänger gerieten darüber in eine so ausgelassen erregte Stimmung, daß sie mich troß meines Sträubens auf ihre Schultern hoben und von der Tribüne in den Saal heruntertrugen. Ich aber überschäßte die Thatsache der Preiszuerkennung nicht, weil ich mir sagen mußte, daß es doch nicht etwas so gar Besonderes sei, einem Chore ein paar Lieder ordentlich beizubringen, und daß es weit schwierigere Aufgaben für mich geben würde. Indessen erfreute mich der Erfolg insofern, als er bei dem Bonner Publikum einen vorteilhaften Eindruck zu meinen Gunsten machen konnte. Daß es wirklich der Fall war, zeigte sich bei unserer Wiederankunft in Bonn, welche zur Abendzeit erfolgte. Man empfing uns am Bahnhof mit einem Fackelzug und führte uns unter lebhafter Beteiligung der Bürgerschaft zu dem auf dem Münsterplaß befindlichen Beethovendenkmal, wo eine feierliche Begrüßung mit obligater Ansprache von seiten der städtischen Behörde erfolgte. Hierauf blieb man noch beim Gläserklang in einem Hotel lange mit einander zu frohsinnigem Beisammensein vereint.

Im Herbst dieses Jahres hatte ich das Glück, meine ersehnte eheliche Verbindung mit der liebenswerten und musikbegabten Tochter einer angesehenen Familie der sächsischen Bergstadt Freiberg nach vorhergegangenem zweijährigem Verlöbnis zu feiern, wodurch mir eine behagliche häusliche Existenz zu teil wurde. Um dieselbe Zeit widerfuhr mir die große Annehmlichkeit der durch meinen Freund Reinede bewirkten Einführung in die verehrungswürdige Kölner Familie des Geheimrates Teichmann, eines in der Finanz- und Bankierwelt hochangesehenen Mannes. Ein Glück durfte ich es nennen, da mir dieses Haus weiterhin in einem gewissen Grade das väterliche Heim ersetzte, welches mir durch das kurz zuvor erfolgte Dahinscheiden meiner teuren Eltern verloren gegangen war. Die genannte Familie erfreute sich des Besißes einer hart am Rhein, gegenüber Königswinter, in einem prachtvollen Park von großer Ausdehnung gelegenen Villa, welche jeßt im Besiße des ältesten Sohnes, Geheimrats Freiherrn v. Teichmann zu London, ist. In dieser gastlichen Villa habe ich mit meiner Gattin glückliche Tage verlebt. Es war eine reizvoll idyllische Existenz dort, aufs angenehmste belebt durch den regen Verkehr von Künstlern, Gelehrten und hohen Würdenträgern aller Art. Ein besonderes Interesse gewährte mir die daselbst in späteren Jahren gemachte Bekanntschaft mit dem Kanonenkönig Alfred Krupp, einem grundgescheiten und dabei einfach gemütlichen Herrn, der sich für jedermann zugänglich zeigte. Es waren für mich freudenreiche Zeiten, auf die ich mit unauslöschlicher Dankbarkeit zurückblicke.

Auch in Bonn fand ich mannigfachen Anlaß zum gesellschaftlichen Verkehr. Eine der dortigen Familien, zu der ich in nähere Beziehung trat, gab mir die erwünschte Gelegenheit, den höchst originellen Veteranen Ernst Moritz Arndt kennen zu lernen, den ich dann, da er als emeritirter Professor der Geschichte in Bonn lebte, noch öfters sah. Schon seine äußere Erscheinung war ganz eigenartig. Seine kaum mittelgroße, stämmige Figur hatte etwas Markiges, Derbes, und seine lebhaften, scharf ausgeprägten Gesichtszüge ließen Entschlossenheit und Freimut des Charakters erkennen. Seinem bewegten Mienenspiel entsprach seine Rede. Wenn er einmal begonnen hatte zu peroriren, so erwies er sich, gleichwie Bogumil Golz, unermüdlich. Trotz seiner 85 Jahre war nichts Greisenhaftes an ihm. Gelegentlich unternahm er sogar noch eine Fußwanderung nach Koblenz. Es ist mir eine werte Erinnerung, diesen begeisterten Patrioten, den Mitvorkämpfer der Befreiung Deutschlands vom gallischen Fremdenjoche, gekannt zu haben. Seine Tracht war die altdeutsche; sie bestand in einem dunklen, mit einer Knopfreihe versehenen Rock, steif aufstehendem Kragen und einem Barett von schwarzem Sammet. Das ganze Wesen des Mannes entsprach vollkommen seinem dichterischen Wort:

„Der Gott, der Eisen wachsen ließ,
Der wollte keine Knechte.“

Meine eigentliche musikalische Thätigkeit in Bonn begann mit dem Herbst 1852. Bis dahin konnte ich mich auf dieselbe in aller Ruhe vorbereiten. Der neugegründete Gesangverein für gemischte Stimmen war beisammen, und ich begann die Chorproben zu den Winterkonzerten, in welchen an größeren Vokalwerken zunächst Schumanns „Pilgerfahrt der Rose“ und Händels „Samson“ zur Aufführung gelangten.

Leicht fand ich mich in die Direktionsthätigkeit, da ich während

meiner Leipziger Existenz einige Jahre in der Oper, sowie im Gewandhauskonzert unter ausgezeichneten Dirigenten mitgewirkt, außerdem aber zum
öfteren an den Klavierproben der dortigen Singakademie teilgenommen
hatte, wodurch ich mir das Verfahren beim Einstudiren von Orchester-
und Chorwerken einprägte.

Bezüglich der damaligen neueren und neuesten Instrumentalwerke
war Bonn teilweise noch sehr im Rückstande, weil die Orchesterverhältnisse
dort, wie schon bemerkt, der Pflege dieser Kunstgattung nicht den erwünschten Vorschub geleistet hatten. So waren z. B. in Bonn die
Cherubinischen Ouvertüren, sowie Beethovens op. 115 und 124, die
Mendelssohnschen und Schumannschen Symphonien, Gades vierte Symphonie, Beethovens Violinkonzert, sowie Mendelssohns Musik zum
„Sommernachtstraum" bis dahin noch nicht zu Gehör gekommen, anderer
Instrumental- und Gesangswerke nicht zu gedenken. Diese Kompositionen
wurden demnächst nach und nach alle von mir als Novitäten für Bonn
zu Gehör gebracht. Um das Orchester zu vervollständigen und leistungs-
fähiger für die Abonnementskonzerte zu machen, mußten regelmäßig einige
Kräfte, namentlich aber erste Bläser, wie Flöte, Oboe, Fagott und Horn
von Köln herbeigezogen werden. Dadurch, sowie durch den Umstand,
daß sich auch bald die Notwendigkeit herausstellte, von dort Gesangs-
und Orchesterwerke für meine Aufführungen zu entleihen, kam ich mit
Hiller, dessen Erlaubnis dazu erforderlich war, in nähere Berührung.
Hatte er mir schon in Leipzig den Eindruck eines ausgezeichneten,
kenntnisreichen Künstlers gemacht, so lernte ich ihn nun auch als feingebildeten, geistreichen Menschen kennen, der bei der Unterhaltung durch
allerhand amüsante Einfälle und blitzende Aperçus angenehm zu unterhalten wußte. Dem entsprach seine interessante persönliche Erscheinung.
Sie machte bei ansehnlicher Körperfülle einen entschieden stattlichen Eindruck, welcher übrigens einmal eine lächerliche Aeußerung hervorrief.
Hiller war nämlich nach Elberfeld zur Leitung eines seiner Werke eingeladen worden. Unter den Zuhörern befand sich ein dort ansässiger
Fabrikbesitzer, der, gänzlich unmusikalisch, die Konzerte nur der Mode
halber besuchte. Als er gewahr wurde, daß eine ihm fremde Persönlichkeit
an das Dirigentenpult trat, fragte er verwundert seinen Nachbar: „Wer

gibt denn da heute den Takt an?" — „C," antwortete der andere, „das ist ja der berühmte Kölner Kapellmeister Ferdinand Hiller." Worauf jener wieder meinte: „Der Mann gefällt mir, den möchte ich zum Kutscher haben."

Für Köln war Hiller sowohl gesellschaftlich als beruflich jedenfalls der richtige Mann. Es erschloß sich ihm dort eine ansehnliche Thätigkeit als Kapellmeister und Direktor der Rheinischen Musikschule. Trotzdem verlangte ihn darnach, eine noch höhere Position einzunehmen. Dies bewog ihn, im Herbst 1851 das Amt des Dirigenten der italienischen Oper in Paris anzutreten. Er gab indessen diese Wirksamkeit, weil er sich allem Anschein nach nicht recht behaglich in derselben gefühlt, schon im folgenden Jahre wieder auf und trat von neuem an seinen Platz in Köln, den er sich vorsichtigerweise für alle Fälle offen gehalten. Die Pariser Kritiker hatten allen Grund, einem Künstler von der Bedeutung Hillers rücksichtsvoll zu begegnen, zumal er als großer Franzosenfreund bekannt war. Doch befand sich einer darunter, welcher dem Künstler ein malitiöses Kompliment machte. Es war der ehedem bekannte Mitarbeiter an der „Revue des Deux-Mondes", P. Scudo, der in einem seiner Musikberichte sagte, Hiller führe das Orchester wie ein österreichischer Oberst seine Panduren. Dieses Verdikt konnte Hiller natürlich nicht angenehm berühren; er äußerte darüber: „Vom Standpunkt der Disziplin aus durfte ich eigentlich darin nichts Beleidigendes sehen — es sollte mich aber doch als Barbaren kennzeichnen und dabei ausdrücken, daß ich mich gegenüber der großen Sängern gestatteten Freiheit nicht hinreichend gewandt zeige." Die letztere Bemerkung scheint wohl zutreffend, da Hiller bis dahin als Operndirigent keine Uebung gehabt hatte. Wäre er den Schwierigkeiten dieser Thätigkeit völlig gewachsen gewesen, hätte er sie schwerlich so schnell wieder aufgegeben.

Als ich Hiller nach seiner Rückkehr von Paris einmal sah, machte er mir den Vorschlag, in den von ihm geleiteten Kölner Konzerten, welche damals noch im Kasinosaale stattfanden, an der Seite des Konzertmeisters Hartmann mitzuwirken, worauf ich um so lieber einging, als es mich interessirte, zu beobachten, welche Entwicklung er im Direktionsfach seit seinem Leipziger Wirken genommen hatte. Bald konnte ich mich

davon überzeugen, daß Hiller an Routine im Einstudiren der Orchesterwerke bedeutend gewonnen, und daß er seine Aufführungen mit künstlerischer Einsicht zu gestalten wußte. Nur ließ er sich manchmal auf
unergiebige Experimente ein: So z. B. konnten ihm die Anfangsnoten
von Beethovens C-moll-Symphonie nicht präzise genug zusammengehen.
Um die völlige Einheit in das Streichquartett zu bringen, markirte er
deshalb zwei Takte voraus das Zeitmaß, damit die im Anschlage be-
griffenen Spieler recht pünktlich zusammen einsetzen sollten. Die Stelle
wurde in dieser Weise probirt, und nach mehrmaligen Wiederholungen
zeigte Hiller sich befriedigt. Bis zum Konzertabend aber war einigen
Geigern das Abkommen wegen der beiden vorauszugebenden Taktschläge
entfallen, und nun ergab sich der komische Effekt, daß ein Teil des
Streichquartetts gleich mit einsetzte und die anderen wie im Echo nach-
folgten, so daß nochmals begonnen werden mußte, was im Publikum
einige Heiterkeit erregte.

Ein Fall anderer Art ereignete sich in der Generalprobe zur Zauber-
flötenouvertüre. Bei ihrer Probe ließ Hiller in dem Durchführungsteil
nach den drei Fermaten plötzlich aufhören und sagte: „Da sind falsche
Noten in der Partitur und folglich auch in den Stimmen, meine Herren.“
Zugleich machte er verschiedene, seiner augenblicklichen Meinung nach
unrichtige Töne namhaft. Die alten Orchestermitglieder opponirten und
beriefen sich darauf, daß alles immer so gespielt worden sei, wie es
dastehe. „Dann,“ sagte Hiller, „ist es endlich Zeit, die Fehler zu ver-
bessern.“ Man folgte seinen Vorschriften. Nun klang die ganze Stelle,
welche gerade durch die scharf auf einander folgenden modulatorischen Wen-
dungen so schön wirkt, gewöhnlich und schal. Darauf erneute Opposition.
Endlich sagte Hiller, es fiele ihm eben ein, daß er Mozarts Manuskript der
Ouvertüre von André in Offenbach zur Ansicht erhalten habe, er wolle in
demselben wegen der fraglichen Stelle nachsehen. Des Abends nun vor Beginn des Konzertes ging er im Orchester herum und flüsterte den Musikern
zu: „Spielen Sie nur, wie es ursprünglich dastand, alles ist richtig.“

Diese Vorkommnisse können selbstverständlich nur als Beweis dafür
aufgefaßt werden, wie sorgsam Hiller als Dirigent verfuhr, und wie er
sich bemühte, alles aufs beste zu machen.

Ungemein fleißig war Hiller als Tonsetzer. Im Laufe der Jahrzehnte veröffentlichte er an zweihundert Werke, darunter sechs Opern, zwei Oratorien, mehrere größere Vokalkompositionen mit Orchester, Symphonien, Ouverturen, eine bedeutende Zahl von Kammermusikstücken, viele Klaviersätze, Lieder u. s. w. Leider aber fand er nicht diejenige Anerkennung, die ihm als einem Künstler von rechter Gesinnung und hohem Streben zu wünschen gewesen wäre. Dies entmutigte ihn jedoch nicht, immer wieder neue Werke zu schreiben. Das Komponiren war ihm zu einer holden Gewohnheit des Daseins geworden. Man fand seine Musik wohl im allgemeinen interessant und geistreich, indessen nicht entschieden durchgreifend. Doch sind einige seiner Klavierstücke und Lieder in weitere Kreise gedrungen, von seinen umfangreicheren Werken hingegen kaum mehr als das 1840 komponirte Oratorium „Die Zerstörung Jerusalems" — eine sehr achtungswerte Komposition, die noch immer hier und da zur Aufführung gelangt.

Wenn man sich vergegenwärtigt, mit welchem Kräfteaufwand und mit welch unermüdlicher Ausdauer Hiller mehr als ein halbes Jahrhundert kompositorisch thätig gewesen ist, so kann man ihm nachempfinden, wie verdrießlich es ihm sein mußte, nicht entsprechende Anerkennung gefunden zu haben. Thatsächlich hatte er mehr Erfolge mit seinen geistreichen, für die „Kölnische Zeitung" gelieferten Feuilletonartikeln. Man las sie gern. Ganz besondere Schätzung genoß er auch allgemein als feinsinniger und eleganter Pianist. Namentlich trug er Mozartsche Kompositionen schön vor und dann natürlich auch seine eigenen. Durch Ferdinand Hummel, der bekanntlich ein Schüler Mozarts war, empfing er die Tradition für den Vortrag von dessen Klaviermusik. Ein paar Jahre vor seinem Dahinscheiden spielte er, mehr als siebzig Jahre alt, in den von mir zu Bonn geleiteten Aufführungen das C-moll-Konzert von Mozart noch ganz vortrefflich.

Im Sommer des Jahres 1853 (29. Juli) veranstaltete ich ein Konzert zum Besten des Kölner Dombaues, in welchem unter anderem Schumanns soeben erschienene Ballade „Der Königssohn" gegeben wurde. Zu dieser Aufführung kam Schumann mit seiner Gattin von Düsseldorf herüber, worauf ich mich um so mehr gefreut hatte, als der Chor von

mir mit allem Fleiß einstudirt worden und die Soli sich in guten
Händen befanden. Leider entsprach dem aber in der Aufführung das
Orchester nicht ganz, da die auswärtigen Posaunisten versäumt hatten,
zur Generalprobe zu erscheinen, infolge dessen sie nicht sicher waren.
Schumann sah aber freundlich darüber hinweg und beruhigte mich wegen
der Vorwürfe, die ich mir darüber machte.

Für den folgenden Tag hatte Frau Schumann versprochen, die
D-moll-Sonate (op. 120) ihres Gatten mit mir zu spielen, zu welchem
Zweck auf meinen Anlaß ein Instrument nach dem von dem Künstlerpaar
bewohnten Hotel gebracht wurde. Eine Dame meiner Bekanntschaft,
der ich Mitteilung von der beabsichtigten Musikpartie machte, sprach den
Wunsch aus, zuhören zu dürfen. Frau Schumann hatte nichts dagegen
einzuwenden, meinte aber, sie wolle doch erst ihren Gatten fragen, ob
es ihm recht sei. Schumann lehnte indessen meine Bitte ohne Angabe
eines Grundes einfach ab. Nun benachrichtigte ich jene Dame davon
und schlug ihr vor, daß sie im Nebenzimmer unbemerkt zuhören könne.
Sie fand sich auch dort ein. Als jedoch das Musiziren seinen Anfang
nehmen sollte, wollte Schumann überhaupt nichts davon wissen. Alle
meine Bitten waren vergeblich. Dagegen schlug er mir freundlichst vor,
mit ihm zu einem Glase Bier auszugehen, was auch geschah. Es war,
als ob Schumann etwas von der versteckten Dame geahnt hätte, und
dieser Eindruck rief bei mir im Zusammenhange mit der vergeblich auf
die Musik harrende Dame einen komischen Eindruck hervor.

Das Bonner Publikum fand an dem neubegründeten öffentlichen
Musikleben Gefallen und unterstützte es durch rege Teilnahme. Neben
meiner Direktion der Konzerte fiel mir die Leitung des Beethovenvereins
zu, welcher allwöchentlich das ganze Jahr hindurch Orchesteraufführungen
ohne Probe veranstaltete. Hier mußte ich mich nun freilich mit den in
Bonn befindlichen schmalen Kräften begnügen, aber es war doch immer
eine regelmäßig fortlaufende Uebung für dieselben sowie für mich selbst
damit verbunden.

Gegen Ende des Sommers 1853 wurde ich durch den Besuch eines
schmucken, blondhaarigen Jünglings erfreut, welcher mir eine Visitenkarte

Joachims überbrachte, auf deren Rückseite sich das humoristisch abgefaßte Signalement des jungen Ankömmlings befand. Es war Johannes Brahms. In der Richtung von Mainz kommend, hatte er das Rheinthal zu Fuß durchstrichen und trat, den Wanderstab in der Hand, ein Ränzel auf dem Rücken tragend, bei mir ein. Sein frisches, natürlich ungezwungenes Wesen berührte mich sympathisch, und so hieß ich ihn nicht nur freundlich willkommen, sondern lud ihn auch ein, für ein paar Tage in meinem Hause zu verweilen, wozu er sich ohne weiteres bereit erklärte. Nachdem die ersten Stunden unseres Beisammenseins verflossen waren, hegte ich begreiflicherweise den Wunsch, meinen Gast von der musikalischen Seite kennen zu lernen. Er gab auch sogleich eines seiner noch unveröffentlichten Erstlingswerke, nämlich eine Klaviersonate zum besten, deren Beschaffenheit mir sofort sein bedeutendes produktives Talent offenbarte. Auch anderes ließ er außerdem hören. Besonders erinnere ich mich seines temperamentvollen Vortrages des Rakoczymarsches, den er mit Vorliebe und brillanter Wirkung spielte. Im Laufe unserer Unterhaltungen äußerte Brahms, daß er von Bonn aus direkt nach seiner Vaterstadt Hamburg zurückkehren wolle, worauf ich bemerkte, er werde doch jedenfalls, da sein Weg ihn über Düsseldorf führe, Gelegenheit nehmen, Schumann im Vorübergehen zu begrüßen. Hierzu zeigte Brahms aber keine besondere Neigung. Ich fragte ihn nach dem Grunde und erfuhr dann, daß er, als Schumann 1850 in Hamburg gewesen sei, demselben ein paar Kompositionen zur Ansicht mit der Bitte überreicht habe, dessen Meinung darüber zu hören. Schumann sei aber nicht dazu gekommen, die Manuskripte zu prüfen, und da möchte er den Meister nun nicht nochmals behelligen. Ich erwiderte darauf, wie ich nicht seiner Meinung sein könne. Er möge doch bedenken, daß ein Künstler wie Schumann, wenn er sich an einem fremden Orte aufhalte, allseitig in Anspruch genommen werde. Da bleibe ihm denn kein ruhiger Augenblick übrig. „Auf alle Fälle," fuhr ich fort, „dürfen Sie den Vorfall nicht persönlich auffassen. Aus eigener Erfahrung weiß ich, wie freundlich und wohlwollend Schumann gegen aufstrebende Kunstjünger ist. Wenn er damals in Hamburg Ihrem Wunsche nicht entsprochen, so ist es ihm gewiß nur aus Mangel an Zeit unmöglich gewesen. Sie sollten daher jetzt keinenfalls an ihm vorübergehen. Ich werde Ihnen einige Zeilen an Schumann mitgeben und bin überzeugt, daß Sie einer freundlichen Aufnahme seinerseits sicher sind."

Brahms verließ mich, ohne sich bestimmt darüber auszusprechen, was er thun werde. Erst einige Wochen darnach erfuhr ich aus der „Neuen Zeitschrift für Musik", daß er schließlich doch auf mein Zureden eingegangen war. Denn in diesem von Schumann zehn Jahre vorher begründeten Kunstblatt war des Meisters allgemeines Aufsehen erregender Artikel „Neue Bahnen" erschienen, in welchem begeisterungsvoll derjenige angekündigt wurde, der „uns die Meisterschaft nicht in stufenweiser Ent-faltung brächte, sondern wie Minerva gleich vollkommen gepanzert aus dem Haupte des Kronion spränge."

Der Herbst war herangekommen und damit der Zeitpunkt, zu welchem ich die Vorbereitungen für die Winterkonzerte zu treffen hatte. Alles ließ sich zu meiner Zufriedenheit an, die Gesangvereinsproben wurden gut besucht, und so konnte ich mit Ruhe den Aufführungen ent-gegen sehen. An großen Chorwerken kamen zum erstenmal Schumanns als Ganzes in Bonn noch unbekanntes „Paradies und Peri", sowie Händels „Messias" zu Gehör, und im folgenden Winter, um dies gleich hier zu erwähnen, Mendelsohns „Lobgesang", Händels „Belsazar" und Bachs „Johannespassion" (gleichfalls zum erstenmale). Man sieht, ich fand Gelegenheit, etwas zu thun, und ich war mit allem Eifer schon um meiner selbst willen dabei.

In die Zeit meiner Bonner Wirksamkeit fielen drei rheinische Musik-feste. Es gewährte mir ein besonderes Interesse, bei denselben im Orchester mitzuwirken.

Die niederrheinischen, 1817 gegründeten und im großen Maßstabe abwechselnd nach einem bestimmten Turnus in Köln, Düsseldorf und Aachen abgehaltenen Musikfeste oder Pfingstfeste hatten ehedem eminente Wichtigkeit für das rheinische Musikleben. Denn es wurden auf ihnen die bedeutendsten und schwierigsten Orchester- und Chorwerke gegeben, wie es selbst Köln, die rheinische Metropole, für sich allein nicht ver-mochte, und wie es nur durch die Vereinigung jener drei Städte zu ermöglichen war. Natürlich bildeten deren Vokal- und Instrumentalkräfte den Hauptteil der Mitwirkenden, die aber durch den auswärtigen Zuzug noch einigermaßen verstärkt wurden. Fand das Musikfest z. B. in Köln statt, so steuerten Düsseldorf und Aachen so viel Sänger und Orchesterspieler zur Komplettirung bei, als man zu haben wünschte. Und auch andere naheliegende Städte beteiligten sich in Betreff des Chores nach Maßgabe des disponiblen Platzes mitwirkend daran. Das Publikum strömte dann aus der Provinz von allen Seiten herbei, um sich den Genuß dieser Kunstfeste zu verschaffen, was auf die Musikpflege jener Lande im allgemeinen anregend einwirken mußte. Nach Hause zurückgekehrt, suchten sodann nicht nur die größeren, sondern allmälich auch die kleineren Nachbarstädte, was sie am Festorte vernommen, wenigstens teilweise zu reproduziren, wodurch sich das dortige öffentliche Musikleben mit der Zeit in einem Grade verallgemeinerte, wie es in keinem andern Teile Deutschlands der Fall ist. Gegenwärtig haben die Musikfeste nicht mehr ganz diese ursprüngliche Bedeutung. Aber es ist immer noch ein Hochgenuß, alljährlich in einer der drei genannten Schwesterstädte den großartigen Chor- und Orchesteraufführungen beizuwohnen. Einen besonderen Reiz bilden dabei die solistischen Leistungen, da fast immer nur ausgezeichnete Künstler engagirt werden. Und auch das soziale Moment gehört zu den Annehmlichkeiten, da die Musikfeste Anlaß zum heiter gemütlichen Verkehr, zur Erneuerung alter und Schließung neuer Bekanntschaften geben.

Bei dem ersten der erwähnten Musikfeste, welches 1853 stattfand, ließ sich Joachim zum erstenmal in den Rheinlanden hören, worüber bereits das Nähere mitgeteilt ist. Als Primadonna fungirte die englische Sängerin Klara Novello. Sie war im Besitze einer nicht großen, aber metallreichen, sorgsam geschulten Stimme; doch ließ ihr Vortrag intensive, innig beseelte Wärme vermissen. Darum eignete sie sich vornehmlich für die Aufgaben der strengklassischen Richtung, wie sie solche in Händels „Messias" und in dem ersten Akt aus Glucks „Alceste" bei dieser Gelegenheit zu lösen hatte.

Ein künstlerisches Ereignis von Belang war die Wiedergabe der von Schumann neu instrumentirten D-moll-Symphonie, mit welcher das Fest unter seiner persönlichen Leitung eröffnet wurde. Der Meister feierte mit dieser schon zehn Jahre vorher entstandenen Schöpfung einen großen Triumph. Hierauf folgte unter seiner Direktion das Händelsche Oratorium,[*) während Hiller, nach vorausgegangener Absprache, an den beiden folgenden Festtagen dirigirte. Ferdinand David versah das Konzertmeisteramt, wobei er ein sarkastisches Wort in der ihm eigenen Weise losließ. Das übliche sogenannte Künstlerkonzert am dritten Festtage begann nämlich mit dem „Hallelujah" aus Händels Messias. Hiller wollte eine recht pompöse Wirkung damit erzielen und gab deshalb ein so auffallend langsames Tempo an, daß David sich nach den ersten Takten zu mir umwandte und ironisch sagte: „Das Stück wird erst am nächsten Musikfeste zu Ende sein."

Im folgenden Jahre war Aachen mit dem Pfingstfest an der Reihe, welches von Lindpaintner, einem biederen, wohlroutinirten, aber keineswegs poetisch veranlagten Dirigenten geleitet wurde. Als Hauptchorwerk figurirte auf dem Programm Händels „Israel in Aegypten", jene gewaltige Schöpfung, deren chorische Wirkung überwältigend ist. Die wenigen Gesangssoli spielen in diesem Oratorium eine sekundäre Rolle. Unter denselben hat aber doch das Duett für zwei Baßstimmen „Der Herr ist der große Held" durch sein energievolles Gepräge hervorragende Bedeutung. Die Ausführung ergab indessen ein äußerst komisches Intermezzo, da die beiden Sänger, von denen Johann Pischek der dominirende war, in ihrem Eifer einander an stimmlichen Kraftausbrüchen zu überbieten strebten. Es war, als ob sich ein paar eifersüchtige Hähne zum Kampf auf Tod und Leben herausforderten. Das Publikum bezeigte natürlich dabei sein höchstes Vergnügen durch ungemessenen Beifall. Die Folge war, daß das Duett im Programm des Künstlerkonzertes am dritten Festtage abermals aufgetischt wurde, und daß die Sänger sich bemühten, noch mehr zu übertreiben als das erstemal. Es machte auf musikalische Ohren einen beinahe schrecklichen Eindruck. Der Jubel des Publikums war aber schier endlos.

Das dritte, 1855 abgehaltene Musikfest hätte dem üblichen Turnus nach in Köln stattfinden sollen, wurde aber, ich weiß nicht aus welchem

---

*) Hierüber siehe meine „Schumanniana".

Grunde, wiederum in Düsseldorf abgehalten. Es erhielt eine besondere
Bedeutung durch die Mitwirkung von Frau Goldschmidt-Lind, die damals
noch im Zenith ihrer Glanzperiode stand. Ihre Hauptleistungen spendete
sie in Haydns „Schöpfung" und in Schumanns „Paradies und Peri".
So vortrefflich sie ihre Partie in dem letzteren Werke auch wiedergab,
die Wirkung erreichte nicht den Höhepunkt dessen, was sie in Haydns
Schöpfungsarien und zumal in der Adlerarie gab. In diesem Vokalsatz
waren ihre Auffassung und ihr Vortrag von so unbeschreiblicher Vollendung
und Schönheit, daß man darüber nur sagen kann: Jenny Lind war die
geborene Schöpfungssängerin. Es lag bei aller Einfachheit eine zauber-
haft herzberückende Anmut, eine stille, weihevolle Größe und der Adel
einer edlen Seele in diesem Gesange. Wie wurde die Künstlerin aber
auch gefeiert! Von allen Seiten flog ihr ein reichster Blumenregen zu,
und an massenhaften Kränzen fehlte es ebenso wenig. Hierbei nun ereignete sich etwas Sonderbares. Sowie das Bombardement mit Floras
Kindern begann, raffte die Lind ihre Robe mit beiden Händen zusammen und lief, wie von einem bösen Dämon verfolgt, die Orchestertribüne hinan bis ans Ende, wo sie sich auf das dreibeinige Stühlchen
des Paukers niederließ. Die Blumensträuße, welche ihr von Nacheilenden
überreicht wurden, warf sie mit Indignation weit von sich. Das
Publikum rief sich heiser nach ihr, aber vorderhand erschien sie nicht
wieder auf ihrem Platze. Eine tolle, sich nur ganz allmälig legende
Aufregung war über die Leute gekommen. Das Verhalten der gefeierten
Künstlerin erschien geradezu rätselhaft. Man sagte, sie könne Blumen
nicht leiden. Doch glaube ich, daß der Grund in etwas anderem lag.
Jenny Lind war zu sehr und fast bis zur Affektation geneigt, ihre in
gewissen Beziehungen einzigen Leistungen sich nicht selbst verdanken zu
wollen. Denn sagte man ihr ein freundliches Wort über dieselben, so
erwiderte sie kurz und wie abweisend: „Das kommt alles von oben".
Wenn man aber das von oben Kommende nicht pflegt und mit Fleiß
und hingebendem Eifer ausbildet, so bleibt es eben nur ein unfrucht-
bares Geschenk.

Noch mag an dieser Stelle gleich eines vierten, zwei Jahre vorher
stattgehabten Musikfestes gedacht werden, bei welchem ich gleichfalls mit-

wirkte. Es fand in Rotterdam zur Feier des fünfundzwanzigjährigen Jubiläums der „Matschappy tot Bevordering der Toonkunst" unter Verhulsts Leitung statt. Für mich speziell hatte dasselbe insofern einen besonderen Wert, als ich bei demselben die nähere Bekanntschaft Franz Liszts und Anton Rubinsteins machte. Beide Künstlergrößen waren als Ehrengäste zu dem Feste eingeladen. Liszt in seiner stets sich gleich- bleibenden Liebenswürdigkeit zog mich an sich heran und machte mir, als der Tag seiner Abreise herangekommen war, den Vorschlag, mit ihm und Rubinstein per Dampfschiff nach Antwerpen zu fahren, wo er sich die städtische Bildergalerie ansehen wollte. Gern ging ich, da mir eine so interessante Reisegesellschaft in Aussicht stand, darauf ein. Die Fahrt durch die Scheldearme zog sich in die Länge, weil das Schiff sich strecken- weise wegen des seichten Wassers nur in langsamem Tempo fortbewegen konnte, verlief aber trotzdem bei lebhafter Unterhaltung über das Fest und andere naheliegende Themata in angenehmster Weise. Nachdem die Gemäldesammlung in Antwerpen durchmustert worden, hatte Liszt die Freundlichkeit, bevor wir uns trennten, mich wiederholt einzuladen, ihn recht bald in seiner damaligen Weimaraner Behausung, der Altenburg, zu besuchen, was ich auch im nächsten Frühjahr (1854) that. Dort angelangt, fand ich Liszt nicht zu Hause. Er nahm eben teil an einem Festessen in dem nahe gelegenen Gartenlokal der Erholungsgesellschaft, hatte aber seinen Diener angewiesen, mich bei meiner ihm vorher ge- meldeten Ankunft zu ihm zu geleiten. Schnell wollte ich Toilette machen, aber der Diener sagte, sein Herr habe den Wunsch zurückgelassen, daß ich nur gleich im Reiseanzug zu ihm kommen möge. So erschien ich denn, wie ich angekommen, mitten in einer befrackten und besternten Gesellschaft, die bereits beim Nachtisch mit obligatem Champagner war. Liszt bewillkommnete mich sehr freundlich, und wies mir den Platz zwischen sich und seinem Sohne, einem prächtigen jungen Manne, an, der damals Jurisprudenz studirte, leider aber schon nach wenigen Jahren am Typhus verstarb. Liszt sorgte sogleich dafür, daß mir die Schüsseln des bereits beendeten Diners von A bis Z gereicht wurden.

Am folgenden Morgen erschien auch Rubinstein für ein paar Tage auf der Altenburg, während ich, dem Wunsch meines gütigen Wirtes entsprechend, eine volle Woche dablieb. Nunmehr entwickelte sich ein eigenartiges, wechselreich buntes Leben. Liszt und Rubinstein spielten sich gegenseitig um die Wette ihre neuen Kompositionen vor, wozu die Vormittagsstunden benutzt wurden. Um zwölf Uhr erschien die Fürstin Wittgenstein, welche in der Stadt wohnte, mit der Prinzessin Tochter, der nachmaligen Gattin des jetzigen Reichskanzlers, Fürsten Hohenlohe-Schillingsfürst, zum Déjeuner. Nachmittags wurde mit Schülern und Schülerinnen Liszts eine Promenade durch den Park, nach Belvedere oder nach Tieffurt gemacht, und auf das Diner folgte wieder Musik. Dann auch wurde den zum Gedächtnis an Deutschlands größte Dichter in der großherzoglichen Bibliothek aufbewahrten Denkwürdigkeiten und Kunstgegenständen lebhafte Teilnahme gewidmet und die Behausungen Goethes und Schillers besucht. Den Abschluß des Abends bildete eine Whistpartie, die sich bis nach Mitternacht und sogar einmal bis vier Uhr des Morgens ausdehnte, wobei kalter Brandypunsch getrunken wurde.

Nachdem Rubinstein abgereist war, zog Liszt mich zum Zusammen-spiel mit sich heran. Dabei kam auch Berlioz' „Harald-Symphonie" an die Reihe, in welcher mir das Bratschensolo zufiel. Sodann spielte er auch seine „Faust-Symphonie" aus der Partitur vor.

Liszt besaß damals einen merkwürdigen von Alexandre et fils in Paris gebauten Flügel, der eine Kombination von Klavier und Harmonium in sich vereinigte. Er erklärte mir die Mechanik desselben und trug ein paar Bachsche Orgelfugen darauf vor, wobei er mir die Ausführung des Pedals in der tiefen Oktave übertrug. Mitunter kam er auf mein Zimmer und unterhielt sich bei einer Cigarre längere Zeit mit mir, er-kundigte sich teilnehmend nach meinen beruflichen und privaten Ver-hältnissen und erzählte mir mancherlei aus seinem reichbewegten Leben. Auch einer von Liszt mit der großherzoglichen Kapelle abgehaltenen Probe wohnte ich bei, in welcher die „Préludes" ausgezeichnet exekutirt wurden.

Am Sonntag vormittag versammelten sich Liszts Schüler und Schülerinnen in seinem Salon und lauschten dem wunderbaren Spiel des unerreichten Klavierheros. Bei dieser Gelegenheit fragte er mich, ob ich eine Schumannsche Klavierkomposition von ihm zu hören wünschte. Auf meine Bitte trug er Schumanns „Kreisleriana" vor, die ihm, wie er sagte, etwas aus den Fingern gekommen sei. Er spielte sie aber so, daß man hätte glauben können, er habe sich vorher darauf präparirt. Nur in dem ersten Intermezzo des zweiten Stückes blieb er einmal stecken, worauf er sofort die betreffende Stelle mehrmals wiederholte, da sie dann mit erstaunlicher Präzision ging.

Angenehm und schnell verflossen die mannigfaltig bewegten Tage meines Weimaraner Aufenthaltes, die mir Liszt in seiner künstlerischen Bedeutung und seltenen Liebenswürdigkeit zeigten. Aber beim besten Willen hätte ich das während derselben Zeit geführte Leben nicht länger noch fortsetzen können, so ermüdet und abgespannt fühlte ich mich davon. Liszt muß ein Nervensystem sozusagen aus Stahl besessen haben, sonst hätte er bei seiner vielseitigen, rastlosen, kräftekonsumirenden Thätigkeit, die ihm nur verhältnismäßig wenig Zeit zur Erholung ließ, nicht ein so hohes Alter erreichen können. Seiner künstlerischen Richtung als Tonsetzer, die dem absoluten Fortschritt galt (er selbst nannte es „Experimentiren"), vermochte ich nicht Folge zu leisten, so Geistreiches er auch hingestellt. Doch gewährte es mir hohes Interesse, diesem in seiner Art so wunderbar organisirten Naturell näher getreten zu sein.

Nach Bonn zurückgekehrt, schrieb ich zur Erinnerung an meinen Weimaraner Aufenthalt für die Kölnische Zeitung einen Feuilletonartikel, welcher in den Pester Lloyd überging und Liszt erst durch diesen bekannt wurde, was er mir in einer Zuschrift mitteilte.*)

Demnächst traf ich mit Rubinstein in Köln zusammen. Er bat mich, eine neue Komposition für Klavier und Bratsche mit ihm durchzunehmen. Es waren die „Trois morceaux de salon", op. 11, welche er mir bedizirte.

Bald darauf kam Hiller für einige Zeit nach Bonn, um ungestört seine Oper „Der Advokat" zu vollenden. Es wurde mir dadurch die Annehmlichkeit, öfters mit ihm zu verkehren. Wenn ich ihn besuchte, war er stets fleißig mit Weiterführung der Partitur nach den ihm vorliegenden Skizzen beschäftigt, ohne die Unterhaltung mit mir zu unterbrechen, woraus hervorgeht, daß er mit Gewandtheit und Klarheit seinen

---

*) Siehe Liszts Briefe (Leipzig. Breitkopf und Härtel).

Stoff beherrschte. „Ich will," so sagte er, „noch diese eine Oper schreiben, welche aber auch die letzte sein soll, wenn sie nicht einschlägt." Ihre Wirkung entsprach indessen nicht den von ihm gehegten Erwartungen, sie kam nicht über Köln hinaus.

Als Hiller Bonn verlassen hatte, erschien ein anderer distinguirter Besuch. Es war Bettina v. Arnim, die bei ihrem Schwiegersohne, dem Grafen Oriola, damaligem Kommandeur des in Bonn stationirten kgl. Husarenregiments, einige Wochen verweilte. In ihrer Begleitung befand sich ihre talentvolle Tochter Gisela, die nachmalige Gattin Hermann Grimms. Auch Joachim fand sich zur selben Zeit in Bonn ein. Durch ihn lernte ich die geistreiche Verfasserin des „Briefwechsels eines Kindes mit Goethe" kennen. Es fanden mannigfache Begegnungen mit dieser originellen Frau statt, und einmal erfreute sie mich, begleitet von den Ihrigen, in meiner Behausung durch ihre Gegenwart, um Joachim Quartett spielen zu hören, aus welchem Anlaß derselbe unter anderem Beethovens op. 127 in der ihm eigenen musterhaften Weise vortrug. Mehrfach wurde dann bei der Konversation des furchtbaren Geschickes gedacht, welches Robert Schumann in die Endenicher Heilanstalt geführt hatte. Frau v. Arnim, von der größten Teilnahme für den schwerleidenden Meister erfüllt, nährte die zuversichtliche Hoffnung auf baldige Heilung desselben.

Eines Morgens führte mein Weg mich durch den an das Universitätsgebäude grenzenden Hofgarten. In Gedanken einhergehend, sah ich vor mich hin. Plötzlich hörte ich eine weibliche Stimme rufen: „Warten Sie ein wenig." Ich blickte zur Seite und bemerkte nun Frau v. Arnim, welche auf einer Bank ausruhte. „Setzen Sie sich zu mir," sagte sie, „ich will Ihnen etwas zeigen." Zugleich nahm sie aus ihrem Handtäschchen ein zusammengefaltetes Papier. Es war die briefliche Antwort Schumanns auf eine kurz vorher von ihr an ihn gerichtete Zuschrift. Nachdem ich den Brief gelesen, dessen Inhalt einen deprimirenden Eindruck auf mich machte, da er teilweise von zusammenhangslosem, verworrenem Ausdruck war, äußerte die Empfängerin desselben zu meinem Erstaunen: „Schumann ist der einzige vernünftige Mensch in der Heilanstalt zu Endenich, die anderen dort sind sämtlich gestört." Ich erwiderte, wie beglückend es sein würde, wenn sich das bestätigte, man müsse aber das weitere in Geduld abwarten. „Nein,“ fiel Frau v. Arnim lebhaft ein, „ich werde alles thun, um den armen Schumann aus seiner Gefangenschaft so bald als möglich zu befreien.“ Ich hielt dies für unmöglich; allen Andeutungen zufolge, die ich von seiten des leitenden Arztes der Endenicher Anstalt vernommen, war eine Genesung Schumanns nicht mehr zu erhoffen.

So sehr mich die wiederholten, durch Frau v. Arnim angeregten Betrachtungen über die Zukunft des leidenden Meisters wieder aufs neue in wehmütige Mitleidenschaft versetzt hatten — es trat die ablenkende Forderung an mich heran, die unabweisbaren Vorbereitungen für meine berufliche Thätigkeit wieder aufzunehmen, denn mit Eintritt der Herbstzeit waren die Chorproben für die bevorstehende Konzertsaison zu beginnen.

Die von mir bis dahin geleiteten Konzerte bildeten nicht den alleinigen Bestand des öffentlichen Bonner Musiklebens. Es fanden sich auch ab und zu künstlerische Celebritäten in Bonn zu eigenen Konzerten ein. Zunächst erschienen die renommirten Gebrüder Müller aus Braunschweig, welche kurz hinter einander zwei Quartettabende unter der regsten Teilnahme des Publikums veranstalteten. Sodann erfreute Schumanns hochgefeierte Gattin die Bonner Kunstfreunde im folgenden Jahre durch zwei genußreiche Abendunterhaltungen, an denen ich mitwirkend beteiligt war. Auch Wilhelmine Szarvady-Clauß, die sich durch ihre reizenden pianistischen Leistungen schnell einen berühmten Namen gemacht hatte, gab ein Konzert, welches die Zuhörerschaft in lebhafte Bewegung versetzte. Beim Vortrag von Beethovens D-moll-Sonate (op. 31) passirte es ihr, die so an das Auswendigspielen gewöhnt war, daß ihr plötzlich das Gedächtnis im ersten Satze versagte. Das war eine unliebsame Unterbrechung. Schnell reichte ich ihr aber die Noten, und nun spielte sie, nochmals von vorne beginnend, so schön, daß der Vorfall bald vergessen war.

Zwischendurch gab auch Aloys Schmitt (später Schweriner Hofkapellmeister), welcher damals am Theater in Coblenz als Musikdirektor thätig war, ein Konzert. Derselbe genoß den Ruf eines ausgezeichneten, eleganten Pianisten, wurde aber als solcher weiterhin dem häufigeren Auftreten durch seine mit Vorliebe verfolgte Carrière als Operndirigent entzogen. Während seiner Coblenzer Wirksamkeit gab er daselbst gleichfalls ein Konzert, für das er mich nebst einem auswärtigen Violoncellisten zur Mitwirkung eingeladen hatte. Dieser Musikaufführung wohnte der damals dort residirende Prinz von Preußen, der nachmalige ruhmreiche Kaiser, nebst seiner Gemahlin bei. In der Pause entfernten sich meine Mitspieler, um im Vorsaale eine Erfrischung zu sich zu nehmen, während ich auf dem Podium verblieb. Da kam der Prinz auf dasselbe und unterhielt sich mit mir in der ihm eigenen leutseligen Weise, bis meine Genossen zur Fortsetzung der Vorträge zurückkehrten.

Einige Monate darauf kam der Prinz nach Bonn zur Inspektion des Königshusarenregimentes. Als er im Begriffe stand, den vor dem Hotel für ihn bereiten Wagen zu besteigen, welcher ihn nach dem Exerzierplatz bringen sollte, ging ich zufällig vorüber und machte meine von ihm bemerkte Reverenz. Am Abend des folgenden Tages fand im Hause des Geheimrats Deichmann zu Köln, in dessen Familie ich, wie bereits von mir mitgeteilt worden, schon vorher gastfreundliche Aufnahme gefunden, zu Ehren des Prinzen eine große Gesellschaft mit obligater Musik statt, bei welcher Karl Reinecke, damals Lehrer an der Kölner Musikschule, ein paar Duos mit mir vortrug. Als der Prinz am Arme der Dame vom Hause in die Gesellschaftsräume eingetreten war, blieb er mit der ihm sogleich dargereichten Tasse Thee in meiner Nähe stehen, und mich erblickend, gewährte er mir, der ich als junger, einfach befrackter Mensch zwischen besternten Generalen und sonstigen Würdenträgern stand, die Auszeichnung, mit der Ansprache auf mich zuzukommen: „Nun, wir haben uns ja schon gestern gesehen," und fügte dann noch einige Worte hinzu, worauf er weiterging und seinen Platz unmittelbar vor dem Flügel einnahm. Ich war erstaunt über das scharfe Gedächtnis des hohen Herrn. Denn obwohl er mich vor Monaten auch schon in Coblenz gesehen hatte, so geschah es in Bonn doch nur vorübergehend in einem einzigen Moment.

Außer meinen Gastrollen in Coblenz und Köln war ich auch noch an drei Kammermusikabenden in Münster mitwirkend beteiligt, welche

Franz Wüllner, jetzt städtischer Kapellmeister in Köln, von Geburt ein Münsterianer, veranstaltete.

Nachdem ich drei Jahre hindurch in Bonn gewirkt, beschloß der Magistrat in Anerkennung meiner Thätigkeit, mich zum städtischen Musikdirektor mit einem festen Jahreseinkommen zu ernennen. Es war dafür nur noch die Zustimmung des Gemeinderats erforderlich. Dieses damals aber mehrenteils aus spießbürgerlichen Elementen zusammengesetzte Gremium hatte dafür nichts übrig und ließ sich dahin vernehmen, daß es bisher ohne städtischen Musikdirektor gegangen sei, man einen solchen also auch ferner nicht nötig habe. Das war natürlich für mich nicht aufmunternd, meine Kräfte der Bonner Musikpflege weiter zu widmen, und da ich überdies den Wunsch hegte, noch einige Zeit in einer größeren Stadt zu leben, um mich weiter zu fördern, so beschloß ich nach reiflicher Ueberlegung, meinen Wohnsitz in Dresden zu nehmen, wo die künstlerischen Verhältnisse mir in verschiedener Beziehung neben mancherlei sonstigen Annehmlichkeiten eine ersprießliche Ausbeute versprachen. Mit Beginn des Sommers 1855 führte ich denn auch meinen Vorsatz aus.

In Elbflorenz.

—

Nicht mit Unrecht hat man der königlich sächsischen Residenz den Namen Elbflorenz gegeben, denn sie erinnert in zweifacher Hinsicht an die toskanische Hauptstadt. Diese Kulturstätten liegen in einem von Höhenzügen begrenzten Thale zu beiden Seiten eines größeren Flusses und besitzen auch Museen, in denen die kostbarsten Kunstschätze aufbewahrt werden, nur daß diese in Florenz reicher und mannigfaltiger sind. Und selbst das Dresdener Ostragehege kann als eine Art Reminiscenz der Florentiner Cascinen angesprochen werden, denn beide Gehölze, von denen das letztere freilich den Vorzug wohlgepflegter Schönheit vor dem schmucklosen ersteren hat, ziehen sich in Betreff ihrer Lage und Richtung nach der nämlichen Himmelsgegend hin.

Was die architektonische Physiognomie beider Orte anlangt, kann allerdings die sächsische Hauptstadt, ausgenommen den Zwinger, hinsichtlich monumentaler Bauwerke mit Florenz nicht rivalisiren. Dresden besitzt keine solche Prachtbauten, wie Florenz sie in dem Palazzo Pitti und Vecchio, sowie in der Loggia bei Lanzi und in ein paar Privatpalästen aufzuweisen hat. Und auch einen Dom wie der Florentiner, mit dem prachtvollen Glockenturm Giottos, sucht man vergeblich in Dresden, das sich dagegen wieder auf die stattlichen Gebäude der Gemäldegalerie und des Hoftheaters berufen kann. Im übrigen macht Florenz mehrenteils einen eleganteren Eindruck als Dresden. Aber diese Stadt bietet immerhin samt ihrer freundlichen, anmutigen Umgebung so große Vorzüge dar, daß sie unter ihren deutschen Schwestern hervorglänzt und mit Vorliebe besucht sowie zum zeitweiligen oder ständigen Wohnorte von Fremden, gewählt wird. Gern gedenke ich der vierzehn Jahre, die ich dort in Arbeit und Genuß zugebracht habe.

Die lokalen Verhältnisse Dresdens waren mir durch meinen vorhergegangenen, viermonatlichen Aufenthalt daselbst so geläufig, daß ich mich dort gleich heimisch fühlte, und dies um so mehr, als ich ohne weiteres den Verkehr mit den mir schon bekannten Familien Auerbach, Bendemann, Hübner und Wieck wieder aufnehmen konnte, zu denen dann im Laufe der Zeit noch manche andere angenehme Bekanntschaften hinzukamen. Meinen liebenswerten Landsmann Robert Reinick fand ich leider nicht mehr am Leben. Ein Herzleiden hatte ihn inzwischen plötzlich dahingerafft.

Dresden besaß damals eine ganze Reihe künstlerischer und literarischer Größen, von denen nur die Maler Bendemann, Hübner und Ludwig Richter, die Bildhauer Rietschel und Hähnel sowie die Schriftsteller Gutzkow, Auerbach und Wolffsohn genannt seien. Mit Richter, Rietschel, Hähnel und Gutzkow kam es nur zu gelegentlichen Berührungen. Desto reger gestaltete sich dagegen mein Verkehr mit den anderen Persönlichkeiten und deren Familiengliedern. Am liebsten kam ich mit dem edelgesinnten, gemütvollen und feingebildeten Wolffsohn zusammen, denn seine Art, sich über die Dinge auszulassen, entsprach zumeist meinen Anschauungen und Bestrebungen. Er hatte ursprünglich Medizin studirt, ging dann aber zum Schrifttum über, für das er wohlbegabt war, da ihm eine sehr gewandte Feder, freilich mehr in stilistischer als in erfinderischer Hinsicht, zu Gebote stand. Zwar hatte er guten Erfolg mit seinem Schauspiel: „Nur eine Seele", sein zweites dramatisches Werk: „Die Osternacht" schlug aber nicht ein, und die von ihm herausgegebene „Russische Revue", für welche er mich als Mitarbeiter engagirt hatte, wollte auch nicht recht prosperiren. Bedeutendes leistete Wolffsohn als Redner im freien Vortrag, da ihm eine außerordentliche Beherrschung der Sprache eigen war und er seinen Stoff mit lichtvoller Klarheit zu behandeln verstand.

Ein gänzlich anderes Naturell als Wolffsohn offenbarte Berthold Auerbach. Doch verkehrte es sich gleichfalls gut mit ihm, denn er war harmlos gemütlich und dabei stets geistig anregend durch sein lebhaftes

Gedankenleben. Seine Produktivität hatte ursprünglich etwas anziehend Naturfrisches, wie das die Schwarzwälder Dorfgeschichten ersehen lassen. Später wurde er mehr künstlich im Aufbau seiner Werke, und zugleich auch mehr und mehr besorgt um seinen schriftstellerischen Ruhm und Ruf. Als ich ihn einmal besuchte, war er damit beschäftigt, eine Menge Zeitungen mit Streifband zu versehen, in denen eine Notiz über ihn stand. Zur weiteren Benützung versandte er dieselben an verschiedene Redaktionen. Zuerst war mir sein Beginnen nicht klar, deshalb befragte ich ihn darüber, worauf er erwiderte: „Lieber Kerl, wenn Sie nicht dafür sorgen, daß an jedem Tage in irgend einem Blatte über Sie etwas steht, so wird nichts aus Ihnen." Und das kam ganz unbefangen heraus. Auerbach konnte wirklich völlig naiv sein, es stand seiner behäbigen Persönlichkeit sogar gut. Gutzkow hatte ihm auf dieselbe hin in ironischem Sinne den Namen „Salontiroler" gegeben, eine übrigens für Auerbach wenig passende Bezeichnung, denn er war weder ein Salonmensch, noch hatte er etwas von dem dreisten, täppischen Wesen des Tirolers. Gutzkows Ausdruck war eben in einer gewissen Animosität gegen seinen Berufsgenossen begründet. Von Hause aus disparate Naturen, herrschte zwischen ihnen etwas vom Antagonismus, den sich der gutmütig treuherzige Auerbach indessen nicht so anmerken ließ wie der stets sehr selbstbewußt und etwas brüsk auftretende Gutzkow. Dieser besaß einen scharfen Verstand, welcher auch in vielen seiner Schriften entschieden hervortritt, in denen mehr Reflexion als spontane Erfindung und poetische Inspiration herrscht. Indessen war Gutzkow trotz alledem eine bedeutende Erscheinung in seiner Art. Einzelne seiner Theaterstücke, wie z. B. „Uriel Acosta", der „Tartüffe" und der „Königslieutenant" haben sich auf der Bühne erhalten, wogegen die Zeit seiner Romane wohl schon ziemlich vorüber sein dürfte.

Da hier einmal von literarischen Persönlichkeiten die Rede ist, will ich gleich meiner gegen Mitte der sechziger Jahre in Dresden gemachten Bekanntschaft mit dem norwegischen Schriftsteller und Dichter Björnstjerne Björnsen Erwähnung thun, welche ein mir befreundeter Bruder Edward Griegs vermittelte. Björnsen kam aus Italien zurück und hielt sich gelegentlich seiner Heimreise einige Zeit in Dresden auf. Er war

eine robuste Erscheinung von energischem Ausdruck. Ueber seine un-
gewöhnliche Begabung konnte man nach näherer Bekanntschaft nicht im
Zweifel sein, aber das in seinem Wesen hervortretende Ungestüme, Gewaltsame prägte sich auch in seinen Schriften aus. Dazu verband sich
bei ihm mit einer affektirten Ungenirtheit ein despotischer Zug, der gelegentlich unbequem werden konnte. Im ganzen genommen hinterließ
Björnsen den Eindruck einer derben, naturburschenartigen Persönlichkeit.
Sie erschien mir als eine solche, mit der unter Umständen nicht gut Kirschen
essen ist. Doch gewährte mir seine persönliche Bekanntschaft ein besonderes
psychologisches Interesse. Bei seiner Abreise nach Norwegen ersuchte er
mich, da sich bereits der Winter angemeldet hatte und er nicht hinreichend
mit warmer Kleidung versehen war, um Herleihung meines Pelzes und
Fußsackes, womit ich ihm gern gefällig war. Diese Sachen schickte er
mir nach einigen Wochen in der sonderbarsten Verpackung ohne irgend
eine begleitende Zeile zurück. Ein normal veranlagter Mensch würde
jedenfalls den Fußsack, als kleineres Stück, in den Pelz eingewickelt
haben; Björnsen machte es aber umgekehrt. Er hatte den Pelz in den
Fußsack gewaltsam hineingezwängt, so daß es mir die größte Anstrengung
verursachte, beide Gegenstände wieder aus einander zu bringen, da ich
nicht so glücklich war, seine kräftigen Fäuste zu besitzen. Seit seiner
Dresdener Anwesenheit habe ich ihn nicht wieder zu Gesicht bekommen,
doch aus den Zeitungen erfahren, daß er gegenwärtig eine agitatorische
Rolle in seinem Vaterlande spielt.

Im ersten Winter meiner Dresdener Existenz beschäftigte mich
hauptsächlich das während der Bonner Jahre einigermaßen vernachläßigte
Geigenstudium, denn ich hegte den Wunsch, mich weiterhin ausübend an
dem öffentlichen Musikleben der Stadt auf irgend eine Weise zu bethätigen. Daneben schrieb ich mancherlei, teils zu meiner Erholung und
teils zur Uebung im musikalischen Satz. Doch vernichtete ich den größten
Teil aller dieser Sachen, weil sie mich nicht befriedigten und mir nur
im Wege waren. Die freie Stunde vor Tisch benutzte ich fast täglich
zum Besuch der Bildergalerie, deren Schätze ich meinem Gedächtnisse
durch das häufige Betrachten so fest einprägte, daß sie mir nach Verlauf
von vierzig Jahren noch mit der größten Deutlichkeit im Geiste gegen-

wartig find. Angeregt durch das Beschauen von Gemälden, fühlte ich auch den Antrieb, unter Leitung eines geschickten Fachmannes zu zeichnen, wodurch mein Auge empfänglich für die Auffassung der feineren Lineamente und Bewegungen in den bildlichen Meisterwerken wurde. Doch blieb selbstverständlich nach wie vor Musik meine Hauptbeschäftigung. Darüber kam der Zeitpunkt heran, welcher die erschütternde Trauerkunde von dem Dahinscheiden Robert Schumanns brachte. Er hatte am 26. Juli 1856 ausgelitten.

Schon vorher war ich mit dem Gedanken umgegangen, eine umfänglichere Arbeit über die hochbedeutsame, schöpferische Wirksamkeit des nunmehr verklärten Meisters zu unternehmen. Darauf bezüglich muß ich hier nachholen, daß derselbe mir in den Jahren 1852 und 1853 auf meine Bitte zwei eigenhändig von ihm geführte Hefte zur Benutzung mitteilte. In dem einen derselben waren seine Kompositionen chronologisch verzeichnet, und in dem andern befanden sich Notizen über seine Jugendjahre bis zum Eintritt in das Mannesalter nebst manchen anderen Notizen. Ich schrieb alles sogleich ab, um es für die gedachte Arbeit zu verwerten, wurde aber, nachdem ich dieselbe in Angriff genommen, bald gewahr, daß zur gedeihlichen Förderung derselben doch noch weitere Aufschlüsse wünschenswert seien, infolge dessen das Begonnene unvollendet liegen blieb. Durch die Nachricht von dem Hintritt Schumanns wurde ich aber aufs neue daran gemahnt, jene Arbeit wieder aufzunehmen, in der Hoffnung, daß es mir gelingen würde, mit Hilfe der von ihm mir mitgeteilten Schriftstücke durch seine Verwandten, Jugend- und Studienfreunde sowie sonstige mit ihm im Verkehr gestandene Personen dasjenige zu erfahren, was mir notwendig für meinen Zweck erschien. Ich begab mich daher alsbald nach Zwickau, der Vaterstadt Schumanns, wo ich von verschiedenen Seiten auf die bereitwilligste Weise in meinen Nachforschungen unterstützt wurde, und dann mit demselben günstigen Erfolg auch nach Leipzig. An beiden Orten gelang es mir außerdem, eine beträchtliche Reihe Schumannscher Briefe von wichtigem Inhalt zu sammeln, welche weiterhin noch einen ansehnlichen Zuwachs von auswärts her erhielt. Ueberdies gingen mir ausführliche schriftliche Mitteilungen von seinen Universitätsfreunden Flechsig, Rosen, Töpken und

Semmel zu. In Dresden wurde das Wiecksche Ehepaar die Hauptquelle für mich. Mit Friedrich Wieck verkehrte ich häufig. Dieser in seiner originellen Art sich aussprechende, gelegentlich urkräftige, aber nicht selten übertreibende, doch stets geistig anregende Mann war sehr mitteilsam über Schumanns früheren Lebensgang. Auch der Bergmeister Becker in Freiberg, welcher mit Schumann intim befreundet gewesen, unterstützte mich mit Notizen und Briefen. Von dem erworbenen Material konnte ich natürlich vorderhand nicht alles benutzen, da Rücksicht auf lebende Personen zu nehmen war.

So befand ich mich denn bald im Besitze eines reichlichen Stoffes, dessen Einordnung und Verwertung mich demnächst hauptsächlich in Anspruch nahm. Es ist begreiflich, daß mein ursprünglicher Arbeitsplan mir unter den Händen wuchs, und die natürliche Folge hiervon war die Idee, eine eingehende biographische Schilderung Schumanns als Künstler und Mensch zu versuchen.

Es ist ein großer Unterschied, ob man über einen Mitlebenden oder einen Dahingeschiedenen zu berichten hat. Ueber den ersteren kann man aus naheliegenden Gründen nicht so frei sprechen wie über einen schon der Geschichte Angehörenden. Dem Biographen stehen im übrigen zwei Wege offen. Den einen werden diejenigen einschlagen, welche lediglich das Bedürfnis fühlen, einen Panegyricus in Betreff der zu schildernden Persönlichkeit zu liefern und alles schön und bewunderungswürdig zu finden, was dieselbe geschaffen hat. Diese Art der Lebensbeschreibung kann natürlich nur eine einseitig subjektive sein. Sie hat lediglich eine eintönig lichthelle Darstellung im Gefolge. Ohne Schatten ist aber kein rechtes, wahres Bild zu erzielen. Der Biograph hat daher, wenn es ihm darum zu thun ist, seinen Stoff sachlich zu behandeln, von jeder subjektiven Auffassung und von jedem Parteistandpunkte (soweit das überhaupt möglich) absehend, auf eine angemessene Verteilung von Licht und Schatten in dem auszuführenden Lebensgemälde Bedacht zu nehmen. Etwaiger Vorurteile, Neigungen und besonderer Liebhabereien muß der Biograph sich möglichst zu entäußern suchen, bevor er an die Lösung seiner Aufgabe geht. Für mich speziell war durch meine persönlichen Beziehungen zu Schumann eine besondere Schwierigkeit gegeben. Indessen gelangte ich zu der Erkenntnis, daß dieselben bei meiner Arbeit nicht mitsprechen durften, weil sie ihr eine unzulässige Färbung gegeben haben würden; ich mußte der Oeffentlichkeit gegenüber mich ausschließlich an die Sache selbst halten. Indem ich dies alles erwog, drängte sich mir die Notwendigkeit auf, Schumanns künstlerische Thätigkeit einer möglichst objektiven Betrachtung zu unterziehen. Was die Persönlichkeit sowie sein Thun und Lassen bezüglich der Lebensführung anlangte, konnte ich mich einfach auf die authentischen Berichte meiner Gewährsmänner und meine eigenen Beobachtungen stützen. Mit Ausnahme von ein paar unwesentlichen Punkten hat sich in dieser Beziehung denn auch alles als richtig erwiesen.

Als meine Arbeit vollendet war, befragte ich Friedrich Wieck noch um einige Einzelheiten, über die ich im Ungewissen geblieben. Bei dieser Gelegenheit riet er mir, Carl Banck zu besuchen, der mir gewiß bereitwillig noch manches über Schumann mitteilen würde. In der That erfuhr ich von Banck über dessen Verkehr mit Schumann während der Jahre 1834—37 sowie über seine Mitarbeiterschaft an dessen Musikzeitung noch Genaueres. Dadurch wurde ich mit diesem geistvollen Kunstkritiker näher bekannt, wie ich denn auch nach und nach zu ihm in ein freundschaftliches Verhältnis trat. Er war nicht leicht zugänglich, aber wenn er sich einmal mit jemand näher eingelassen hatte, so blieb er fest in seiner freundschaftlichen Gesinnung. Mir bewahrte er sie bis zu seinem Lebensende.

Während ich mit dem Abschluß der Schumannbiographie beschäftigt war, kam Franz Liszt (Anfangs November 1857) in Begleitung der Fürstin Wittgenstein sowie einiger seiner Schüler, unter denen sich auch Hans v. Bülow befand, nach Dresden, um in einem Konzert des Hoftheatersängerchors ein paar seiner größeren Kompositionen aufzuführen, und zwar die Musik zu Herders „Prometheus" und die nach Dantes „Commedia divina" verfaßte symphonische Dichtung. Die Aufführung fand am 7. November im Hoftheater statt. Ein zahlreiches Publikum hatte sich dazu eingefunden. Liszts Erscheinen am Dirigentenpult wurde, wie billig, mit großem Beifall begrüßt. Aber seine Werke fanden doch nur teilweise Anklang, und im Auditorium bildeten sich sogar entgegengesetzte Strömungen, die endlich zum offenen, unzweideutigen Ausbruch kamen. Denn am Schlusse des Abends wurde durch den Beifall von Liszts Verehrern die laute Opposition der Gegenpartei hervorgerufen, was Hans v. Bülow dazu veranlaßte, auf den Sessel eines Sperrsitzes zu steigen und mit laut schallender Stimme ins Publikum die Worte zu rufen: „Zischer 'raus!" Leider wurde der Erfolg dadurch nicht gehoben.

Liszt zeigte sich indessen, wie immer, als der liebenswürdige Künstler. Er erwies mir auch die Ehre seines Besuches und erkundigte sich nach meiner biographischen Arbeit, für die er mir auf meine Bitte einen schätzbaren brieflichen Beitrag geliefert hatte. Da Liszt sich mehrere Tage in Dresden aufhielt, nahm Berthold Auerbach Gelegenheit, ihm und der Fürstin Wittgenstein zu Ehren eine Gesellschaft zu geben, der ich mit beiwohnte. Es ging da sehr heiter und animirt zu. Nach dem Abendessen brachte Auerbach seine Cigarren herbei und präsentirte dieselben zuerst der Frau Fürstin. Liszt, der es sah, trat dazwischen und sagte: „Bitte, die Fürstin ist ihre eigene Sorte gewöhnt," indem er ein Etui aus der Tasche zog und seiner Freundin darbot, die sogleich eine Cigarre in Brand setzte.*) Es entspann sich nun eine lebhafte Konversation, zu der die Frau Fürstin wesentlich mit beitrug, da sie viel und geistreich sprach. So verlief denn dieser Abend zu allgemeiner Zufriedenheit. Besonders erfreut war Auerbach in dem Bewußtsein, die Ehre so hohen Besuches genossen zu haben.

In Schumanns Biographie hatte ich nicht beabsichtigt, eine erschöpfende Analyse der Werke des Meisters zu geben; ich wollte zunächst nur diejenigen derselben näher beleuchten, die mir für seine künstlerische Entwicklung wichtig erschienen, wobei besonders seine erste produktive Periode in Frage kam. Gern hätte ich schon die zweite Auflage des Buches nachträglich durch Besprechung der von mir noch nicht berücksichtigten umfangreichen und größeren Kompositionen Schumanns vervollständigt. Aber der Verleger, an den ich für dieselbe von vorne herein kontraktlich gebunden war, ging nicht darauf ein, weil der Absatz der ersten Auflage

*) Unter den russischen Damen ist das Rauchen ziemlich stark verbreitet.

ihn vollständig befriedigt hatte. So wurde mir die Kompletirung des Buches erst bei der dritten Auflage möglich, für die sich ein zugänglicherer Verleger*) gemeldet hatte.

Daß mein Streben, ein getreues Bild des verewigten Meisters zu liefern, nicht vergeblich gewesen, bezeugten die nach dem Erscheinen des Buches bei mir eingegangenen Zuschriften einiger seiner Freunde, die ihn sehr wohl gekannt und unter verschiedenen Umständen beobachtet hatten. Wenn ich mir erlaube, diese Zuschriften im Anhange wortgetreu nach den Originalen mitzuteilen, so möge mir nicht die Absicht einer Selbstberäucherung imputirt werden. Hätte ich nach einer solchen Verlangen getragen, so würden jene bereits vor beinahe vierzig Jahren geschriebenen Briefe schon früher von mir veröffentlicht worden sein. Jetzt teile ich sie, nachdem meine Schumannbiographie in weiten Kreisen längst wohlwollende Anerkennung gefunden, lediglich als Beiträge zur Geschichte des Buches mit, wie ich denn auch sogleich der Gegner desselben gedenken werde.

Durch die Blume hatte man mir zu verstehen gegeben, wie man erwarte, daß ich Schumanns künstlerisches Schaffen in Beziehung und Wechselwirkung zu der von gewisser Seite angestrebten neuen Musikrichtung bringen würde. Einer solchen Prämisse konnte ich aber, da sie meinen Anschauungen zuwiderlief, nicht entsprechen. Die Folge davon war Enttäuschung und Gegnerschaft. Als Anwalt dieser letzteren trat zunächst Franz Brendel in der von ihm herausgegebenen „Neuen Zeitschrift für Musik" auf. Mit Emphase sprach er über meine Arbeit das „ceterum censeo" aus, hinzufügend, daß man nun wieder von vorne anfangen müsse, für das wahre Verständnis Schumanns zu wirken. Andere folgten aus Verdruß darüber, daß sie selbst nicht Schumanns Biographie hatten schreiben können, ihm nach, wodurch die Verbreitung meines Buches ebensowohl gefördert wurde wie durch die heimlichen und offenen Machinationen einiger über meine Arbeit mißvergnügter Schumannanbeter.

*) Es war der Verlagsbuchhändler Strauß in Bonn. Von diesem übernahm vor einigen Jahren das Leipziger Verlagsgeschäft Breitkopf & Härtel die Schumannbiographie, dem ich dieselbe ursprünglich vergeblich angeboten hatte, ohne mein Zazulhun.

Einige Zeit nach Veröffentlichung meiner Schrift erschien Schumann mir im Traum. Er trat in seiner gewöhnlichen Kleidung aus einer Wolkenschicht hervor, kam auf mich zu und reichte mir freundlich lächelnd seine Rechte hin, die ich freudig ergriff. Ich bin kein Traumdeuter, aber man wird es begreiflich finden, wenn ich mir diese Erscheinung dahin auslegte, daß Schumann mit meiner Darstellung seines Lebens im wesentlichen einverstanden gewesen wäre, falls er noch gelebt hätte.

Schumann nahm keineswegs jene unbedingte Bewunderung für sich in Anspruch, welche die Panegyriker für ihn forderten. Zwar freute er sich über jede ihm gewidmete Anerkennung, aber weit war er davon entfernt, eine solche erzwingen zu wollen. Jedem stellte er frei, sich offen über sein künstlerisches Wirken zu äußern, wenn es in einer angemessenen Weise geschah. Seine Briefe geben Belege dafür. Als er z. B. an Moscheles seine Fis-moll-Sonate op. 11 sandte, bat er ihn, seine Meinung darüber, „so kurz und scharf" er könne und wolle, in einem schriftlichen Referat zur Benutzung in der „Neuen Zeitschrift für Musik" auszusprechen. An Koßmaly schrieb er unterm 5. Mai 1843: „Mit einiger Scheu lege ich Ihnen ein Paket älterer Kompositionen bei. Sie werden, was unreif, unvollendet an ihnen ist, leicht entdecken." Und im Januar des folgenden Jahres dankte er diesem Künstler, der einen Artikel über die demselben zugesandten Kompositionen für die „Allgemeine musikalische Zeitung" geliefert hatte, mit den Worten: „Sie sind der erste, der einmal ein tüchtiges Wort über mich gesprochen, überall sieht der Ernst und die Wahrheit heraus."

Nach erfolgter Herausgabe der Schumannbiographie verfiel ich in einen längere Zeit mich beherrschenden, nervös erregten Zustand. Die Darstellung der Krankengeschichte des Meisters in ihren verschiedenen Stadien sowie in ihrer schließlichen unheilvollen Entwicklung hatte mich in einen pathologischen Zustand versetzt, dem sich heftige Schwindelanfälle hinzugesellten, und da sich meine Wohnung in einer dritten Etage befand, also hoch gelegen war, wurde ich an Schumanns Scheu vor dem Aufenthalt in hohen Stockwerken erinnert, infolge dessen ich nicht ohne Beängstigung aus meinen Fenstern auf die Straße hinunterzusehen vermochte. Der Arzt, welcher Schumann während seiner Dresdener Krankheitsperiode behandelt hatte, war auch der meinige. Er verordnete mir Sturzbäder und Enthaltung von aller geistigen Thätigkeit. Durch Befolgen seiner Anordnung gelangte ich nach einigen Wochen wieder zum Wohlbefinden. Mit Beginn der schönen Jahreszeit empfahl er mir dann noch eine Erholungsreise, die mich in Begleitung zweier Freunde nach Steiermark, dem Salzkammergut und dem Pinzgau führte. Zum erstenmal in meinem Leben erschlossen sich mir die großartigen Bilder der Gebirgswelt, welche wundersam auf mich einwirkten. Wir überstiegen Angesichts des majestätischen Großglockners von Fehrleiten aus die Tauernkette mit der Absicht, von Heiligenblut noch weiter bis Gastein vorzudringen. Weil man uns aber sagte, daß der Weg nach letzterem Orte durch Vergletscherung ungangbar geworden sei, änderten wir unseren Reiseplan und zogen über Lienz an der Drau durchs Pusterthal, schwenkten bei Innichen ab ins Ampezzothal und gelangten im Genusse der uns umgebenden großartigen Naturschönheiten nach Conegliano, von wo die Eisenbahn bis Verona benutzt wurde.

Keine andere Stadt des nördlichsten Teiles der lombardisch-venezianischen Ebene hat einen so entschieden italienischen Charakter wie Verona. Wir genossen die Eindrücke dieser uns neuen Existenz in vollen Zügen, erfreuten uns ein paar Tage hindurch an den altehrwürdigen charakteristischen Bauwerken sowie an dem bunten, wechselreichen Straßenleben des Ortes und besuchten dann Vicenza. Dort besichtigten wir die Bauwerke Palladios und bestiegen den unmittelbar an der Stadt belegenen Monte Berico, auf dessen Höhe wir das in der Wallfahrtskirche Madonna del Monte befindliche prachtvolle Bild Paolo Veroneses „Christus als Pilger an der Tafel Gregors des Großen" bewunderten. Sodann fuhren wir weiter nach Padua, wo gleichfalls das Sehenswerteste in Augenschein genommen wurde. Die höchsten Genüsse gewährte uns aber ein mehrtägiger Aufenthalt in Venedig, der wunderbaren, nach dem Orient hindeutenden Lagunenstadt, welche reichliche Gelegenheit zum Studium der in ihrer Art einzigen Tizianischen Kunst, überdies aber auch derjenigen Paolo Veroneses, Palma Vecchios, Bellinis und Tintorettos darbietet. Außer dem Genuß der reichen Kunstschätze hatten wir auch das Glück, im Teatro Fenice einer vorzüglichen Darstellung von Rossinis „Othello"

beizuwohnen. Sodann sahen wir auch in einem Volkstheater ein Schauspiel, dessen Inhalt sich im wesentlichen auf die Errichtung der Rialto-
brücke bezog. In diesem Stücke mischten die meist aus den niederen
Ständen bestehenden Zuhörer laute Zurufe so in den Bühnendialog, als
ob sie zur Mitwirkung berechtigt gewesen wären, was sehr belustigend
war. Wenn die den Dogen darstellende Person auf der Scene erschien,
so erhob sich jedesmal im Publikum ein tumultuöser Beifallssturm, der
sich fast wie eine Demonstration gegen das österreichische Regiment ausnahm. Ueber Triest und Wien wurde darauf die Heimreise angetreten.

In Prag verweilten wir einen Tag, teils um die merkwürdige
Stadt zu besichtigen, und teils um den interessanten und kenntnisreichen
Kunstenthusiasten August Wilhelm Ambros zu besuchen, der schon 1856
mit seiner anziehenden Schrift „Die Grenzen der Musik und der Poesie"
hervorgetreten war und sich weiterhin durch seine von tiefen Studien
zeugende Musikgeschichte einen hochberühmten Namen machte. Dieser
geistreiche Mann war von Beruf Jurist und bekleidete damals das Amt
eines Staatsanwaltes am Prager Landgericht. Er verwickelte uns sofort
in ein Gespräch über die Tonkunst und äußerte nebenbei auch, daß er
eine Biographie Schumanns geschrieben haben würde, wenn ich ihm damit
nicht zuvorgekommen wäre. Seine Redeweise war ebenso lebhaft als
fesselnd, doch auch einigermaßen ermüdend, da er vom Hundertsten ins
Tausendste kam und mitunter gewaltige Sprünge in die fernliegendsten
Themata machte. In allen Gebieten des Wissens zeigte er sich außerordentlich bewandert; man hätte ihn ein lebendiges Konversationslexikon
nennen können. Einige Jahre später kam ich abermals nach Prag und
sah Ambros bei dieser Gelegenheit wieder. Diesmal war er schon eifrig
mit den Studien zu seiner Musikgeschichte beschäftigt. Auf seinem großen
Arbeitstische lagen mehrere seltene Notendrucke aus dem sechzehnten
Jahrhundert aufgeschlagen, deren Inhalt er in enthusiastischer Weise pries.
„Sehen Sie," sagte er, indem er eines der Hefte herbeiholte, „soeben
habe ich eine merkwürdige Entdeckung gemacht. Hier in diesen drei
Noten der Messe von Josquin de Près steckt schon der ganze Mendelssohn." Ich erwiderte, daß Mendelssohn wohl schwerlich diese Komposition gekannt, und wie ich glaube, daß er sich niemals mit derartiger

alter Musik beschäftigt habe. „Das mag sein," meinte Ambros, hinzufügend, er habe nur andeuten wollen, daß es nichts Neues unter der Sonne gebe. Indessen kam mir seine in Betreff Mendelssohns gemachte Aeußerung doch sehr fragwürdig vor. Ich vermochte wenigstens in jenen drei Noten nichts spezifisch Mendelssohnsches zu entdecken.

Da Ambros im Laufe der Unterhaltung die Bemerkung fallen ließ, daß es ihm darum zu thun sei, noch einige alte Gesangswerke des sechzehnten Jahrhunderts durchzustudiren, die ihm bis dahin nicht erreichbar gewesen, konnte ich ihm eines derselben, welches ich besaß, zur Benutzung anbieten. Es zeigte sich, daß es ein äußerst seltenes Sammelwerk jener Epoche war. Ambros dankte mir brieflich für die Mitteilung desselben und behielt es ein paar Jahre bei sich. Endlich erbat ich mir die Musikalien zurück, da mir von dem bekannten Musikgelehrten Otto Kade in Schwerin, dem ich Kenntnis davon gegeben hatte, die Bitte um Herleihung derselben ausgesprochen wurde. Doch ließ Ambros mich trotz wiederholter Mahnungen ohne jede Antwort. Kade aber wußte das Werk von ihm endlich zu erlangen. Nachdem dieser es benutzt hatte, veräußerte ich es an die Berliner Bibliothek, weil ich der Meinung war, daß ein so seltener Schatz nicht im Privatbesitz eines Einzelnen bleiben dürfe, sondern an einem für jedermann zugänglichen Orte aufbewahrt werden müsse.

Der kurze Streifzug durch das venezianische Gebiet hatte so tief nachhaltige Eindrücke bei mir hinterlassen, daß Wunsch und Sehnsucht in mir rege wurden, bald einmal nach dem Lande der Künste zurückkehren zu können. Dies ging früher, als ich wagen durfte zu hoffen, in Erfüllung, worüber weiterhin Näheres mitzuteilen sein wird.

Heimgekehrt von dem genußreichen Ausfluge, erfrischt an Leib und Seele, wandte ich mich von neuem der geliebten Kunst zu, die während der Beschäftigung mit Schumanns Biographie einigermaßen vernachlässigt worden. Neben mancherlei schriftlichen Arbeiten nahm mich insbesondere das Geigenstudium in Anspruch, da ich ernstlich daran dachte, wieder einmal als Violinspieler vor die Oeffentlichkeit zu treten. Vor allem lag mir nun aber daran, eine noch bessere Violine als die meinige zu erlangen, weil man in dieser Beziehung in Dresden verwöhnt war.

Ich wußte, daß die Kölner Familie Deichmann, in der ich während meiner Bonner Wirksamkeit so gut aufgenommen worden, eine wertvolle, unbenutzt daliegende Stradivarigeige besaß. Dieselbe wurde mir auf meine Bitte bereitwilligst zur Benutzung anvertraut. Dieses schöne Instrument, welches ein volles Menschenalter in meinen Händen verblieb, eiferte mich zu erneutem Fleiße an, und bald gelang es mir auch, mich mit drei jungen, talentvollen Musikern, von denen zwei dem königlichen Kapellinstitut angehörten, zu einem Kammermusikverein zu verbinden, dem viele Musikfreunde als zahlende Mitglieder beitraten. Dadurch fand ich erwünschten Anlaß zum fleißigen Quartettspiel. Dieser Verein prosperirte gut und erweiterte sich später, wie hier vorgreifend gleich bemerkt sei, zu einem öffentlichen Unternehmen für Kammermusik-Aufführungen, welche mehrere Jahre regelmäßig während der Winterzeit stattfanden. Auch mit der hochgeschätzten, durch ihren Vater vorzüglich ausgebildeten Pianistin Marie Wieck veranstaltete ich gemeinschaftlich einige Soiréen, und zwischendurch fand sich für mich Veranlassung zum Solospiel, so z. B. in Prag und in Berlin, wohin ich außer meinem Auftreten in der Singakademie durch Vermittlung einer einflußreichen Persönlichkeit zur Mitwirkung in einem Hofkonzerte eingeladen worden war. In diesem letzteren fand ich abermals Gelegenheit, mich vor dem inzwischen zur Königswürde aufgestiegenen Prinzen Wilhelm von Preußen zu produziren, der auch diesmal sich außerordentlich huldvoll zeigte. Meine Solovorträge begleitete der Hofkapellmeister Taubert am Pianoforte.

Sonsthin fand ich in Dresden Beschäftigung durch Erteilen von Unterricht im Ensemblespiel. Auch die musikschriftstellerische Thätigkeit ruhte nicht ganz, da ich für die wissenschaftliche Beilage der allgemeinen Zeitung sowie für das von dem Leipziger Verleger Lord herausgegebene Sammelwerk „Männer und Frauen der Zeit" Beiträge zu liefern hatte. Ueberdies vertrat ich in einem Winter Carl Banck, welcher sich aus Anlaß seiner Verheiratung für mehrere Monate nach Italien begeben hatte, im Dresdener Journal. Es lag mir dabei ob, über die in großer Zahl gegebenen Konzerte wie über die Oper zu berichten. Die letztere war damals von vorzüglicher Beschaffenheit hinsichtlich der Hauptpersonen. Als Primadonna fungirte Frau Bürde-Ney, die, über eine mächtige, vorzüglich geschulte Sopranstimme verfügend, in den Partien der „Armida“ und der beiden „Iphigenien“ sowie der „Donna Anna“ und des „Fidelio“, um nur einige ihrer Glanzrollen zu erwähnen, ganz Hervorragendes, ja Außerordentliches leistete. Neben ihr wirkten erfolgreich Frau Krebs-Michalesi und Frau Jauner-Krall, letztere als gefeierte Soubrette. Im männlichen Opernpersonale glänzten vorzugsweise Tichatschek, Mitterwurzer und Scaria mit seiner mächtigen Baßstimme. Ersterer verfügte bekanntlich über einen phänomenalen, schier unverwüstlichen Tenor von metallreichem Timbre. Ueberdies war Tichatschek, was bei Theatersängern nicht häufig vorkommt, ein musikalisch gebildeter und wohlempfindender Künstler. Doch ließ seine abnorme Aussprache der Textesworte zu wünschen, da er gern zwischen die einzelnen Silben, wo es möglich war, den Vokal e einschob, was manchmal einen unbeabsichtigten drolligen Effekt erzeugte. So begann er das Lied des Iwanhoe in Marschners „Templer und Jüdin“ folgendermaßen:

„Were iste dere Ritter hochgeehrt“, und in dem Solo-Vokalterzett von Meyerbeers „Robert der Teufel“ sang er:

Trau au au   au au au   au u. s. w.

Der von ihm gesprochene Dialog war auch nichts weniger als mustergiltig und erregte mitunter sogar die Heiterkeit des Publikums. Das geschah zum Beispiel einmal in der Aufführung von Cherubinis „Wasserträger“. Tichatschek gab den Grafen, der sich auf der Flucht in einem hohlen Baumstamme versteckt. In dieser Situation hat er die Worte zu sprechen: „Es ist eine fürchterliche Hitze in diesem Baum.“ Tichatschek brachte sie in einem so lamentablen Ton vor, daß sich ein kolossales Gelächter im Zuschauerraum erhob, welches seinen Monolog für mehrere Sekunden unterbrach. Auch im Spiel war Tichatschek kein sonderlicher Darsteller, da er nicht leicht über eine etwas eckig steife körperliche Haltung hinwegkam. In Bezug auf Spiel und wirksame Mimik war ihm Mitterwurzer, der als Bühnensänger Treffliches leistete, weit überlegen.

Man konnte damals selten gegebene klassische Opern in Dresden hören, so z. B. die wiederholt gegebenen Reformopern Glucks.

Das Hofkapellmeisteramt befand sich, als ich nach Dresden kam, in den Händen Reißigers und Krebs'. Reißiger, der Komponist des „Dernière pensée de Weber," eine Bezeichnung, die übrigens nicht vom Komponisten selbst herrührt, war ein gewandter Musiker und beim Kapellinstitut beliebter Dirigent, weil er den Bogen im Dienste nicht zu straff spannte. Unter seiner Leitung habe ich so manchen guten Aufführungen beigewohnt. Als Tonsetzer leistete er bei einer gewissen melodischen Begabung und formellen Glätte Gefälliges, ohne jemals tiefere Saiten anzuschlagen. Ehedem war sein humoristisch gefärbtes Lied „Als Noah aus dem Kasten kam" ebensosehr en vogue wie einzelne Gesänge von Proch, Kücken u. s. w. Das Komponieren ging ihm leicht von der Hand, er konnte bis zu einem gewissen Zeitpunkt eine bestimmte Sorte von Musikstücken ohne innere Nötigung liefern. So wurde erzählt, daß er eine längere Zeit hindurch jedes Jahr seiner Gattin ein Klaviertrio oder vielmehr das bereits empfangene Honorar für dasselbe zu Weihnachten beschert habe, eine Galanterie, die sich wohl jede Frau gern hätte gefallen lassen. Unwahrscheinlich aber klingt, was man sich außerdem erzählte, nämlich daß er, zu einer bestimmten Stunde von seiner Gattin zum Abendessen erwartet, in der Oper beim Herannahen dieses Zeitpunktes mit steigender Unruhe auf die Uhr gesehen und endlich, wenn die Zeit drängte, etwas beschleunigte Tempi genommen habe, um rechtzeitig daheim sein zu können.

Reißiger erschien häufig Nachmittags in dem jetzt nicht mehr existirenden Café Torniamenti auf der Brühlschen Terrasse, wo man den besten Mokka trank. Dort habe ich so manche Stunde mit ihm verplaudert, wozu er sich bei seiner Gemütlichkeit stets aufgelegt zeigte. In seinen letzten Lebensjahren wurde er weichmütig und bei der Abnahme seiner Kräfte auch bequem. Zu dieser Zeit begegnete ich ihm einmal auf der Elbbrücke. Bei unserer Unterhaltung kam die Rede auf ein zum Besten des für Dresden projektirten Weberdenkmals beabsichtigten Konzertes der Hofkapelle. Da sagte Reißiger in wehmütigem Tone: „Man meint es doch gar zu gut mit dem Weber. Nun wollen sie ihm

durchaus ein großes Monument errichten. Was hat er denn aber geschrieben? Vier Opernchen, und darum . . ." „Seien Sie ruhig,
lieber Herr Kapellmeister," fiel ich ihm ins Wort, „Sie bekommen auch
einmal ein Denkmal," womit ich ihn beschwichtigte. Zu einem Monument für Reißiger ist es freilich nicht gekommen, dafür hat man aber
doch eine Straße in Dresden nach ihm benannt.

Sein Kollege Krebs war gleichfalls ein routinirter Operndirigent,
zeigte als solcher aber gelegentlich absonderliche Geschmackrichtungen.
So setzte er zu Agathens Arie „Wie nahte mir der Schlummer" eine
Baßposaune, und das nächtlich heimliche Hornsignal in der Rütliscene
von Rossinis „Tell" ließ er einmal von dem grellklingenden Flügelhorn
blasen. Dann auch fühlte er keine Sympathie für gewisse Dissonanzen
in den hervorragenden Orchesterkompositionen der nachbeethovenschen
Periode, weil sie ihm zu schroff erschienen. Ein sonderbares Erlebnis
hatte er mit Meyerbeer. Dieser kam nach Dresden, um der Einstudirung
und Aufführung seiner Oper „Die Wallfahrt nach Ploermel" beizuwohnen.
Auf einer der Proben unterbrach Krebs dieselbe plötzlich in der Instrumentaleinleitung zum zweiten Akt und rief Meyerbeer zu: „Hier ist
ein Takt zu viel in der Partitur." Meyerbeer, welcher an der ersten
Coulisse Platz genommen hatte, kam an den Souffleurkasten und fragte
ängstlich: „Wo denn?" Krebs zeigte ihm den vermeintlich überflüssigen
Takt, worauf Meyerbeer sanft entgegnete: „Aber der Takt ist nicht zu
viel, Herr Kapellmeister." „Ja freilich ist er zu viel!" entgegnete Krebs
mit großer Bestimmtheit. „So," meinte Meyerbeer, dadurch ein-
geschüchtert, „wenn Sie das glauben, so lassen Sie doch den Takt weg."
Dieses Vorkommnis ist bezeichnend für Meyerbeers diplomatisch konzi-
liantes Wesen.

Ausgezeichnet verstand sich Krebs auf den Klavierunterricht, wie
das seine von ihm ausgebildete Tochter Mary, eine der besten neueren
Pianistinnen, durch ihre Leistungen bewiesen hat.

Die beiden Konzertmeister des königlichen Kapellinstituts waren
Lipinski und Schubert. Dieser erwies sich als ein zierlicher, jener aber
als ein in seiner Art bedeutender Geiger von ernster Richtung. Wie
als Mensch, so war er auch eigentümlich als Violinspieler. Doch fehlten

ihm zwei Eigenschaften: Staccato und ein schneller, praller Triller. Merkwürdig gefärbt waren seine Urteile mitunter. Bei der Konversation brachte er allerhand originelle Gedanken vor, die nicht nur an sich, sondern auch durch das mit polnischem Accent fehlerhaft gesprochene Teutsch drollig wirkten. Einstmals, da wir uns über Bachsche Musik unterhielten, die er nächst der Beethovenschen am höchsten hielt, sagte er: „Das Bach ist derr Planettensystem, da gehen die Stimmen so durch einander wie die Sterne," indem er entsprechende Bewegungen mit den Händen dazu machte. „Betthoven," fügte er hinzu, „ist ein Gasflamm', aber Mendelssohn bloß kleine Wachslicht." *)

Als Quartettspieler befaßte Lipinski sich nur mit den betreffenden Schöpfungen Haydns, Mozarts und Beethovens. Am besten, obwohl öfters mit stark subjektiv gefärbtem Ausdruck, trug er die Quartette des letzteren Meisters vor. König August von Sachsen liebte Lipinskis charakteristisches Spiel und ließ ihn mit seinen Quartettgenossen bisweilen zu Vorträgen ins Schloß rufen. Nach Beendigung eines derselben, so erzählte Lipinski mir, äußerte der König: „Sie wählen ja immer nur Sachen von die drei grossen Quartettkomponisten. Warum nicht einmal andere? Wenn Majestätt befählen, werrden wir den nächsten mall andere Quartett bringen. Wir spillten also nachdemm von Onslow und solche mehr. Da kam Königl, klopfte mich auf die Schulter und sagte: Libber Lipinski, spillen Sie doch nur immer von jene drei." Lipinski wollte damit betonen, daß er recht habe, sich mit anderen Quartettkomponisten nicht zu befassen. Er mußte auch einmal dem Könige Beethovens Kreutzersonate mit Liszt vorspielen. „Der wollte mich," fuhr Lipinski fort, „eine Bedintterolle geben, aber ich habe nicht gewollt und so aufgestrichen, daß alles vibrirte." Bei anderer Gelegenheit erzählte er: „Wann ich jung war, spillte ich Cello, da zogg ich so einen Tonn, daß man mir alle vier Wochen den Logis kündigte."

Das Ubriren und der „grosse Tonn" waren Lipinskis Stichworte. Er spielte zuletzt alles mit großem Ton. Auch das Solo in dem

---

*) Durch obige Schreibweise versuche ich einigermaßen die kauderwelsche Aussprache Lipinskis wiederzugeben.

Ständchen, welches Don Giovanni der Elvira mit der Mandoline bringt, war vor seinem breiten, wuchtigen Bogenstriche nicht sicher, was einen sonderbaren Effekt machte. Den Bachschen Solosonaten kam seine Bogenführung aber zu statten. Er gab sie mit energischem Ausdruck wieder, obwohl sein rechter Arm schon etwas schwer geworden war, wie er denn auch bald das Geigenspiel eines gichtischen Leidens halber aufgeben mußte.

Nach Lipinskis Pensionirung trat an dessen Stelle der von München berufene Konzertmeister Lauterbach. Die Leistungen desselben erwiesen sich nach allen Richtungen hin von ausnehmend vorzüglicher Beschaffenheit. Ein feiner Sinn für den Ausdruck des Schönen, gepaart mit gesundem, ungekünsteltem, aber begeistigtem Wesen und echter künstlerischer Pietät, offenbarte sich in allem, was er vortrug. Es stellte sich eine harmonisch abgeschlossene künstlerische Individualität in ihm dar. Und wenn aus ihr auch nicht die tieferen seelischen Mächte in einem Maße sprachen, daß man ergriffen, erschüttert wurde, so entschädigte sie dafür durch die vollkommene Ineinsbildung vorzüglicher Eigenschaften, die jedem Geiger zur besonderen Zier gereichen würden. Durch sein Engagement für die königliche Kapelle wurden die Dresdener Künstlerkreise auf erfreulichste Weise bereichert.

Dasselbe war in Betreff der Herbeiziehung des Violoncellvirtuosen Grützmacher der Fall, welcher in der königlichen Kapelle als erster Solovioloncellist mit dem Titel eines königlichen Konzertmeisters noch heute rühmlichst wirkt, während Lauterbach schon vor Jahren in den Ruhestand getreten ist.

Von besonderem Wert wurde mir die durch Carl Banck vermittelte Bekanntschaft mit Julius Schulhoff. Dieser ausgezeichnete Pianist lebte während der ersten Jahre meines Dresdener Aufenthaltes zur Winterszeit in Paris, hielt sich jedoch zur Sommerszeit regelmäßig bei seiner Mutter in Dresden auf, wohin er sich gegen Ende der sechziger Jahre ganz zurückzog. Mein reger Verkehr mit dem ebenso geistreichen als liebenswerten Künstler gab mir erwünschte Veranlassung zu häufigerem gemeinschaftlichem Musiziren. Oeffentlich ließ er sich, da er ruhebedürftig geworden, nur einmal noch in einer eigenen, mit regster Teilnahme von seiten des Publikums aufgenommenen Soirée hören. Es fanden aber im Laufe der Zeit so manche andere Konzerte namhafter auswärtiger Künstler statt, von denen hier nur Klara Schumann, Joseph Joachim, Henri Wieniawski, Ferdinand Laub, Jean Becker, Vieuxtemps und Ole Bull erwähnt seien.

Von den beiden erstgenannten Celebritäten ist bereits in einem früheren Abschnitte die Rede gewesen. Der Geigenvirtuose Wieniawski war ein exemplarischer Vertreter der Pariser Schule. Er gebot über eine stupende Technik, brillante Tongebung und temperamentvolle Vortragsweise. Doch war seine musikalische Richtung insofern eine beschränkte, als er die klassische Violinliteratur zu wenig berücksichtigte. Meist benutzte er zum öffentlichen Spiel nur seine eigenen Kompositionen, die zur Hauptsache virtuosen Zwecken gewidmet sind. Mehr musikalischen Fond als dieser Künstler offenbarte Ferdinand Laub. Er besaß ebenfalls ein außerordentliches Talent für die rein technische Seite des Violinspieles. Seine Leistungen waren von großer Gewandtheit, ungewöhnlicher Lebhaftigkeit, Keckheit, Bravour und Energie. Es gelang ihm sehr vieles, was zum Schwierigsten gehört, aber nicht alles. Mitunter mangelte es ihm nicht nur an der äußersten Klarheit und Durchsichtigkeit der Passagenausführung, sondern auch an der völligen Intonationsreinheit. Desgleichen war seine Tonbildung nicht völlig geklärt und geläutert. Sie erschien zwar kräftig, aber nicht immer schön und edel und ließ Gleichmäßigkeit, Glätte, höchste Geschmeidigkeit und Mannigfaltigkeit der Färbung bisweilen vermissen. Als ich Laub in Dresden hörte, hatte er das Malheur, in dem E-dur-Präludium der sechsten Bachschen Solosonate, welches er auswendig spielte, aus dem Konzert zu kommen. Dadurch bestürzt und verwirrt gemacht, erging er sich, ohne aufzuhören, in einem konfusen Passagenspiel, bis er endlich wieder den richtigen Faden fand. Es waren für die Hörer peinliche Momente, bei denen mir ein- ums anderemal heiß und kalt wurde.

Jean Becker zeichnete sich, obgleich er eine gut geschulte Technik besaß, nicht gerade als Solo-, sondern vornehmlich als Quartettspieler aus, doch dominirte er bisweilen zu sehr gegenüber den Mittelstimmen seines zur Berühmtheit gelangten Streichquartetts.

Als Virtuose von ausgezeichneter künstlerischer Bedeutung erschien mir Vieuxtemps wieder. Die Beherrschung der eminentesten Schwierigkeiten erschien wie ein freies leichtes Spiel, dem sich eine noble, feinfühlige Empfindung einte. Außerordentlich wirksamen Gebrauch wußte Vieuxtemps von den mannigfachen Tonfärbungen zu machen, die er seinem Instrumente abgewann. An Fülle des Tones und intensiver Mächtigkeit hatte aber sein Spiel im Laufe der Zeit abgenommen. Es war freilich zu berücksichtigen, daß er inzwischen in Amerika gewesen, eine Reise, für die jeder Künstler irgendwie Reugeld zu zahlen hat, wenn sich auch dabei die Taschen füllen mögen.

Ole Bull endlich, auf dessen Spiel ich um so gespannter war, als ich bis dahin noch keine Gelegenheit gefunden, ihn zu hören, hinterließ mir einen gemischten Eindruck. Er hatte sich eine eigenartige virtuose Technik teilweise abnormer Art zugebildet. Seine Leistungen entbehrten keineswegs sympathisch berührender Momente, dann aber erging er sich wieder in einem äußerlichen Salonton, der sich aus einer unzureichenden künstlerischen Durchbildung und dem Mangel an geistiger Vertiefung erklärte. Ole Bull war zur Hauptsache Autodidakt und hatte sich bei weitem mehr mit seinen Instrumenten, deren er sehr wertvolle besaß, und mit der Geigerei beschäftigt als mit guter, gediegener Musik. Diese tangirte ihn nicht sonderlich. Ueber Mozart war sein Kunstverständnis kaum hinausgekommen. Beethoven mutete ihn, besonders in den Kompositionen der mittleren und letzten Periode, wenig an.

Eine Eigentümlichkeit dieses sonst interessanten und seiner äußeren Erscheinung nach wahrhaft stattlichen Mannes war die, daß er alles, was mit seiner Thätigkeit als Geiger zusammenhing, in einer seinen vorgefaßten Meinungen entsprechenden Weise betrachtete und modifizirte. So führte er einen Bogen von ungewöhnlicher Länge, hatte auf seinen Geigen flachgeschnittene Stege, infolge dessen er dieselbe nur bei Accorden gehörig angreifen konnte, und schwärmte schließlich für schief eingelegte Baßbalken. Diese Abnormitäten hielt er für Verbesserungen der hergebrachten bewährten Praxis. Im übrigen war er ein prächtiger, gemütlicher Mensch, dem es bei einer gewissen Schlauheit an feineren, auf

seinen vielen Reisen in der Alten und Neuen Welt erworbenen Umgangs-
formen nicht fehlte.

Das Dresdener Hoftheater, um nochmals auf dasselbe zurückzukommen, besaß damals nicht nur ausgezeichnete Gesangs-, sondern auch
vorzügliche schauspielerische Kräfte. Unter diesen hoben sich ganz besonders vom männlichen Personale Emil Devrient und Bogumil Dawison
hervor. Devrient, welcher die besondere Sympathie der Dresdener
Damenwelt genoß, war ein ansehnlicher, schöner Mann. Seine vor-
teilhafte persönliche Erscheinung wußte er sich bis in sein höheres Alter
durch allerhand Toilettenkünste zu erhalten. Auf der Bühne machte er
eine elegante Figur; jede Bewegung, jede Geste war so fein und sorgsam
abgemessen, als ob es vor dem Spiegel einstudirt worden wäre. In
der Aktion blieb er, von einem außerordentlich wohlklingenden Organ
unterstützt, immer in vornehm gemessener Haltung, ohne aufregend zu
wirken. Trotzdem rührte er die Damen manchmal bis zu Thränen.

Sein Rival, Bogumil Dawison, entwickelte bei weitem mehr Temperament und dramatischen Schwung: in seinen Adern rollte feuriges
slavisches Blut. Seine Sprache verriet auch, obwohl er sie in allen
deklamatorischen Beziehungen wohl beherrschte, ein wenig den fremden
Accent. Ich nannte Dawison den Rivalen Devrients, und mit einander
eifersüchtelnde Rivalen waren beide in der That, was einmal in Lessings
„Emilia Galotti" augenfällig hervortrat. Devrient spielte den Marinelli
und Dawison den Appiani. Im 10. Auftritt des zweiten Aktes nun
gab Dawison seinem Kollegen bei den Worten: „Sie sind mit Ihrem
Ja wohl — ja wohl ein ganzer Affe!" einen wohlgezielten Schlag auf
die Achsel, worauf der solcherweise Tangirte verächtlichen Blickes mit der
flachen Hand mehrmals schnell die von Dawison getroffene Stelle über-
strich, als ob er einen Schmutzfleck von seinem Rocke entfernen wollte,
was sich wahrhaft komisch ausnahm.

Von dem weiblichen Schauspielerpersonal zeichneten sich vor allen
Frau Bayer-Bürck, Fräulein Ullrich und Fräulein Berg in ihren Fächern
aus. Die erstere hatte eine merkwürdige Angewohnheit. Geriet sie in
den Affekt, so machte sie unbewußt mit dem rechten Arm und der Hand
eine ausgreifende Bewegung, als ob sie Fliegen fangen wollte. Alles

in allem genommen bot die Dresdener Hofbühne ebensowohl im Schauspiel wie in der Oper ausgezeichnete Genüsse dar, deren ich mich heute
noch in der Erinnerung freue, denn es waren, da die Nebenrollen im
ganzen gleichfalls gut gegeben wurden, nicht nur die Darstellungen vortrefflich, man hatte auch Gelegenheit, die gehaltvollsten, anderwärts in
Deutschland selten oder gar nicht aufgeführten Stücke in sorgfältig vorbereiteten Aufführungen zu sehen.

Auf Reisen.

Im Laufe der Jahre, die ich in der sächsischen Hauptstadt verlebte, wurde meine berufliche Thätigkeit wiederholt durch einen besonderen Umstand in der angenehmsten Weise unterbrochen. Zuerst geschah dies im Frühjahr 1860. Meinem näheren Bekanntenkreise gehörte nämlich eine Familie an, deren Haupt, ein schon bejahrter Beamter, nach erfolgter Pensionirung zu seiner Erholung Italien besuchen wollte. Die Seinigen erklärten sich damit unter der Voraussetzung einverstanden, daß es in Begleitung einer befreundeten Persönlichkeit geschehe. Der treffliche Mann machte mir infolgedessen den Vorschlag, auf seine Kosten mit ihm zu gehen, wozu ich mich um so lieber bereit erklärte, als meine Sehnsucht, das Land der Künste näher kennen zu lernen, seit meinem ersten flüchtigen Dortsein sehr lebhaft geworden war. Nur die eine Bedingung stellte mein Reisepatron, daß ich zuvor Italienisch lernen müsse, denn er selbst könne sich auf seiner vorgerückten Altersstufe nicht mehr damit befassen. Etwas Italienisch hatte ich schon als Zögling der Leipziger Musikschule getrieben, was mir bei dem nunmehr wieder aufgenommenen Unterricht zu statten kam. Ich lernte gründlich die Aussprache und eine Menge landläufiger Redensarten, wie man deren im fremden Lande täglich und stündlich bedarf. Endlich war der Reisetag erschienen, beinahe wäre ich aber um die Reise selbst gekommen. Lipinski hatte mich nämlich kurz vor Antritt derselben auf polnische Grütze zu sich eingeladen, ein Gericht, welches einen ungemein kräftigen Magen erfordert. Dies hatte ich nicht bedacht, und so zog ich mir eine starke Indigestion zu. Da gleichzeitig eine Erkältung mit heftiger rheumatischer Affektion hinzutrat, wurde ich sehr unwohl und mußte das Bett hüten. Der Arzt war bemüht, das

Uebel zu heben, indessen ging es nicht so schnell damit. Mein Reise-patron wollte aber absolut an dem vorausbestimmten Tage abfahren, weil er es sich nach Art eigenwilliger alter Leute einmal vorgenommen hatte, und er that es auch, indem er mir unter Behändigung des Reise-geldes bis Venedig sagte, ich möge nur nachkommen, er werde mich dort im Hotel S. Marco erwarten.

Nach einigen Tagen fühlte ich Besserung meines Zustandes, und obwohl die rheumatischen Schmerzen noch nicht ganz gewichen waren, machte ich mich, von Ungeduld getrieben, doch auf den Weg. In Prag und Wien brachte ich, noch fieberig erregt, schlaflose Nächte zu, erreichte aber doch glücklich Triest, von wo ich um Mitternacht mit dem Dampfer nach Venedig abfuhr. Dem milden, weichen Klima, in welchem ich mich nun befand, war urplötzlich der quälende Rheumatismus gewichen, und vergnügt langte ich morgens bei meinem Freunde in der Lagunenstadt an, welcher froh war, mich bei sich zu haben.

In den nächsten Tagen wurde Venedig von einem Ende bis zum andern durchstreift, und ich genoß viele Sehenswürdigkeiten doppelt, da sie mir schon durch den ersten Aufenthalt in dem wie von einem poetischen Schimmer umflossenen Ort bekannt waren. In Betreff der vielen Ge-mälde hielt ich mich nur an das Beste, denn ich hatte schon bei meinen häufigen Besuchen der Dresdener Galerie gefunden, daß ein solches Ver-fahren für den Genuß ersprießlicher ist, als wenn man alles und jedes der Reihe nach ansieht. Um keine Zeit in Betreff der Auswahl des zu Betrachtenden zu verlieren, hatte ich mir vor der Abreise nach guten Handbüchern ein genaues Verzeichnis aller Kunstwerke ersten Ranges für die zu besuchenden Orte angefertigt, was mich vor dem ermüdenden, abspannenden Vielerlei der Eindrücke bewahrte.

Auf das Einzelne einzugehen, verzichte ich, da es allgemein bekannte und oft beschriebene Gemälde sowie sonstige Kunstwerke betrifft. Nur bemerken will ich, daß ich noch Tizians herrliches, späterhin leider durch Feuer zerstörtes Gemälde „Die Ermordung St. Peters, des Märtyrers" gesehen habe. Dasselbe machte auf mich einen packenden, mir für immer gebliebenen Eindruck.

Mit meinem Italienischen war es einstweilen nichts. Bekanntlich sprechen die Italiener, ganz abgesehen von den verschiedenen Dialekten, im lebhaftesten Tempo, wodurch mir anfangs die Verständigung mit ihnen schwer wurde. Ich traf aber das Auskunftsmittel, die Leute, mit denen ich zu verhandeln hatte, um langsameres Sprechen zu ersuchen; dadurch hörte ich mich allmälich in das fremde Idiom hinein. Nach Verlauf von acht Tagen ging es mit der Konversation schon ganz leidlich, und mit jeder weiteren Woche immer besser.

Von Venedig gingen wir nach Padua, Vicenza und Verona. Alle diese Orte waren mir schon bekannt.

In den größeren Städten Italiens hat man zur schönen Jahreszeit sogenannte Tagestheater, die während der Nachmittagsstunden Vorstellungen geben. Ein solches Theater fanden wir in der Arena Veronas, und da über die Leistungen der Schauspieler Gutes berichtet wurde, so besuchten wir dasselbe wiederholt. Zunächst sahen wir Scribes „Adrienne Lecouvreur" in ausgezeichneter Darstellung, sodann aber eine Lokalposse, in welcher die italienischen Maskenfiguren des Pantalon, der Colombine und des Arlequino ihr munteres Wesen trieben. Sehr amüsant war dabei, daß einzelne der beteiligten Schauspieler sich unbemerkt unter das Publikum begaben und vom Zuschauerraum aus mitagirten, ein Umstand, der einen ungewohnten und eigenartigen Effekt machte. Wir sahen dies Stück mit seinem bunten Treiben zu einem Teil sozusagen aus der Vogelperspektive an, da wir nach dem Schluß des ersten Aktes die Stufen des Amphitheaters bis zur höchsten hinaufgestiegen waren, um das Ganze überblicken zu können.

Dem Giardino Giusti mit seinen prachtvollen, mehrhundertjährigen Cypressen, wie ich sie in Italien nicht wieder fand, und der schönen Aussicht auf die Apenninen, sowie der altehrwürdigen Basilica S. Zeno stattete ich wiederum, wie schon das erstemal, meinen Besuch ab, wogegen ich mir versagte, meinen Reisepatron zur sogenannten „Tomba di Giulietta" zu begleiten, welche nichts weiter ist, wie eine ordinäre Spekulation auf neugierige Touristen.

Von Verona führte uns der Weg nach Mantua. Beim Durchfahren der Citadelle dieser Stadt wurde des durch Napoleon schändlich hingemordeten Andreas Hofer gedacht. Die von stagnirenden Gewässern umgebene Festung ist bei weitem weniger anziehend durch ihre Lokalität, als durch die Freskogemälde Giulio Romanos im Palazzo Ducale und Palazzo del Te. Dieselben sind in der That höchst sehenswert, nicht nur hinsichtlich des Kompositorischen, sondern auch bezüglich der Farbenpracht. Im übrigen fesselte uns die Stadt nicht, und wir eilten daher bald weiter.

In anderer Weise wie Mantua bietet Parma, wo Correggio sich verewigt hat, vielfache Gelegenheit, schöne Fresken zu sehen. Bei unserer Ankunft daselbst befand sich die Bevölkerung in großer Aufregung, welche aus Anlaß der in Oberitalien soeben stattgefundenen politischen Vorgänge auch in den weiterhin besuchten Städten bemerklich war. An den Straßenecken und öffentlichen Gebäuden, ja selbst an den Kirchen, stand mit großen Lettern: „Vogliamo il nostro re Vittorio Emmanuele" und „Vogliamo il Papa non re". Der damalige italienische Enthusiasmus, welcher inzwischen verrauscht ist, war ungemein groß. Doch brachte die politische Umwälzung für den durchziehenden Fremden eine große Unbequemlichkeit mit sich, da überall noch die ehemaligen Landesmünzen im Umlauf waren, aber von den Nachbarprovinzen nicht respektirt wurden, infolgedessen man sie nur mit Verlust wieder los werden konnte. Im venetianischen Gebiet wurde das österreichische Papiergeld von den Leuten sogar zurückgewiesen, man nahm nur bare Münze in Zahlung, von der die sogenannten Zwanziger am beliebtesten waren.

Die Aufregung in Parma hatte aber noch einen besonderen Grund. Wenige Tage nach unserer Ankunft war vom Volk ein blutiges Standgericht vollzogen worden. Es hatte sich nämlich der Adjutant des 1856 auf offenem Marktplatz ermordeten Herzogs, Oberst Anviti, als Arbeiter verkleidet in Parma eingefunden, um so etwas wie eine Contrerevolution ins Werk zu setzen. Aber alsbald erkannt, wurde er vom Pöbel auf der Stelle umgebracht, indem man ihm ohne weiteres den Kopf abschnitt. Der unangenehme Eindruck dieses Vorfalles, über den der Hotelwirt umständlich mit einer Art von Befriedigung berichtete, war überwunden und auch vergessen, sobald wir der graziösen und anmutvollen Gemälde Correggios ansichtig wurden, dessen reizende Manier in der Form- und eigenartigen Farbengebung ich schon durch die großen Staffeleibilder der

Dresdener Galerie hatte bewundern lernen. Seine Schöpfungen in dem Dom zu Parma, sowie in der Gemäldegalerie und namentlich in der sogenannten „camera di S. Paolo" gewähren schöngeistige Genüsse seltener Art.

Modena, wohin wir uns demnächst begaben, besitzt eine sehr umfängliche Gemäldegalerie, in welcher ziemlich viel gute Bilder aufbewahrt werden, doch nichts vom allerersten Range, da der vertriebene Herzog, wie man uns sagte, die schönsten Gemälde vor dem Verlassen seiner Residenz in Sicherheit gebracht hatte. Ein besonderes Interesse gewährte mir in musikalischer Beziehung die Biblioteca Estense, welche außer einigen für die Geschichte der Oper höchst wichtigen Werken von Claudio Monteverde und dessen Nachfolgern die reichste Sammlung an madrigalischen Kompositionen besitzt. Wer bezüglich der letzteren Studien machen will, kann keinen geeigneteren Ort dafür finden als Modena. Für diesmal war die Zeit zu kurz, um diesen Schätzen näher zu treten, denn mein Reisegefährte drängte zum Aufbruch nach Bologna.

Diese alte Kulturstätte, die Hauptstadt der Emilia, übte sowohl durch ihren eigenartigen Gesamtcharakter wie durch ihre malerische Lage an den nördlichen Vorbergen der Apenninen und ihre Sehenswürdigkeiten eine besondere Anziehungskraft auf mich aus. Und auch das reichbewegte Leben und Treiben in der weitläufigen Stadt imponirte mir nach den unmittelbar vorher besuchten kleineren, ruhigeren Orten. Nur die schiefen Türme, von denen allein der eine vollendet ist, wollten mir nicht behagen, sie erschienen mir wie eine Querköpfigkeit, die für Architekten oder auch für kuriose Liebhaber ein Interesse darbieten mag.

In gewissem Sinne könnte man Bologna das italienische Prag nennen, zunächst wegen der an den Häusern mancher Straßen sich hinziehenden, auch in der böhmischen Hauptstadt anzutreffenden Bogengänge, sodann aber wegen einer gewissen altertümlichen Strenge der Bauart beider Orte, wie sehr sie sich auch sonst von einander unterscheiden.

In der Gemäldegalerie fesselte mich neben den mit inniger Frömmigkeit geschaffenen und erbaulich wirkenden Bildern Francias' hauptsächlich Raffaels Schöpfung „Die heilige Cäcilia", an der ich mich nicht satt sehen konnte. Die zum Teil ganz schönen Sachen von Guido Reni mit ihrem etwas empfindsam sentimentalen Ausbruck vermochten mich nicht dauernd festzuhalten. Weit überstrahlt die in Bologna vorhandenen Bilder dieses Meisters dessen prachtvolles Frescogemälde: „Aurora, vor dem Wagen Apollos Blumen ausstreuend", an der Decke des Hauptsaales im Palazzo Rospigliosi zu Rom, — ein ganz reizendes Meisterstück von hohem Kunstwerte, dessen Anblick ich mich einige Jahre später zu erfreuen hatte.

Bolognas Umgebung ist zum Naturgenusse einladend. Sehr lohnend erweist sich der Besuch des nahen, auf einer Anhöhe belegenen ehemaligen Klosters S. Michele in Bosco, von dem man überaus prächtige Blicke auf die Stadt und die reich angebaute Po-Ebene hat. Bei gewissen Beleuchtungen gewährt letztere mit ihren vielen weißen Weilergebänden mitten im leuchtenden Grün der üppigen Vegetation die Illusion eines weiten, von segelfertigen Schiffen und Kähnen bedeckten Gewässers. In anderer Weise lohnend ist mit Einbeziehung des denkmalreichen Gottes-ackers, die Wanderung nach der hoch gelegenen Kirche Madonna di S. Luca, deren Vorplatz eine herrliche Aussicht auf die malerisch gruppirten Gebirgsmassen des Apennin gewährt.

Gern hätte ich von der ihrer seltenen Tonwerke halber berühmten Bibliothek des Liceo musicale Einsicht genommen. Aber mein Genosse drängte zur Weiterreise, und so konnte ich diesen mir naheliegenden Wunsch, der indessen später in Erfüllung ging, diesmal nicht befriedigen.

Der demnächst aufgesuchte Ort war Ferrara, eine öde, von sumpfigem Terrain umgebene Stadt, welche von der Erinnerung an ihre geschichtliche Vergangenheit zehrt. So lange dort die estensischen Fürsten, Kunst und Künstler beschützend, herrschten, mag der Aufenthalt in dem unschön gelegenen Ferrara interessant gewesen sein. Jetzt kann man sich bei der daselbst herrschenden Leere trotz einiger beachtenswerter Baulich-keiten dort kaum behaglich fühlen. Kuriositätenjäger gehen hin, um Ariosts verfallenes Wohnhaus und Tassos Gefängnis zu sehen, — mehr deprimirende als erhebende Reminiszenzen.

Das nahe, gleichfalls flach gelegene Ravenna ist zwar auch eine im Hinblick auf ihre ehemalige Bedeutung sehr zurückgegangene Stadt, aber man wandelt sozusagen auf klassischem Grund und Boden, denn die

Geschichte des Ortes und seiner Umgebung reicht bis in das vorchristliche Zeitalter zurück, im Gegensatze zu Ferrara. Bezüglich seiner noch vorhandenen architektonischen Raritäten zählt Ravenna zu den merkwürdigsten Städten Italiens. Das meiste Interesse erweckten mir die aus dem fünften und sechsten Jahrhundert herrührenden Basiliken S. Apollinare in Città und in Classe mit ihren antiken Säulenstellungen und Mosaiken, dann aber auch S. Vitale. Namentlich diese letztere, gleichfalls mit alten Mosaiken geschmückte Kirche erregte durch ihre komplizirte und doch so glücklich disponirte, dem byzantinischen Stil angehörende Architektonik meine höchste Bewunderung. Von den sonstigen Sehenswürdigkeiten Ravennas erweckten meinen lebhaften Anteil die Grabmäler der Galla Placidia und des Theodorich, sodann aber auch Dantes, der hier seine letzten Lebensjahre zubrachte und 1321 in Ravenna seinen edlen Geist aufgab.

So sehr ich mich durch die in Ravenna empfangenen bedeutsamen Eindrücke erfüllt fühlte, war mir doch die Weiterreise sehr willkommen, denn die Stadt hat etwas Ungastliches. Wer einen gewissen Comfort liebt, wird sich dort nicht leicht behaglich fühlen.

Von Bologna aus, wohin wir zunächst zurückkehrten, führte uns der Weg mit Ueberschreitung des Apennins nach Pistoja. Es geschah, da zu jener Zeit auf dieser Straße noch keine Eisenbahnverbindung bestand, mit einer Art Postwagen, welcher des Morgens um vier Uhr abging. Wegen der von einem gewissen Punkte ab fortwährend bis zur Paßhöhe ansteigenden Straße erhielten wir bald statt der Pferde ein Vorspann von starken Ochsen. Da ging es nun piano piano im langsamen Schritte vorwärts. Die Fahrt war aber hinsichtlich des oft wechselnden Terrains unterhaltend. Auf dem höchsten Punkte wurde eine halbe Stunde gerastet. Wir begaben uns in die dort befindliche elende Capanna, deren Inhaber uns mit halbrohen Artischocken, schlechtem Wein und trockenem Brot bewirtete. Trotzdem waren wir froh, die lange Fahrt bis hierher hinter uns zu haben, denn nunmehr ging es in einem Zuge bergab, und da wieder die Pferde in Aktion traten, kamen wir schnell vorwärts, langten aber doch so spät in Pistoja an, daß wir dort Nachtquartier machen mußten.

Der nächste Morgen führte uns per Eisenbahn nach Lucca. Wie sehr auch diese Stadt hinsichtlich ihres Aussehens und der schönen landschaftlichen Umgebung mit Ravenna kontrastirt, einen Berührungspunkt haben sie in Dante, welcher gleichfalls in Lucca einige Zeit zubrachte, um sich vor den Verfolgungen der Florentiner zu sichern. Dieser von reizenden Promenaden umgebene Ort ist durch seine prächtige, von pittoresken Höhenzügen umgebene Lage im anmutigen Arnothale, sowie durch seine lokalen Merkwürdigkeiten gar einladend zu einigem Aufenthalt. Der altehrwürdige Dom und die sehenswerten Kirchen S. Frediana, S. Giovanni, S. Michele und S. Romano gaben zu sorgsamer Betrachtung Anlaß. In dem letzteren Gotteshause war Fra Bartolommeos Bild „Madonna della Misericordia" zu bewundern.

Bei meinen Rundgängen durch die Stadt wurde ich an einen hochberühmten Künstler der Neuzeit gemahnt, welcher von 1805—1808 als Soloviolinist des Luccesischen Hofes thätig war: Niccolo Paganini. Mit dieser Erinnerung verließ ich Lucca.

Wir wandten uns dem Hauptziel unserer Reise, der herrlichen Hauptstadt Toscanas zu, wo wir uns behaglich für eine Woche einrichteten. Denn nicht nur die zahlreichen erhabenen Werke der bildenden Künste halten einen dort fest, sondern auch die reizende Umgebung mit S. Miniato auf der Süd- und Fiesole auf der Nordseite, die anmutigen Spaziergänge in den Cascinen mit den Blicken auf die villengeschmückten Berghänge nicht zu vergessen. Auch hier will ich nicht einzelnes oft Beschriebenes hervorheben. Ohnehin findet sich in Florenz so viel des Schönen beisammen, daß man kein Ende des Rühmens fände. Ich kam aus dem Staunen nicht heraus. Mit besonderem Anteil wurde Michel Angelos gedacht, der in Florenz studirt, gekämpft, Großes geschaffen und schließlich auch seine Ruhestätte gefunden.

Wenn man in Venedig reichliche Gelegenheit findet, sich mit den unsterblichen Werken eines Tizian und Paolo Veronese vertraut zu machen, so kann man in Florenz einen Teil der unvergleichlichen Kunstwerke Raffaels, Fra Angelicos und anderer Meister der Malerei studiren.

Es ist ein wunderbares Land, dieses Italien. In einer Beziehung unterscheidet es sich von allen anderen Kulturländern Europas: man

gerät beim Eintritt in dasselbe sofort in die Kunststimmung und
kommt aus derselben nicht heraus, so lange man dort weilt. Denn fast
überall findet man etwas Bemerkenswertes, Erbauliches und selbst an
kleineren Orten gibt es nicht selten etwas künstlerisch Anziehendes.
Freilich wandelt der Mensch, wie das Sprichwort sagt, nicht ungestraft
unter Palmen, und so hat die italienische Existenz für den Fremden auch
manche Unzuträglichkeit. Ich kann aber, abgesehen von den so lästigen
Bettlern und Ciceroni, sowie von dem zudringlichen Ungeziefer, nicht in
die so häufig ausgesprochene Klage einstimmen, daß mit den Wirten und
Geschäftsleuten jenseits der Alpen schwer auszukommen sei. Man muß
nur einigermaßen der Landessprache mächtig sein und entschieden, wenn
auch mit einer gewissen Höflichkeit, auftreten. Ein Ausländer, der ohne
diese Voraussetzung nach Italien geht, hat freilich viel Lehrgeld zu zahlen.

Schon in Venedig war es mir angenehm aufgefallen, daß dort die
Beleuchtung der öffentlichen Plätze und besonders des Markusplatzes eine
weit ausgiebigere, brillantere war, als bei uns an den meisten größeren
Orten. Der Italiener liebt es, während der schönen Jahreszeit in der
Abendluft auf dem in jeder Stadt vorhandenen Korso zu promeniren oder
vor einem Café im Freien bis in die späte Nacht Konversation zu
machen. In Venedig ist der prachtvolle Markusplatz mit den ihn umgebenden Baulichkeiten, nebst dem daranstoßenden Dogenpalast, der bevorzugte Ort für das rege Stelldichein des Publikums. Dieser Platz
wird mit Eintritt der Dämmerung stets hell beleuchtet, an gewissen Tagen
aber noch extra in glänzender Weise illuminirt. Dabei empfängt man
den Eindruck, als ob man sich in einem großen, eleganten Saal befände,
in welchem eine Festlichkeit vor sich geht. Welch wundersames Dasein
erschließt uns Venedig überhaupt! Kein lästiges Wagengerassel und kein
Pferdegetrappel bringt an unser Ohr, nur der mystisch leise Ruderschlag
des Barcajuolo macht sich vernehmlich, wenn die Gondel auf den Wasser-
pfaden der Königin des Adriatischen Meeres sanft dahingleitet. Dann
fühlt man sich mit durch die gleichsam märchenhafte, im Reflex des
Orients schimmernde Umgebung wie in einen holden Traum versetzt.

Zu der Zeit, als ich wiederholt in Venedig weilte, stand es noch
unter österreichischer Herrschaft. Da konzertirten des Abends abwechselnd

zwei Musikchöre der in der Dogenstadt garnisonirenden Infanterieregimenter auf so ausgezeichnete Weise, daß es eine wahre Lust war,
ihnen zuzuhören.

In Florenz gab's keinen derartigen Ehrenschmaus, doch eine ebenso
brillante Straßenbeleuchtung wie in Venedig, und Florenz bot so viel
anderes Schöne, daß man jene Militärkonzerte nicht vermißte.

Wem es um eine Steigerung im Genusse von Gemälden zu thun
ist, wird zweckmäßig mit dem Besuch der Uffiziengalerie beginnen. Zwar
befinden sich in derselben unter der großen Masse von Bildern auch sehr
kostbare Stücke, doch enthält die Gemäldesammlung des Palazzo Pitti
noch Schöneres, Wertvolleres. Neben einzelnen Werken Cranachs, Hol-
beins, Dürers, Tizians, Michel Angelos und Andrea del Sartos nehmen
hauptsächlich Raffaels in den Uffizien befindliche Schöpfungen als Vor-
geschmack des im Palazzo Pitti zu Erwartenden die Aufmerksamkeit in
Anspruch, dann aber auch insbesondere Fra Angelicos von Engeln umgebene Madonna. Die Lieblichkeit und bewundernswerte Ausführung
der Komposition wirkte so auf mich, daß ich immer wieder zu dem Bilde
zurückkehrte, zumal es das erste war, was ich von dem in seiner Art
einzigen Meister sah. Außer diesen Schätzen gewährte mir unter den
antiken Skulpturen der in den Uffizien aufbewahrten Kunstwerke hauptsächlich die Niobidengruppe Genuß. Die allgemeine Bewunderung der
sogenannten mediceäischen Venus in der Tribüne vermochte ich dagegen
nicht zu teilen. Diese Statue ist fein; in Haltung und Gesamtausdruck
erschien sie mir aber etwas affektirt und prüde.

Die Gemäldesammlung des Pittipalastes gehört zu den kostbarsten
der überhaupt vorhandenen. Hier kann man im Anblick Raffaelischer
Gemälde schwelgen, unter denen die Madonna della Seggiola und die
im kleinen Maßstabe ausgeführte Vision des Ezechiel (ein Werk phantasie-
voller Inspiration), nebst den Bildnissen der Päpste Leo X. und Julius II.
den ersten Rang behaupten. Man mag beim Anschauen dieser herrlichen
Kunstwerke wohl für Augenblicke Raffaels sixtinische Madonna in Dresden
vergessen, welche mir stets wie eine übersinnlich verklärte Vision erschienen
ist. Sonst enthält die Pittisammlung noch andere höchst wertvolle Sachen.
Aber ich war schon so gesättigt von den empfangenen reichen Eindrücken,

daß ich für diesmal auf weitere Genüsse verzichtete. Bei beschränkter Zeit ist es ohnehin thöricht, alles sehen zu wollen. Hat man doch außerdem in Florenz noch genug anderes Schöne zu berücksichtigen. Da ist der Dom mit dem gegenüberliegenden Baptisterium und dessen erzenen Thüren, unter denen die von Ghiberti geschaffene Michel Angelo zu dem begeisterten Ausspruche Anlaß gab, daß sie würdig sei, den Zugang zum Paradiese zu schließen. Und auch dieser Meister, welch eine gewaltige, obwohl nicht gänzlich vollendete Schöpfung hat er der Welt in seinen großsinnig gedachten Grabmälern Giulianos und Lorenzos von Medici hinterlassen. Sodann darf man sich das Kloster S. Marco (jetzt Museo Fiorentino di S. Marco) mit den Fresken des Fiesole nicht entgehen lassen, und auch den Besuch der Kirche S. Croce darf man nicht versäumen, deren Grabmäler berühmter Männer ein förmliches Museum bilden, gleichwie die Kirchen S. Giovanni e Paolo und Frari in Venedig.

Endlich muß ich noch der im Besitze des Großherzogs von Toskana gewesenen Instrumentensammlung gedenken, welche ein Streichquartett Stradivaris (zwei Violinen, Bratsche und Violoncell) von der höchsten Schönheit enthält. Diese für mich besonders merkwürdige Kollektion wird in einem Glasschranke des Lokales aufbewahrt, welches die nicht belangreiche Privatmusiksammlung des ehemaligen Landesfürsten enthält.

Die Stadt der Medicäer war das Haupt- und Endziel unserer Reise. Nunmehr wandten wir uns westwärts gen Pisa, um den dortigen prachtvollen Dom nebst dem dazu gehörenden Campo Santo und die kleine, im italienisch-gotischen Stile gehaltene Kapelle Santa Maria della Spina samt dem botanischen Garten zu besuchen, in welchem ein sehr schönes Zedernexemplar, sowie manche andere seltene Gewächse gepflegt werden. Sonst bietet dieser stille Ort, in welchem nordische Brustleidende ihr Leben zu fristen suchen, kaum noch etwas, man müßte denn eine Liebhaberei für den runden schiefstehenden Turm haben, dessen Besteigung ich lediglich wegen der hübschen Aussicht unternahm, da ich mich mit derartigen kuriosen Bauwerken schon in Bologna abgefunden hatte.

Das ehedem in Italien allgemein üblich gewesene Reisen mit dem Vetturin hatte seine Schattenseiten, war aber im Grunde, wenn man nicht eilen mußte, doch gemütlicher als die schnell hastende Fahrt mit dem im Fluge dahinsausenden Dampfroß. Man konnte in Ruhe die landschaftlichen Schönheiten wahrnehmen, ab und zu eine kleine Wanderung neben dem Wagen her machen und überall da rasten, wo es einem gefiel. Freilich ist es jetzt möglich, viel in kurzer Zeit abzumachen, aber es geschieht dann auch eben nur halb und mit einer gewissen Unruhe. Uns blieb das von Pisa aus erspart. Dort schlossen wir mit einem Vetturin für die Fahrt nach Genua längs der Riviera di Levante ab, denn hier gab's damals noch keinen Schienenweg, was uns um so lieber war, als wir aller der entzückenden landschaftlichen Bilder angesichts des Meeres teilhaftig wurden, die sich auf diesem Wege im überraschenden Wechsel, verschönt durch die üppige südliche Vegetation, dem trunkenen Auge darbieten. Wo die Straße anstieg, wanderten wir, um im Ausblick ungehindert zu sein. Die erste Tagesfahrt führte bis La Spezzia, wo wir ein erfrischendes Seebad nahmen, und während desselben eine wundervolle Abendbeleuchtung des fernen Gebirges genossen.

Am folgenden Tage wurde Chiavari erreicht. Der Vetturin versprach fest, mit seinem Wagen morgens sechs Uhr vor unserem Hotel zu sein, hielt aber nicht Wort. Ich ging nach dem Wirtshause, in welches er eingekehrt war, um ihn zum Aufbruch anzutreiben. Dort erfuhr ich aber, daß der Vogel schon ausgeflogen war, und zwar rückwärts nach Sestri, wohin ihn Liebessehnsucht getrieben. Indessen war er doch wenigstens so anständig gewesen, für das mit ihm getroffene Abkommen einen andern Fuhrmann zu verpflichten, der uns auch pünktlich nach Genua brachte.

Diese malerisch sich in halbkreisförmigen Terrassenbauten vom Meere bis zu bedeutender Höhe an den sie einschließenden Bergfelsen hinaufziehende Handelsstadt mit ihrem lebhaften Schiffsverkehr und dem nahe gelegenen reizvollen Pegli kann den Reisenden schon für ein paar Tage fesseln, zumal es auch an einer künstlerischen Ausbeute und namentlich an schönen Gemälden von van Dyk nicht fehlt.

Da mir bekannt war, daß Paganinis Favoritgeige, ein selten schöner Giuseppe Guarneri, den er wegen des mächtigen Tones seine Kanone nannte, im Palazzo Municipale aufbewahrt wird, so versäumte ich nicht, mir sie zeigen zu lassen. Bei ihrem Anblick mußte ich bedauern, daß ein solches Instrument durch einen Akt der persönlichen Eitelkeit für die Musikpraxis verloren ist. Wahrscheinlich vermachte Paganini dasselbe seiner Vaterstadt mit dem Hintergedanken, daß kein anderer Geiger würdig sein werde, es nach ihm zu benützen.

Für die Riviera di Ponente bot von Genua bis Nizza die Diligence eine bequeme Fahrgelegenheit. Im Begriff dahin abzufahren, entspann sich auf offener Straße ein Streit zwischen zwei Weibern, die sich zunächst mit allen möglichen Schimpfworten bedachten, dann aber einander in die Haare gerieten und mit den Füßen stießen, daß sie gar nicht aus einander zu bringen waren — ein abscheuliches Bild, das mir den Abschied von Genua einigermaßen trübte.

Die Fahrt ergab, gleich wie die vorhergehende, eine erfreuende Augenweide. In dem schön gelegenen, eleganten Nizza verweilten wir einen Tag und benützten dann die, anfangs mit sechs Maultieren bespannte Diligence zur Weiterreise nach Turin. Der über den Col di Tenda führende Weg stieg zunächst in zahlreichen Kehren (ich glaube, es waren an sechzig) bergauf, was ein nur langsames Fortkommen ermöglichte. Von der Paßhöhe ab ging es dann aber mit Pferdegespann wieder schnell vorwärts, und so gelangten wir über Cuneo wohlbehalten in Turin an.

Diese ehemalige Residenz des Königs von Sardinien, welche bei der Konstituirung Italiens die Ehre genoß, des neubegründeten Reiches Hauptstadt bis zum Jahre 1864 zu sein, seitdem aber nur noch den Rang einer Provinzialhauptstadt einnimmt, zeichnet sich durch Regelmäßigkeit der Bauart und Eleganz aus, besitzt auch sehenswerte Kunstsammlungen sowie eine pittoreske landschaftliche Umgebung. Indessen überkommt einen dort die Empfindung, als ob man nicht mehr in dem eigentlichen Italien sich befinde, denn bis zu einem gewissen Grade ist daselbst der Einfluß französischen Wesens fühlbar. Der Abschied von dieser Stadt wurde mir bei weitem leichter als der von Venedig und Florenz. Gern wäre ich gleich direkt nach Mailand gefahren, wohin mich die Breragalerie und das Abendmahl Leonardo da Vincis zog, aber mein Reisepatron wollte durchaus die halbwegs zwischen Pavia und Mailand gelegene Certosa besuchen, weshalb der Umweg über Alessandria genommen wurde.

Diese Certosa hat eine gewisse Berühmtheit wegen der an den Altären der Klosterkirche verschwenderisch angebrachten Florentiner Mosaik-arbeiten, die freilich sehenswert sind, deren Anblick aber doch entbehrt werden kann, wenn man derartige Sachen in Florenz selbst gesehen hat. Mich speziell interessirte es mehr, die stumm und scheu in den Kreuz-gängen vorüberhuschenden Klosterbrüder zu beobachten. Ich empfing dabei den Eindruck, als ob schwere Lasten ihre Gemüter bedrückten. Welch ein Entschluß muß dazu gehören, sich einem so freudelosen Leben hinzugeben, wie es eben die Karthäusermönche führten! Mit einem un-behaglichen Eindruck verließ ich den Ort, froh, wieder in der freien frischen Natur zu sein. Bald darauf waren wir in Mailand.

Diese lebhafte Stadt hat einen ganz modernen, noch weniger italienischen Charakter als Turin. Aber die brillante Wirkung des, wenn auch nicht einheitlich stilvollen, so doch in ornamentaler Hinsicht reich ausgestatteten und großartig disponirten Domes mit der von der Höhe des Turmes sich eröffnenden Fernsicht auf die Alpen ließ mich das ver-gessen. Noch mehr that es der Aufenthalt in der Breragalerie und der Anblick von Leonardos Abendmahl. Letzteres Kunstwerk, welches eine ganze große Wand des neben der Klosterkirche Santa Maria delle Grazie belegenen Refektoriums einnimmt, hatte im Laufe der Zeit so sehr ge-litten, daß es wiederholt gründlich restaurirt und übermalt werden mußte, wodurch natürlich das Gemälde an originalem Wert verloren hat. Aber die gehaltvolle Komposition ist ja übrig geblieben, und diese in den großen ursprünglichen Verhältnissen zu sehen, war mir von hohem Wert.

Während meines Mailänder Aufenthaltes fand in einem der dortigen Theater ein von dem berühmten Kontrabassisten Bottesini und dem Violinvirtuosen Camillo Sivori gegebenes Konzert statt, welches mich namentlich in Betreff des ersteren Künstlers anzog. Ausgezeichnete Geiger hatte ich schon in großer Zahl gehört, und Sivoris geistig in-differentes, wenn auch in technischer Beziehung außerordentlich gewandtes Spiel gewährte mir keinen Reiz, wogegen mir ein Kontrabaßvirtuose etwas ganz Neues war. Als Bottesini zum Vorschein kam, wurde er sofort vom Publikum sehr bejubelt. Er entwickelte eine erstaunliche Fertigkeit auf seinem unbeholfenen Instrumente. Mehr komisch als genußreich waren die von ihm vorgetragenen Kantilenensätze aus italienischen Opern, denn das Süßlich-Sentimentale derselben, ins tiefe Register des Kontrabasses mit seinem schnarrenden, rasselnden Tone übertragen, erzeugte eine unwiderstehlich spaßhafte Wirkung. Es verbreitete sich denn im Publikum auch stellenweise eine ungeheure Heiterkeit, und der immer freundlich dareinschauende Spieler beteiligte sich an derselben. Natürlich wurde Bottesini nach seinen Vorträgen vielmals hervorgerufen; die Art und Weise, wie er dabei mit seinem Instrumente aus den Coulissen hervorschoß, wirkte sehr drollig und erregte stürmisches Gelächter.

Von Mailand aus führte uns der Weg über die schön gelegene Stadt Bergamo nach Lecco, wo eine Barke gemietet wurde, die uns bei gutem Segelwinde in angenehmster Fahrt schnell nach dem reizenden Bellaggio brachte. Hier wurde für ein paar Tage Aufenthalt genommen, um die Schönheiten des Comer Sees, dieses Juwels der Gottesschöpfung, mit Ruhe zu genießen. Auch wurde der Besuch einiger Villen nicht versäumt, von denen die Villa Carlotta mit Thorwaldsens Alexanderzug und dem herrlichen Park wohl den Preis verdient.

Einen großartigeren Eindruck als der liebliche Comer See macht der Lago maggiore, den wir mit Einbeziehung der Borromäischen Inseln nach allen Richtungen befuhren. Von hier ging die Reise über den Simplonpaß nach dem Genfer See. Ein paar Tage widmeten wir dem erfrischenden Aufenthalt in Vevey; sodann führte uns das Dampfschiff nach Genf. Es war uns nicht sowohl um diese Stadt, als vielmehr um einen Ausflug nach dem Chamounixthal zu thun. Vom herrlichsten Wetter begünstigt genossen wir den großartigen Anblick des Montblanc, stiegen über das mer de glace und unternahmen noch ein paar andere Wanderungen im Thale. Nach Genf zurückgekehrt, zogen wir über Neuchâtel, Solothurn, Olten, Winterthur, St. Gallen, Rorschach und Lindau nach der Heimat zurück.

Der mächtige Eindruck, den die gewaltigen Gebirgsmassen des Simplon und des Montblanc nebst deren Umgebungen auf mich gemacht hatten, erregte den lebhaften Wunsch in mir, mehr von der Alpenwelt kennen zu lernen. Es bedurfte daher nur einer Anfrage zweier Leipziger Freunde, ob ich Lust habe, mich im Sommer des folgenden Jahres einer von ihnen zu unternehmenden Schweizerreise anzuschließen. Damals war soeben erst die Besteigung des Piz Languard im Ober-Engadin in Aufnahme gekommen. Auf diesen, eine weite, großartige Umsicht gewährenden Berggipfel hatten meine Gefährten es abgesehen, indem sie betonten, daß man sich dazu halten müsse, ehe die noch mäßigen Preise in jenem erst verhältnismäßig wenig besuchten Winkel der Schweiz von den Engländern verdorben würden. Wir machten uns am 1. Juli (1861) auf den Weg und fuhren ohne Aufenthalt über Augsburg und Lindau nach Chur. Hier begann die Fußwanderung durch die Via Mala und weiter bis zu dem Orte Andeer, wo wir in das wilde Ferrerathal abschwenkten und nach ermüdendem, doch lohnendem Marsche über Canicül ins Averserthal gelangten, welches bis zum Ende durchschritten wurde. Hier nahmen wir in Juf, einem winzigen, nur von einigen Waldenserfamilien bewohnten Dörfchen, welches einer der höchst gelegenen Orte Zentraleuropas ist, das Nachtquartier. Am andern Morgen überstiegen wir den Staller- und Julierpaß, gelangten hinab nach Silvaplana am Silser See und marschirten von hier nach Samaden, dem Hauptplatze des Ober-Engadin. Dort fanden wir sehr gute und äußerst billige Unterkunft. Da die Witterung zum Besteigen des nahe gelegenen Piz Languard nicht günstig genug war, wurden kleinere Tagestouren in die Umgegend, namentlich aber nach dem Rosegg- und Fergletscher gemacht. Das Wetter verhieß für die nächsten Tage nichts Gutes; der Himmel nahm eine grämliche Miene an, und bald darauf kam es zu einem gründlichen Schneefall, der die Luft so reinigte, daß wir am nächsten Tage mit bestem Gelingen die beabsichtigte Bergfahrt in Begleitung eines kundigen Führers unternehmen konnten. Da Samaden über fünftausend Fuß hoch liegt und der Piz Languard sich nur um weniges über zehntausend Fuß erhebt, so langten wir schon nach fünfstündiger Wanderung auf dem Gipfel des zuckerhutförmigen Bergkegels an, welcher ein völlig unbeschränktes Panorama der Alpenwelt, einesteils von der Zugspitze bis zum Monte Rosa, und andernteils vom Tödi bis zum Adamellogebirge gewährt. Der Anblick aller den Beschauer umgebenden, von Eis- und Schneefeldern bedeckten gewaltigen Gebirgsstöcke und Höhenzüge ist majestätisch, aber beinahe gemüterdrückend. Man fühlt sich zudem auf seinem

Standpunkt isolirt, und da die dünne, feine Luft dort droben abspannend und ermüdend wirkt, so ist man nach einigem Aufenthalt daselbst gern geneigt, wieder zu den Menschen hinabzusteigen. Immerhin ist der empfangene, so bedeutende Eindruck ein bleibender fürs ganze Leben.

Wir hatten unseren Zweck erreicht und zogen am folgenden Morgen über die Berninastraße, bis zu welcher sich der großartige Palügletscher herabsenkt, nach Poschiavo, wo wir in dem am gleichnamigen See gelegenen gastlichen Bade Le Prese übernachteten und dann unter den Annehmlichkeiten des italienischen Himmels das Veltlinerthal bis zum Comer See durchmaßen. Von hier aus fuhren wir über Lecco, Bergamo und Brescia nach Peschiera. Dort wurde von österreichischer Seite strenge Paßrevision geübt, da wir aber keine Reiselegitimation hatten, nahm der betreffende Beamte uns in ein strenges Verhör. Er schmollte über unsere Dreistigkeit, ohne Paß aus Italien nach Oesterreich zu kommen, entließ uns aber endlich, nachdem er sich davon überzeugt, harmlose deutsche Vergnügungsreisende vor sich zu haben, mit einer ernsten Verwarnung.

Weiter ging es nun nach Bozen, wo wir acht Tage vergeblich auf unsere Handkoffer warten mußten, die wir beim Verlassen der Schweiz nach der genannten österreichischen Stadt adressirt hatten. Sie waren wegen der Visitation an der Grenze zurückgehalten worden, obwohl man sich ebenso gut auf dem Bozener Zollamt davon hätte überzeugen können, daß wir keine Contrebande bei uns führten, was auch schließlich geschah.

Der unfreiwillige Aufenthalt in Bozen, wo es ja sonst so schön ist, wurde uns durch unerträgliche Hitze verleidet. Endlich konnten wir, nachdem unsere Sachen angelangt waren, weiter ziehen. Mit dem Stellwagen begaben wir uns nach Brixen und von dort per Post durch das Pusterthal, in welchem uns bis Innichen ein furchtbares Gewitter das Geleite gab. Es war eine unheimliche Situation, da man zu befürchten hatte, daß die Pferde durch die unaufhörlichen Blitze scheu werden und durchgehen könnten. In allen Orten, die wir passirten, wurde mit den Kirchenglocken geläutet. Ob dies oder die fortwährenden Gebete zweier Kapuzinermönche, die mit uns im Wagen waren, das drohende Unheil abgewendet, wer kann's wissen?

Von Innichen aus das malerische Ampezzo- und Piavethal durch-
schreitend, benützten wir, in Conegliano angelangt, die Eisenbahn bis Triest.
Von hier wurde zum Abschluß die Dampfschiffahrt nach Pola unternommen, wohin uns die dort befindlichen Reste altrömischer Bauten
lockten, welche in den wohlerhaltenen Umfassungsmauern eines großen
Amphitheaters, in dem zierlichen Triumphbogen, Porta aurea genannt,
sowie in einem Tempel des Augustus und anderen Ueberbleibseln der
antilen Welt bestehen. Ueber Triest, Wien und Prag mit einem Ab-
stecher nach Teplitz erfolgte darauf die Heimreise.

Zwei Jahre später lud mich mein Reisepatron abermals zu einem
größeren Ausflug ein, der diesmal westwärts, nämlich nach Belgien und
dem nördlichen Frankreich führte, wobei Paris als Hauptziel ins Auge
gefaßt war. Selbstverständlich ergriff ich gern die mir dargebotene Gelegenheit einer kostenfreien Fahrt dahin.

Belgien präsentirt sich als ein schönes, überaus sorgfältig kultivirtes
Land. Stellenweise glaubt man, weithin sich erstreckende Gärten zu
durchfahren. Zunächst machten wir Station in Lüttich, von wo aus die
im großartigen Maßstabe betriebenen Cockerillschen Etablissements besucht
wurden, die freilich weniger mich als meinen für industrielle Unternehmungen begeisterten Gefährten interessirten. Alsdann wurde ein Ab-
stecher nach dem hübsch gelegenen Namur gemacht und von dort aus
der Reihe nach Löwen, Brüssel, Antwerpen, Gent und Brügge besucht.
Alle diese Städte bieten dem Reisenden durch merkwürdige Baulichkeiten
von charakteristischem Gepräge, oder durch sehenswerte Kunstschätze An-
ziehungspunkte dar. In letzterer Hinsicht zeichnen sich ganz besonders
Antwerpen mit den beiden großen Rubensschen Gemälden, die Kreuzes-
abnahme und die Kreuzeserhöhung, in der prachtvollen Kathedrale, und
Brügge aus, wo einige von Hemlings berühmtesten Werken aufbewahrt
werden. Unter diesen wird den Schildereien des Reliquienschreines der
heiligen Ursula von Kennern und Fachmännern ein außerordentlicher
Kunstwert beigelegt. In der That ist die Ausführung dieser Darstellungen
von bewundernswerter Vollendung, der Ausdruck aber namentlich der
weiblichen Physiognomien für mein Gefühl allzu realistisch. Man muß
diese Sachen wohl sehen, bevor man in Italien gewesen ist, wo einem

in den Werken der größten Meister das Schöne gleichsam verklärt
entgegentritt.

Bevor wir Frankreich betraten, huschten wir für einige Stunden
nach dem nahen Ostende hinüber, wo es bei der frühen Jahreszeit allerdings noch ganz still war. Der Anblick des hochwogenden Meeres gewährte aber ein staunenerregendes Bild, und nachdem wir uns, auf dem
Badeterrain hin und wieder wandelnd, daran satt gesehen hatten, eilten
wir mit dem nächsten Eisenbahnzuge der französischen Grenze entgegen,
welche bei der raucherfüllten Fabrikstadt Lille überschritten wurde.

In Paris nahmen wir sogleich für drei Wochen Privatquartier und
begaben uns sodann auf die Wanderschaft durch die weitläufige Stadt,
um vorab einige Lokalkenntnisse zu gewinnen, wobei sich Gelegenheit
darbot, die umherschlendernden Gamins und sonstigen Passanten auf den
stark belebten Boulevards zu beobachten. Bald hatten wir uns mit
Hilfe eines Stadtplanes in den Hauptquartieren und Hauptstraßenzügen
orientirt. Um Zeit und Kräfte zu sparen, wurden demnächst fleißig die
vielen Omnibusverbindungen benützt. Kennt man diese nebst der dazu
gehörenden „Correspondance“, so läßt sich Tag für Tag viel erreichen.
Es war mir ganz erwünscht, dieses elegante Zentrum der modernen
Kultur, in welchem das spezifische Franzosentum sich in seiner ganzen
Eigentümlichkeit offenbart, kennen zu lernen. Aber entzückt hat es mich,
offen gestanden, nicht. Viel lieber wäre es mir gewesen, mein freundlicher Kumpan hätte die Reise wieder nach dem Süden angetreten, um
über Florenz hinauszukommen. Doch sollte mir dies weiterhin auch noch
zu teil werden.

Was in Paris an künstlerischen Kostbarkeiten vorhanden ist, findet
sich in den Sammlungen des Louvre vereinigt. Ich hielt es hier ganz
so, wie in Italien, indem ich mich nur mit dem Besten befaßte. In
den Antikensälen übten vornehmlich drei Kunstwerke dauernde Anziehungskraft auf mich aus. Diese waren: der Borghesische Fechter, die Diana
von Versailles und die Venus von Melos. Letztere ist unstreitig das
schönste, wertvollste Stück der ganzen Sammlung. Von den zahlreichen
Beständen der Gemäldegalerie ist das Beste und Bedeutendste der verschiedenen Malerschulen in sogenannten „Salon carré“ mit einander

vereinigt. Vor allem waren es hier wiederum Raffaels Gemälde „Die heilige Familie" und „La belle Jardinière", an denen ich mich erfreute, dann aber auch Murillos „Conception" und Paolo Veroneses „Hochzeit zu Kana".

Zur Abwechselung wurden die sehenswerten Oertlichkeiten, Bauwerke und Monumente, ferner die Friedhöfe des Montmartre und Père Lachaise, sowie mehrere Plätze der Umgegend aufgesucht, wie Versailles und St.-Germain mit seiner hübschen Terrassenaussicht. Auch die Pariser Blumenmärkte erregten unsere Aufmerksamkeit. Sie sind wegen der auf ihnen ausgestellten Gewächse mit ihrer üppig entwickelten Blütenpracht sehr sehenswert. Die Morgue zu besuchen überließ ich meinem Reisekameraden, da ich mir keinen Genuß vom Anblick der aus der Seine aufgefischten Leichname versprechen konnte, und ich mich lieber an das Lebende hielt.

Wiederholt wohnte ich Theatervorstellungen bei und sah zunächst in der Großen Oper, für welche damals noch das alte Gebäude Rue Lepelletier benützt wurde, Meyerbeers „Robert der Teufel". Das stark besetzte Orchester versprach eine ungewöhnlich sonore Klangwirkung, aber diese blieb aus. Gewiß ist es lobenswert, wenn das Accompagnement diskret gehalten wird, und beim Gesang war dasselbe hier auch ausgezeichnet. Wo aber das Orchester dominiren muß, erwartet man doch eine kräftige, volle Klangwirkung. Die acht Kontrabässe legten aber auch da nicht ordentlich los: es war, als ob die Spieler ihre Bögen mit einer fettigen Masse eingerieben hätten. Einen ähnlichen Eindruck empfing ich bei meinem späteren Aufenthalte zu Paris in den Conservatoire-Konzerten. Die Leistungen der Darsteller waren im ganzen befriedigend, obwohl nicht ausgezeichnet.

In der Komischen Oper wurde mir der Genuß von Halévys „Blitz" zu teil, ein anmutiges Werk, welches der affektirt aufgebauschten und teilweise unerquicklichen „Jüdin" desselben Komponisten vorzuziehen wäre. Die Vorstellung war in Betreff des Bühnenpersonals sehr erfreulich, und nicht minder bezüglich des Orchesters, welches ja in dieser Spieloper sich nur maßvoll zu beteiligen hat. Den größten in Paris empfangenen theatralischen Genuß gewährte mir aber die Vorstellung des Dumasschen

Stückes „La Dame aux Camélias" in der Comédie Française, nicht sowohl wegen der unsympathischen Handlung, als vielmehr der Darstellung halber, wie ich dergleichen niemals vor- oder nachher gesehen. Die Franzosen sind, gleich den Italienern, geborene Schauspieler, obwohl in anderer Nuance. Sie besitzen nicht ganz den reinen, ungeschminkten Naturlaut ihrer südländischen Stammverwandten. Ihre Posen und Gesten haben etwas prononcirt Theatralisches, nicht selten mit dem Beigeschmack eines hohlen Pathos, aber es kommt alles mit der vollendetsten Virtuosität heraus. Und das Bühnenarrangement in der Comédie Française ist so außerordentlich geschickt, daß man sich manchmal in die Wirklichkeit versetzt glaubt.

Ehe wir Paris verließen, nahmen wir noch die Gobelinfabrik in Augenschein, die weniger mich, als meinen Gefährten interessirte. Sodann wurde die Rückreise über Epernay, nicht ohne den dort fabrizirten Champagner zu kosten, und über Reims, der Besichtigung der Kathedrale halber, nach Nancy und Straßburg genommen, von wo aus wir das vaterländische Gebiet wieder betraten.

———

Wieder in Dresden angelangt, ging ich an meine gewohnte Thätigkeit, die plötzlich einen unerwarteten Zuwachs erhielt. In dem Vorraum zum Orgelchor der katholischen Hofkirche befand sich ein großer Schrank. Niemand wußte, was derselbe enthielt. Julius Rietz, welcher abwechselnd mit seinem Kollegen Krebs die gottesdienstliche Musik zu leiten hatte, war immer geneigt, sich über alles zu orientiren, und wollte nun auch gern wissen, was jener Schrank beherbergte. Kein Mensch vermochte darüber Auskunft zu geben, und ein Schlüssel zu dem Behältnis war nicht vorhanden. So mußte der Schlosser heran, um den Schrank zu öffnen. Es war eine bemerkenswerte Entdeckung damit verbunden, denn der Schrank enthielt eine reichhaltige Sammlung von Instrumental-, besonders aber von Geigenmusik aus dem vorigen Jahrhundert, welche auf Veranlassung einer demselben angehörenden kunstliebenden Prinzessin des königlichen Hauses für den Kirchendienst erworben worden war, da damals beim katholischen Kultus dergleichen Sachen aufgeführt wurden.

Die fürstliche Dame hatte zu diesem Zweck große Mengen Musik aus Italien kommen und auch sonst Abschriften herstellen lassen, darunter eine große Zahl Violinkonzerte von Vivaldi, Tartini und deutschen Komponisten. Sobald ich von diesem Notenschatz, welcher alsbald der Privatmusiksammlung des Königs von Sachsen einverleibt wurde, Kunde erhalten hatte, bat ich um die Erlaubnis, die aufgefundenen Musikalien durchsehen zu dürfen, was man mir ohne weiteres gewährte. Bei der Prüfung dieser reichhaltigen Kollektion kam es mir zunächst nur darauf an, die Bekanntschaft mit den Geigenkompositionen des achtzehnten Jahrhunderts zu machen. Es war eine mühevolle und zeitraubende Arbeit, die für mich jedoch schließlich zu einer ergiebigen wurde. Denn während derselben stieg in mir der Gedanke auf, die Geschichte des Violinspieles zu schreiben, womit eine fühlbare Lücke in der Musikliteratur auszufüllen war. Dieser Plan beschäftigte mich fortan unaufhörlich. Nachdem ich die gedachte Notensammlung durchgenommen und von dem Inhalt derselben Entwürfe unter Berücksichtigung der chronologischen Folge zu Papier gebracht hatte, flossen mir aus der königlichen Privatmusiksammlung noch weitere ergiebige Quellen zu.

Der sächsische Hof, von jeher auf die Pflege der Tonkunst bedacht gewesen, zog angesehene Geiger, zumeist italienische, dann aber auch deutsche, in seine Dienste, deren Kompositionen in Drucken oder Abschriften teilweise Eigentum des königlichen Hauses wurden. Diese Musikalien unterzog ich nun gleichfalls für meinen Zweck einer genauen Prüfung, so daß ich schließlich zu einer deutlichen Vorstellung vom Entwicklungsgange des Geigenspieles und der Geigenkomposition nicht nur im vorigen, sondern auch teilweise im 17. Jahrhundert gelangte. Leicht war diesem Ergebnis der weitere Fortgang des fraglichen Kunstzweiges bis zur Neuzeit anzuschließen.

Als das erforderliche Material für die in Aussicht genommene Arbeit bereit lag und die Ausführung der letzteren in Angriff genommen werden sollte, erschien eines Tages im Frühjahr 1866 mein freundlicher Reisepatron mit der Einladung bei mir, ihn nach Rom und Neapel zu begleiten, wohin er binnen kurzem aufbrechen wollte. Nach der ewigen Stadt zu kommen, war ein Wunsch, den ich schon lange mit mir herumtrug. Ich schlug also freudig ein, machte aber die mir gern gewährte Bedingung, in Padua verweilen zu dürfen, um daselbst nach Tartinischen Violinkompositionen zu forschen. Denn da dieser Meister dort bis zu seinem Tode gewirkt hatte, war mit einiger Wahrscheinlichkeit anzunehmen, noch ungedruckte Geigenstücke von ihm aufzufinden, worin ich mich auch nicht täuschte.

Mit dem Eintritt guten Frühlingswetters verließen wir Dresden, obwohl sich am politischen Horizont wegen der Auseinandersetzung zwischen Preußen und Oesterreich schon düsteres Gewölk angesammelt hatte. In der Hoffnung aber, daß sich die schwebenden Differenzen beider Mächte in friedlicher Weise begleichen lassen würden, zogen wir fröhlich von bannen. Derselbe Weg, den wir das erstemal über Prag, Wien und Triest genommen, wurde auch jetzt als bequemster und kürzester eingeschlagen.

Je weiter wir ins Oesterreichische kamen, desto mehr Truppenzügen begegneten wir. Auch Soldatenlager wurden sichtbar. Auf dem Bahnhof zu Nabresina ging's besonders lebhaft her. Derselbe wimmelte von Kroaten, deren phantastische Uniformirung sich brillant ausnahm. Ihr martialischer Anblick erweckte sorgliche Betrachtungen über die drohende Kriegsgefahr, doch wurden wir dieser Gedanken enthoben, sobald Triest und das Adriatische Meer in Sicht kamen.

In Venedig hielten wir uns nicht auf, dagegen aber in Padua, wie abgesprochen worden. Ich besuchte sofort den Kapellmeister der Kathedrale S. Antonio, Namens Melchiore Balbi, in welchem ich einen freundlichen alten Herrn kennen lernte. Mit der größten Bereitwilligkeit führte er mich auf den Chor der genannten Kirche, an welcher Tartini Solospieler gewesen, und zeigte mir einige noch unveröffentlichte Manuskripte desselben, von denen ich mir schnell Abschriften anfertigen ließ. Balbi gab mir auch den Dechiffrirungsschlüssel zu der geheimen Zeichenschrift, womit der Meister seinen Kompositionen Mottos hinzuzufügen pflegte. Da der Notenschreiber zwei Tage zu den von mir gewünschten Kopien brauchte, benützten wir die Zeit zu Spaziergängen und zur Besteigung des Sternwartenturmes (specula genannt), von dem aus man eine schöne Aussicht auf die Euganäischen Berge hat, sowie zum

Besuche der Begräbniskirche Madonna dell' Arena, welche mit Giottos kunsthistorisch wertvoller Darstellung des Lebens Jesu und der Jungfrau Maria geschmückt ist. Auch der botanische Garten wurde besucht und die dortige Palme besichtigt, an welcher Goethe morphologische Studien gemacht.

Die Fahrt wurde dann mit der Eisenbahn nach Bologna fortgesetzt, aber durch die von seiten Italiens nach der venetianischen Grenze dirigirten Truppenteile für ein paar Stunden unterbrochen. Endlich erreichten wir die Hauptstadt der Emilia und bald darauf auch Florenz. Gern hätte ich wieder ein paar Tage dort verweilt, allein mein Reisepatron meinte, er kenne Florenz schon genau genug und wolle keine Zeit verlieren. Des andern Morgens ging's denn auch weiter über Arezzo nach Perugia, wo für ein paar Tage Aufenthalt genommen wurde. Die Eisenbahn dahin war ungefähr von Maggione ab noch nicht weiter fertig. Dort mußten wir einen der für die Passagiere bereit gehaltenen Wagen besteigen, welche der stark ansteigenden Straße halber mit Ochsen bespannt waren. So kamen wir im Schneckengang an dem historisch denkwürdigen trasimenischen See vorüber bis zu dem Punkte, von welchem der Fahrweg nach Perugia hinaufführt. Diese Stadt ist sehr sehenswert, nicht nur wegen ihrer freien Lage an und auf einem Hochplateau mit schönen Fernsichten, sondern auch wegen der dort vorhandenen Gemälde Peruginos, des Lehrmeisters Raffaels, in die man sich hier vertiefen kann. Das thut man gern, denn die besten seiner bildlichen Schöpfungen wirken durch eine liebenswürdige Anmut und Gefühlsschwärmerei unmittelbar sympathisch. Der Typus seiner Gesichtsbildungen begegnete mir übrigens bei meinem Aufenthalte in Perugia und Umgegend in Personen aus dem Volk, und derselbe Typus findet sich in den Erstlingswerken Raffaels wieder.

Auch von Perugia nach Assisi und Foligno gab es noch keine Schienenstraße. Man mußte diese Strecke mit einer Diligence zurücklegen. Bei Assisi unterbrachen wir die Fahrt, um die von Goethe bewunderte antike Fassade der dortigen Kirche St. Maria della Minerva, und darnach die höchst merkwürdige, dem heiligen Franziskus geweihte Doppelkirche zu betrachten.

Von Foligno, der nächsten Eisenbahnstation, wurde dann die Seitentour nach Ancona unternommen. Die Stadt mit ihrer prächtigen Lage hart am Adriatischen Meere bietet eine weite Aussicht auf dasselbe von der hochgelegenen Kathedrale S. Ciriaco aus, welche an sich schon ebenso einer Besichtigung wert ist, wie der wohlerhaltene Triumphbogen des Trajan aus weißem Marmor vom Jahre 112 n. Chr. Diese Denkmäler waren es nicht gerade, welche uns nach Ancona geführt, sondern das nahe Loreto, auf welches mein Reisegefährte es wegen der in der dortigen Kirche befindlichen sogenannten casa santa abgesehen hatte. Die Außenwände derselben sind mit Marmorskulpturen Sansovinos bedeckt, von denen dieser Meister indes nur einen Teil selbst ausgeführt hat. Immerhin sind dieselben sehenswert.

Unser Besuch der Kirche fiel in den sonntäglichen Nachmittagsgottesdienst, bei welchem vom zahlreich versammelten Volk mit leidenschaftlichem, fast stürmisch bewegtem Ausdruck Gesänge ausgeführt wurden, die ganz fremdartig klangen und den Eindruck hinterließen, als ob sie Elemente altgriechischer Sangesweisen enthielten, was insofern nicht unmöglich wäre, als ja an der Ostküste Italiens griechische Kolonien bestanden. In anderen Kirchen Italiens wenigstens habe ich derartige Gesänge nicht gehört. Wahrhaft lächerliches Zeug spielte der Organist, so daß ich versucht war zu glauben, er sei aus einem Narrenhause entsprungen. Die Kirchenmusik in Italien fand ich überhaupt in einem sehr inferioren Zustande. Es würde schwierig gewesen sein, zu entscheiden, ob die beim Gottesdienst zu Gehör gebrachte Musik oder die Ausführung derselben das größere Uebel war, so sehr wurde nach beiden Seiten hin gesündigt. Seichte Opernarien, Tänze und Parademärsche konnte man in Kirchen hören, und die Organisten erwiesen sich im allgemeinen als unfähige Subjekte. Ob dies in neuester Zeit anders und besser geworden, entzieht sich meiner Kenntnis.

Ueberall ließ ich mir angelegen sein, den Volksgesang auf Straßen und im Freien zu belauschen, denn derselbe ist bezeichnend für den Volkscharakter. Meine Ausbeute war hierin indessen ziemlich gering. Es schien mir, daß die Lust am Singen beim italienischen Volke in dem Maße abgenommen, als die Originalkostüme mehr und mehr verschwunden sind.

Wenn Goethe mit einiger Begeisterung in seiner italienischen Reise von dem Gesange der venetianischen Gondoliere berichtet, daß sie ganze Stellen aus Ariost und Tasso auf eine eigene Melodie abgesungen, so klingt unseren Ohren dies wie ein Märchen aus längstvergangener Zeit. Die Norditaliener scheinen aber überhaupt den Volksgesang verlernt zu haben, denn niemals ist mir davon bei meiner Anwesenheit in diesem Teil des Landes etwas bemerklich geworden. Mehr Spuren der Sangeslust fand ich dagegen in Mittel- und Süditalien. In Ancona zum Beispiel führten Leute aus dem Volke abends in den Straßen zweistimmige Gesänge aus, die einen hübschen Effekt machten. Es waren ruhige, meditative Weisen, die in der bekannten italienischen Art mit einem lang ausgehaltenen, nach und nach verhallenden Schlußton endigten. Bemerkenswert war nächst der freien, offenen Tongebung die völlige Reinheit der Intonation, welche für die außerordentliche musikalische Begabung der Nation zeugte. Der Trupp zog, indem er die Gesänge ausführte, gleichsam nach Bänkelsängerart von einem Platze zum andern, um alle Stadtteile sein „concerto pubblico“ mitgenießen zu lassen. Aus einer gewissen Entfernung nahm sich die Sache am besten aus, denn da die Leute aus vollem Halse sangen, so wurde die Wirkung in der Nähe zudringlich.

In Rom und Neapel, wie ich hier gleich vorgreifend bemerken will, hatte ich in den nächtlichen Stunden mehrfach von dieser Straßensängerei zu leiden, obwohl es dort nur einzelne Personen waren, die, nach Hause schlendernd, ihre sonoren Stimmen erschallen ließen. Sie sangen so ungeniert, als ob sie die einzigen Bewohner des Ortes gewesen wären. Oft endete das Treiben, namentlich in Neapel, erst nach Mitternacht, um mit Anbruch des Tages wieder zu beginnen. Für Reminiszenzenjäger will ich das Kuriosum mitteilen, daß ein Junge, der in Rom jeden Morgen frühzeitig an meinem Fenster mit Gemüse oder dergleichen vorüberzog, seine Ware in einigen Worten publizirte, die er melodisch und rhythmisch genau auf die ersten sechs Noten des Mendelssohnschen Lobgesanges „Alles was Odem hat“ mit großer Energie abschrie, woraus zu entnehmen, daß man gerade kein Komponist zu sein braucht, um ein Plagiat zu begehen. In diesem speziellen Falle wird übrigens wohl nur der reine Zufall sein Spiel getrieben haben.

Mit Zuversicht hoffte ich in und um Neapel jene Barcarolen und Canzonetten der Fischer und anderer Leute des Volks zu hören, die in Aubers „Stumme" wie ein Naturlaut des Südens so reizend zu uns sprechen. Doch wurde ich von diesem Wahn bald geheilt, da nichts dergleichen zu hören war. Ob dies ehedem sich anders verhalten oder ob Aubers Werk mir nur so täuschend das südliche Naturleben vorgespiegelt hatte, daß ich vermeinte, die Wirklichkeit müsse eben dasselbe oder doch etwas Aehnliches bieten, weiß ich nicht. Doch wäre mit einigem Grunde zu vermuten, daß letzteres die Ursache meiner Illusion war. Kunst und Natur, wie verschieden sind die beiden nicht, und wer die letztere aus der ersteren kennen zu lernen denkt, wird sich nur gar zu leicht in die Irre geführt finden.

Dem italienischen im Ganzen eben nicht sehr ergiebigen Volksgesang reiht sich die Straßenmusik des Südens an. Diese wurde damals in ähnlicher Weise gehandhabt, wie in anderen zivilisirten Ländern, nur mit dem Unterschied der Betonung des nationalen Accents. Zunächst machten sich Leierkästen und kleine klavierartige Instrumente vernehmlich, auf denen Favoritstücke aus italienischen Opern und Tänze abgeorgelt wurden. Auch Bänkelsänger zogen umher, die an Straßenecken und auf öffentlichen Plätzen musizirten. In Rom traf ich mehrfach auf Leute, die singend grausliche Liebes- und Brigantengeschichten unter Begleitung von Guitarre oder Violine und Baß zur sichtlichen Ergötzung der „popolo basso" ableierten. Wie industriös übrigens die Italiener in solchen Dingen sind, davon mich zu überzeugen hatte ich Gelegenheit in einer kleinen Stadt. Dort gab ein Mann seine Künste zu hören, indem er gleichzeitig drei Instrumente traktirte, ein komisches, mir unvergeßliches Bild. Vor dem Kinn hatte er eine Papagenopfeife angebracht, an der sein Mund hin- und herfuhr wie ein Weberschiffchen auf dem Webstuhl. In solcher Weise pfiff er einige Melodien ab, die von ihm mit der rechten Hand durch Trommel- und mit der linken Hand durch Beckenschläge accompagnirt wurden.

Zu den öffentlichen musikalischen Vergnügungen des italienischen Publikums gehören auch jene Produktionen, welche in den größeren Städten der Halbinsel von Militärmusikchören ausgehen. Zu gewissen

Stunden des Tages, vornehmlich aber abends, fanden hier und da auf der besuchtesten Promenade Konzerte statt, wie sie bei uns an öffentlichen Vergnügungsorten üblich sind, doch ohne Entrée. Die Leistungen dieser Musikchöre fand ich aber entschieden zurückstehend gegen diejenigen der deutschen und namentlich der österreichischen Militärorchester. Dies gilt nicht nur von der italienischen, sondern auch von der französischen Militärmusik, die ich im Jahre 1866 wiederholt in Rom auf dem Monte Pincio hörte. Diese Orchester waren auch nicht zweckmäßig organisirt. Die Oberstimmen und Bässe hatten den Mittelstimmen gegenüber eine zu starke Besetzung, so daß der harmonische Bau der Musikstücke durch die schreienden, melodieführenden Instrumente sowie durch die plumpen, ungeschickten Tubabässe allzusehr übertönt wurde. Sonst hörte ich in Italien die Militärmusikchöre auch bei kirchlichen Funktionen, die sie durch lustige Weisen, wie Märsche, Arien und dergleichen während des Rituale mit schmetterndem Getöse zu verherrlichen suchten.

Von Loreto nahmen wir über Ancona unsern Weg direkt nach Rom.

Wenn der Aufenthalt in Italien für jeden Gebildeten eine Quelle der Belehrung, des historischen Verständnisses, sowie eines reichen Natur- und Kunstgenusses ist, so gilt dies noch in einem besonderen, höheren Grade von Rom, denn hier umgeben den Fremden auf Schritt und Tritt die Zeugen einer Geschichte von mehr als zwei Jahrtausenden. Welchem Berufsleben der Reisende auch immer angehören möge, — Rom wird in verschiedenen Beziehungen fördernd und bildend auf ihn einwirken, vorausgesetzt, daß er eine empfängliche Seele besitzt und zu sehen, zu genießen versteht. Man kann es kühn behaupten: Wer nicht in Italien, und zumal in der ewigen Stadt gewesen ist, entbehrt gewisse wichtige Begriffe, die man auch durch Bücher nicht vollständig gewinnen kann. Nur der Musiker wird jetzt für seine Kunst dort keine sonderliche Ausbeute finden, während er im vorigen Jahrhundert gerade wegen der Musik dahin ging. Dies Verhältnis hat sich völlig umgekehrt. Gegenwärtig müssen die italienischen Musiker, welche höher hinaus wollen, nach Teutschland kommen, um zu lernen, oder wenigstens deutsche Meister studiren. Denn mit ganz vereinzelten Ausnahmen ist in Italien die Pflege der Tonkunst seit lange schon gegen Teutschland sehr merklich im Rückstande. Wenigstens war es in den sechziger Jahren so, und bei meinen späteren Aufenthalten in Italien fand ich es nicht wesentlich anders. Diese Thatsache bildet einen merkwürdigen Kontrast zu der emsigen und erfolgreichen Pflege des Instrumentalen in Italien während des siebzehnten und der ersten Hälfte des achtzehnten Jahrhunderts sowohl bezüglich der produktiven wie der ausübenden Musiker, die damals in diesem Kunstfache teils mittelbar und teils unmittelbar die Lehrmeister der europäischen Kulturvölker waren. Indessen haben die Musikverhältnisse Italiens, wenigstens diejenigen der Hauptstädte, sich neuerdings allen Nachrichten zufolge wesentlich gehoben: mit Eifer ist man bemüht gewesen, wieder bessere musikalische Zustände herbeizuführen, und so manches anerkennenswerte Resultat mag dadurch schon erzielt worden sein.

Doch um wieder auf Rom zurückzukommen, will ich zunächst bemerken, daß der mehrwöchentliche Aufenthalt daselbst mir natürlich nur teilweise Einblicke in die dortige, schier unerschöpfliche Welt gewährte, immerhin aber doch eine Bereicherung der Anschauung, die mich froh und zufrieden machte. Wir durchstrichen vorab die weit ausgedehnte Stadt nach allen Himmelsgegenden, bestiegen die Höhen der nächsten Umgebung, und schweiften in den weitläufigen Parkanlagen der Villen umher, um eine allgemeine Vorstellung der Lokalitäten zu gewinnen, und gingen dann erst an die Besichtigung der architektonischen Altertümer sowie der reichen Kunstsammlungen. Von diesen letzteren übten die größte und anhaltendste Anziehungskraft des Vatikans unvergleichliche Schätze aus. Man kann sich trotz aller Beschreibungen von der Wirkung derselben auf Herz und Gemüt keine deutliche Vorstellung machen, wenn man sie nicht mit leibhaftigen Augen gesehen hat. Was mir vorher in Teutschland an plastischen Kunstwerken bekannt geworden war, hatte mich nicht tiefer berührt und mir auch nicht einmal eine klare Vorstellung von der Bedeutsamkeit der Skulptur überhaupt gegeben, denn wie wenigen vollkommen intakten Statuen begegnet man in den Kunstsammlungen unseres Vaterlandes, und diese gehören noch nicht einmal zum Allerbesten, was die antike Kunst hervorgebracht hat. Schon mehr erschloß sich mir die Schönheit derselben in Florenz und in den Sammlungen des Pariser Louvre. Aber erst in Rom wurde ich vollständig von der Macht dieser

Kunst überzeugt. Im kapitolinischen Museum wird niemand gleichgiltig an dem sterbenden Fechter und an der Venus vorübergehen. Die letztere dürfte nach Haltung und natürlich edlem Ausdruck entschieden der medicäischen Venus in Florenz vorzuziehen sein. Sie wird aber wiederum durch die wahrhaft hohe Erscheinung der Venus von Melos im Pariser Louvre überragt, welche man als ein Ideal des „ewig Weiblichen" bezeichnen könnte.

Unter den Skulpturen des Vatikans heben sich am glänzendsten die Laokoongruppe und der Apoll von Belvedere, sowie die imposante Zeusbüste von Otricoli hervor; dann aber auch die Nilgruppe. Ich konnte mich an diesen Schöpfungen nicht satt sehen. Und ebenso erging es mir mit den Gemälden. Raffaels Transfiguration und die Madonna von Foligno in der vatikanischen Bildergalerie, seine großartig komponirten Wandgemälde in den „Stanzen", ferner die reizenden Schildereien in den Loggien, sowie die Tapeten (gli Arazzi). Vor solchen Kunstgebilden kann man nur in still bewundernder Andacht verweilen. Ueber das Schöne ist im Grunde auch nichts zu sagen: Angesichts desselben verstummt die Sprache.

Selbstverständlich wurde alles, was sonst noch von Raffael sich in Rom darbietet, aufgesucht.

Eine überwältigende Wirkung machten sodann auf mich die in ihrer Art einzigen Gemälde Michel Angelos in der sixtinischen Kapelle, von denen mich am meisten die Beseelung Adams ergriff. Dieses Deckengemälde ist so erstaunlich einfach in der Komposition, und doch spricht daraus ein so titanischer Geist, daß man die Gestaltungskraft seines Schöpfers nicht genugsam preisen kann. Es ist mir als das großsinnigste aller Bilder erschienen, die ich überhaupt gesehen habe. Dieselbe Gewalt der bildnerischen Kraft trat mir in Michel Angelos „Moses" in der Kirche S. Pietro in vinculis entgegen, obwohl gerade diese Figur abnorme, unharmonische Verhältnisse erkennen läßt.

Außer dem Besuch der sehenswertesten Kirchen, an deren Spitze der riesige St. Petersdom, sowie der merkwürdigsten antiken Ueberreste wurden zur Erholung öfters der Monte Pincio mit seiner weitumfassenden Aussicht auf Rom, nächstdem aber die Villen Borghese, Albani und Dora Pamfili besucht, auch Ausflüge nach Tivoli und Frascati unternommen.

An einem heißen Tage trat mein freundlicher Reisegefährte, der nach Art vieler Touristen womöglich alles in Reisehandbüchern Verzeichnete sehen wollte, mit mir die Wanderung nach dem entlegenen Lateran an. Der zwischen hohen Weinbergsmauern durch tiefen Staub dahinführende Weg war höchst beschwerlich. Völlig erhitzt erreichten wir unser Ziel, betraten aber trotzdem die auffallend kühlen kirchlichen Räume und darauf das dazu gehörende Museo Lateranense, was meinem Freunde nicht gut bekam. Ermattet wie ich war, fühlte ich mich zu näherer Betrachtung der Lokalitäten und der in ihnen vorhandenen Raritäten nicht sonderlich aufgelegt. Ohnehin wirkten die in dem Kirchenschiff befindlichen Apostelstatuen mit ihren theatralischen Stellungen ebensowenig ansprechend auf mich, wie die zierlich gewundenen Säulen im anstoßenden Klosterhof. Bald begab ich mich daher wieder ins Freie und genoß in vollen Zügen die liebliche Aussicht auf das in der Ferne sich schön aufbauende Albanergebirge. Als mein Genosse, der mit Beharrlichkeit dem Custode durch sämtliche Lokalitäten des Lateran gefolgt war, sich wieder bei mir einfand, begaben wir uns, um einen Imbiß zu nehmen, in die nahebei belegene primitive Capanna, deren Wirt nur wenig anzubieten hatte. Aber wir konnten doch im Schatten etwas ausruhen. An dem Tische saß ein Mann und eine Frau. Da das Paar sich in deutscher Sprache mit einander unterhielt, entspann sich bald eine Konversation zwischen ihnen und uns, wobei wir erfuhren, daß jene beiden nach Rom gepilgert waren, um die sieben Mutterkirchen zu besuchen. Der Mann gab sich als Trappist zu erkennen. Während er seine Reiseerlebnisse erzählte, schnitt er von der vor ihm stehenden Butter eine Scheibe nach der andern ab und verzehrte sie mit sichtlichem Behagen, worüber ich endlich meine Verwunderung kundgab. „Ja, sehen Sie,“ sagte er mit wehmütig weicher Stimme, „daheim im Kloster bekommen wir niemals Butter zu sehen, doch auf der Pilgerfahrt ist sie erlaubt, und da genieße ich's jetzt recht ordentlich.“ Er fuhr also fort im Butteressen. Dieser Anblick erregte mir aber ein solches Flauheitsgefühl, daß ich mich, dem Manne guten Appetit wünschend, schleunigst entfernte.

Da mein Reisegenosse sich in der kirchlichen Kühle eine starke Erkältung zugezogen hatte, sah er sich auf ärztlichen Rath genötigt, für ein paar Tage das Zimmer zu hüten. Diese Zeit benützte ich, um mich auf den Straßen, Plätzen und Märkten umzusehen und das Volkstreiben zu beobachten, wie ich es schon in den großen Städten Oberitaliens gethan hatte. Besonders günstige Gelegenheit bot in Rom dafür die Piazza della Rotonda, auf welcher außer den Stadtbewohnern auch viele Leute vom Lande, wie z. B. die durch ihr Kostüm sich originell ausnehmenden Campagnolen, verkehren. Dort verweilte ich wiederholt stundenlang.

In seinem Sendschreiben vom Dolmetschen sagt Luther: „Man muß nicht die Buchstaben in der lateinischen Sprache fragen, wie man soll Teutsch reden, wie die Esel thun; sondern man muß die Mutter im Hause, die Kinder auf der Gassen, den gemeinen Mann auf dem Markte darum fragen, und denselbigen auf das Maul sehen, wie sie reden, und darnach dolmetschen, so verstehen sie es denn, und merken, daß man Teutsch mit ihnen redet."

So muß man auch in der Fremde dahin gehen, wo man das Getreibe des Volkes beobachten kann, um für Land und Leute ein Verständnis zu gewinnen, sonst bringt man nur eine lückenhafte Vorstellung von dem auf der Reise Erlebten nach Hause zurück.

Die Piazza della Rotonda ist namentlich in den Früh- und Vormittagsstunden belebt. Dort hörte ich auch einen Ciarlatano seine Quacksalbermedikamente inmitten einer gaffenden Menge marktschreierisch anpreisen, und außerdem ein paar Pifferari, die sonst nur zur Weihnachtszeit erscheinen, um den Marienbildern an der Straßenecke ihre primitiven musikalischen Huldigungen darzubringen, was den Leuten unter dem jetzigen Regimente nicht mehr gestattet ist.

Im Fond dieses Platzes steht das antike Pantheon mit den von Bernini an beiden Seiten hinzugefügten geschmacklosen Glockentürmen, welche vom Volksmunde als die „Eselsohren des Bernini" bezeichnet werden. Das Innere des Gebäudes, welches sein Licht nur durch eine kreisrunde Oeffnung in dem höchsten Teile der halbkugelförmigen Kuppel erhält, gewährt einen mächtigen Eindruck. Seit Beginn des siebenten Jahrhunderts wurde das Pantheon zu kirchlichen Zwecken benützt, vom sechzehnten Jahrhundert ab aber auch zu einer Art Ruhmeshalle, insofern dort die irdischen Ueberreste Raffaels und anderer bedeutender italienischer Künstler ihre Ruhestätte fanden. Durch eine Votivtafel ist daselbst auch Corellis Andenken verherrlicht worden.

Rom hatte im Jahre 1866 eine wesentlich andere Physiognomie als heute. Zu jener Zeit war die Stadt nebst einem gewissen Landbezirk noch im Besitze des päpstlichen Stuhles, und alle offiziellen Feierlichkeiten, die von demselben ausgingen, verliehen Rom ein eigentümliches Gepräge. Besonders trat dies an hohen Kirchenfesten hervor. Da in die Zeit meines Dortseins das mit großem Pomp in der sixtinischen Kapelle unter persönlicher Assistenz des Papstes begangene Pfingstfest fiel, so erlebte ich wenigstens noch etwas von jenen Feierlichkeiten, welche seit 1870 nicht mehr stattfinden.

Die Hauptstadt der katholischen Christenheit genießt den alten Ruhm, in der päpstlichen Kapelle ein musikalisches Kunstinstitut ohnegleichen zu besitzen. Man begreift daher, daß dem Fremden die Bekanntschaft mit den Leistungen desselben wichtig erscheint, und dies um so mehr, je seltener Gelegenheit geboten wird, den genannten Sängerchor zu hören, was gegenwärtig nur noch ausnahmsweise geschieht. Es war aber auch damals Vorsorge dafür getroffen, daß demselben der Reiz des Neuen und damit ein gewisser Nimbus erhalten blieb. Denn nur in der Karwoche und an einigen hohen Festtagen, bei denen der Papst persönlich fungirte, ließ jener Sängerchor sich vernehmen. Begreiflicherweise bildeten diese Momente seiner offiziellen Thätigkeit einen starken Anziehungspunkt für die Fremden. Fand dieselbe an den höchsten Festen in der sixtinischen Kapelle statt, so versammelten sich lange vor Beginn des Gottesdienstes zahlreiche Gäste im Vorraum derselben. Endlich wurde die belagerte Pforte geöffnet; man durfte eintreten in das Heiligtum, wenn man sich nämlich durch einen anständigen Frack zu legitimiren vermochte (denn nur Leute im Gesellschaftsanzuge wurden eingelassen), und war froh, einen leidlichen Stehplatz zu erobern.

Erwartungsvoll gestimmt betrat ich jene Räume, in denen der erhabene Geist Michel Angelos sich mit titanischer Kraft verewigt hat. Der Kühnheit und Gewalt seines Ausdrucks in diesen einzigen bildlichen Gestaltungen voll prophetischer Hoheit und Wahrheit ist nichts anderes in der Malerei vergleichbar. Unnahbar stehen sie im Gebiete der Kunst da, gleich wie in der Natur jene riesigen, vom ewigen Schnee bedeckten Bergkolosse, die vereinsamt und majestätisch aus der Alpenwelt in den blauen sonnenverklärten Aether hinaufragen. Doch nur wer für das Mächtige, Gewaltige in der Kunst den Sinn mitbringt, wird an dieser Stelle Genüge finden: das Holdselige, absolut Schöne, was in Raffaels wundergleichen Werken den Beschauer so unmittelbar erfaßt und erfüllt, ist hier ausgeschlossen.

Eben war ich in den Anblick des Michel Angeloschen Christus versunken, der im „Weltgericht" des Meisters über dem Altar mit alt-testamentarischem Zornesblick und entsprechender Geberde das Verdam-mungsurteil auf die den finsteren Mächten Verfallenen herabschleudert, als die ersten Töne des Sängerchores an mein Ohr schlugen. Die Funktion begann in dem Augenblicke, da Papst Gregor IX., die Tiara auf dem Haupte, mit seinem Gefolge die Kapelle betrat. Die Sänger stimmten das „Tu es Petrus" an. Nachdem der Papst mit erhobener Hand den Segen gespendet, bestieg er seinen zur Seite des Altares stehenden Thronsessel, worauf die kirchliche Feierlichkeit begann. Im weiten Halbkreise vor dem Altar hatten die Kardinäle in ihren scharlach-roten seidenen Talaren, zu Füßen ihre Hauskapläne, Platz genommen. Im Verlaufe der Zeremonie wurden allerhand symbolische Handlungen vorgenommen, die mir zum Teil unverständlich blieben. Auf dem Altar-tisch standen einige Bischofshüte, die man dem Papst wechselsweise auf- und absetzte. Dann trat ein Kleriker mit einem glimmenden Weih-rauchfaß vor Seine Heiligkeit, dasselbe mit Devotion hin und her schwenkend, worauf die Kardinäle der Reihe nach sich dem Papste näherten und eine an dessen golddurchwirktem Gewande befindliche Reliquie küßten. Nachdem sie auf ihre Plätze zurückgekehrt waren, hielt einer der Kleriker eine längere Rede in lateinischer Sprache. Schließlich wurde der Papst seiner Obergewänder entkleidet, so daß er in einem einfachen weißen Gewande sich zeigte. Nunmehr erfolgte ein besonders feierlicher Moment. Tiefe Stille trat ein, und der Papst, von seinem Thronsessel herab-steigend, kniete vor dem Altar nieder, um ein leises Gebet zu vollziehen, womit die ganze Funktion endete. Alle diese Vorgänge verfolgte ich mit

Aufmerksamkeit, lauschte aber dabei fortwährend mit großem Interesse
dem Kapellgesang. Ein Gemisch von Enttäuschung und dem eifrigen
Bestreben, an dem Gehörten jene Eigenschaften zu entdecken, von denen
ich so viel gehört und gelesen, bemächtigte sich meiner, und unter wider-
sprechenden Gefühlen hörte ich die Musik an. Die Leistungen erschienen
mir mittelmäßig, und doch getraute ich mir nicht solches zuzugestehen,
denn ich war voll des besten Willens, das auch schön und trefflich zu
finden, was zu so großer Berühmtheit gelangte. Doch alles das half
mir nicht über den wirklichen Eindruck hinweg, welchen der Gesang auf
mich machte. Derselbe erregte vielmehr nach und nach die Ueberzeugung
in mir, daß es sich nur um ein Kunstinstitut handele, welches, ehedem einzig
in seiner Art, allmälich zurückgegangen sei. Und hier fand ich wieder
einmal die schon oft gemachte Erfahrung bestätigt, daß ein wohlbegründeter
Ruf noch weit schwerer zu verlieren als zu erwerben ist. Die päpstliche
Kapelle mag daher fort und fort bei allen Autoritätsgläubigen als
dasjenige gelten, was sie ohne Zweifel ehedem war. Mir machte sie
den Eindruck eines Institutes, dem von seinen früheren rühmlichen Eigenschaften kaum mehr übrig geblieben war, als eine gewisse Routine.
Dies konnte ich mir durch den neueren Entwicklungsgang der Musik
Italiens wohl erklären. Nach einer glänzenden Epoche geriet die Tonkunst dort allmälich in Verfall. Die Komponisten gaben das Ideal ihrer
Vorgänger auf und fügten sich mehr und mehr den wechselnden Tages-
forderungen des Publikums, welches nur noch nach oberflächlichem Genuß
verlangte. Solchergestalt entartete der Geschmack; was von Ueber-
lieferungen der methodischen Kunstübung übrig geblieben war, wurde
vorwiegend schablonenmäßig angewandt. Auf diesem Standpunkt fand
ich damals den italienischen Musikbetrieb. Die sixtinische Kapelle, das
ehedem hervorragendste Musikinstitut des Landes, vermochte sich diesen
Zuständen nicht zu entziehen. Zwar bewahrte sie noch in mancher Beziehung Traditionen, namentlich bezüglich des Deklamatorischen, allein
die Anwendung derselben erfolgte in überwiegend äußerlicher Weise.
Einzelne Figuren und Phrasen wurden der besonderen Betonung halber
gewaltsam hervorgestoßen, während Legato und Portamento sich meist
vermissen ließen. Auch die Intonation war unsauber. Alles wurde

stark gesungen, die Abstufungen des Piano und Pianissimo fehlten ganz. Besser als die Gesamtleistungen waren einige Solopartien, in denen ein paar wohlklingende Stimmen vernehmbar wurden. Im allgemeinen machten aber die näselnden, metallisch scharfen Kastratenstimmen einen ungünstigen Eindruck.

In einem erfreulicheren Lichte als diese Kirchenmusik erschien eine musikalische Abendunterhaltung nach deutscher Art in der Sala Dantesca, nahe bei der Fontana Trevi. Hier war doch Leben und Streben bemerkbar, sowie die Tendenz auf sinnvolle, kunstgemäße Darstellung. Die Ausführenden, sämtlich junge Musiker, repräsentirten einen jener kürzlich entstandenen musikalischen Vereine Italiens, die es sich zur Aufgabe gestellt hatten, durch Einführung und Pflege deutscher Musik der Tonkunst in ihrem Vaterlande neue Belebung und Förderung angedeihen zu lassen. Zu solchem Zweck veranstalteten sie eine Reihe von öffentlichen Aufführungen. An der Spitze des Unternehmens stand und steht noch jetzt, soviel ich weiß, der Violinist Pinelli, welcher durch längeres Studium in Deutschland die Fähigkeit erworben hat, einen derartigen Kunstverband zu leiten.

In dem erwähnten Konzert wurde mir die unerwartete Begegnung mit Franz Liszt zu teil, welcher seinen Platz unmittelbar vor mir nahm. Ich begrüßte ihn sofort, und mit seiner gewohnten Liebenswürdigkeit lud er mich ein, ihn im Vatikan zu besuchen, wo er damals beim Monsignore Hohenlohe wohnte. Des andern Vormittags ging ich hin, aufs freundlichste von ihm empfangen. Der merklich gealterte Künstler klagte über geistige Ermattung und äußerte, daß er nur noch einige Werke beenden wolle, um dann von dem Schauplatz der musikalischen Thätigkeit zurückzutreten. Von seiner langjährigen Wirksamkeit in Weimar sprach er mit großer Befriedigung und meinte: Er habe bei seinen „Experimenten" allen Richtungen Gerechtigkeit widerfahren lassen. Mit keiner Silbe dagegen erwähnte er seines Uebertrittes in den geistlichen Stand sowie der Umstände, die ihn dazu bewogen, und meinerseits hätte ich es indiskret gefunden, ihn darüber zu befragen. Wie man nun auch über diesen, Vielen unerklärlichen Schritt Liszts urteilen mochte, sicher ist wohl, daß er nicht ganz ohne innere Notwendigkeit erfolgte. Wer den in seiner eigentlichen Sphäre so bedeutenden Künstler näher kannte und beobachtete, konnte merken, daß ihm bei aller Fähigkeit, das Leben zu genießen, ein mystischer Zug eigen war, und dieser im Vereine mit der Neigung zu kirchlich orthodoxer Richtung war ohne Zweifel mit Veranlassung zum Uebertritt in den geistlichen Stand, dem er auch früher schon gewissermaßen als Ehrenmitglied eines Mönchsordens angehörte.

Eine zweite kirchliche Zeremonie, welcher ich in Rom beiwohnte, fand am Fronleichnamsfeste statt. Sie bestand in einer solennen, den St. Petersplatz peripherisch umschreitenden Prozession. Mönchische Brüderschaften eröffneten den Zug. Dann folgten kirchliche Würdenträger im Ornat mit weißen Bischofsmützen auf den Häuptern. Im Anschluß daran erschien der Papst. Von vier uniformirten Männern auf einer geräumigen Bahre getragen, nahm er, die vor ihm angebrachte Monstranz anbetend, eine scheinbar knieende Stellung ein; er saß aber thatsächlich auf einem durch seine Gewänder verdeckten Schemel. In dieser Position gewährte der stattliche Greis einen ehrwürdigen Anblick. Ihm folgten die Mitglieder seines Hofstaates, und demnächst der General Kanzler nebst seinem Stabe in Galauniform zu Pferde, mit vorausgehender Musikkapelle, welche heitere Märsche spielte. Das Ganze war von malerischer Wirkung, hinterließ aber doch einigermaßen den Eindruck einer theatralisch angeordneten Aktion. Nachdem die Prozession vorüber war, wartete das anwesende, nicht gerade zahlreiche Publikum noch auf die Segenspendung des Papstes, welche er von einer hochgelegenen Loggia der Fassade des St. Petersdomes aus urbi et orbi erteilte. Dies alles einmal zu erleben, war mir ganz willkommen. Des Abends entfaltete sich in den Straßen Roms regstes Leben. Unter den Umherziehenden erschienen auch ganze Trupps von Zöglingen der päpstlichen Erziehungsanstalten in ihren farbigen uniformartigen Gewändern, an der Spitze ein paar Tamboure, welche eine Art Generalmarsch schlugen.

Unter den Schaubühnen Roms, von denen ich drei kennen lernte, interessirte mich am meisten das Teatro Apollo, denn hier fand ich Gelegenheit, eine Oper des Neapeler Maëstro Mercadante zu hören, dessen Bühnenwerke mir noch völlig unbekannt waren, da in den letzten dreißig Jahren keine seiner Schöpfungen mehr die Alpen überschritten hatte. Der

Grund davon wurde mir während der Vorstellung seiner „Vestalin“ klar. In dieser Oper, die für eine seiner hervorragendsten Leistungen gilt, fand sich kaum etwas Beachtenswertes. Wohl zeugte die Gestaltung von einer durch massenhafte Produktion erworbenen Gewandtheit, doch ließ die Oper fast durchweg melodischen Reiz, originale Frische und schwunghaften dramatischen Ausdruck vermissen. Nichtsdestoweniger wurde Mercadante in Italien damals noch als eine künstlerische Größe respektirt, was er wohl hauptsächlich seiner Stellung als Direktor des Neapeler Konservatoriums verdankte.

Im Hinblick auf die inzwischen immer bedrohlicher gewordenen Kriegsaussichten erschien es bedenklich, noch die Fahrt nach Neapel anzutreten. Aber mein Reisekumpan gehörte zu jenen Naturen, die eigenwillig an dem festhalten, was sie sich einmal vorgenommen haben. Und so traten wir denn trotz aller abmahnenden Zeichen dennoch den Weg nach der ehemaligen Hauptstadt des Königreiches beider Sizilien an. Denselben unterbrachen wir bei Albano, um auch diesen hochgelegenen Ort kennen zu lernen. Dann ging es nach der Campagna felice, an deren Ausgang Neapel liegt. Der Besuch des Capuaner Schlosses wurde für die Rückreise aufgespart, da Ungeduld uns vorwärts trieb.

Bei Ankunft auf dem Neapeler Bahnhof empfing uns eine lärmende, tobende Menge von Facchinos und peitschenknallenden Kutschern, die ihre Dienste in der zudringlichsten Weise anboten. Der Höllenlärm dieser Leute wirkte wahrhaft verblüffend und betäubend. Schneller noch als man denken konnte, wurde einem das Handgepäck entrissen und schleunigst einem Wagenführer übergeben, mit dem jedenfalls vorher ein lukratives Abkommen getroffen worden war.

Um in die eigentliche Stadt und nach Santa Lucia zu gelangen, wo wir Quartier bestellt hatten, muß man die in der Richtung gegen Portici längs des Golfes sich hinziehende Vorstadt passiren, welche ungeheuer belebt ist. Schiffsleute, Fischer, Verkäufer aller denk- und undenkbaren Eßwaren und Früchte, Lastwagen, Lohnfuhrwerke, Equipagen mannigfacher Art, Esel- und Maultiertreiber mit und ohne Geschirr, Tagediebe, Bummler, zerlumpte Bettler beiderlei Geschlechtes und halbnackte Kinder jeden Alters, — alles schrie und fuhr durch einander, um sich Platz und Luft zu machen. Stellenweise verwickelte sich das Chaos dieses bunten Ensembles in einen Knäuel, der die ganze Masse momentan zum Stehen brachte und nur eine allmäliche Entwirrung gestattete. Dazu kamen pestilenzialische Gerüche, bewirkt durch die unter den Einwirkungen der brodelnden Sonnenhitze erzeugten Ausdünstungen des stagnirenden Hafenwassers, der in Masse feilgebotenen Fische und Seetiere, der Straßenküchen, sowie verschiedener Naturprodukte und Abfälle, deren Ermittlung eine chemische Analyse erfordert haben würde. Kurz, es war ein mehr interessanter als angenehmer Aufenthalt in diesem Stadtteil. Der Fremde darf sich denselben aber nicht versagen, weil er sonst keine vollständige Vorstellung von dem Neapeler Straßenleben gewinnt.

Endlich waren wir glücklich bei unserem Absteigequartier angelangt und erholten uns von der erlittenen Strapaze durch die Blicke auf den Golf und die dahinterliegenden Bergzüge mit der Erhebung des Vesuvs.

Wer von der ewigen Stadt herzukommt, die auf Tritt und Schritt zu ernster Betrachtung und geistiger Thätigkeit anregt, wird einen großen Unterschied mit Neapel bemerken, wo die sinnlich materiellen Lebensarten entschieden vorherrschen. Auch andere Unbequemlichkeiten gab's in Neapel. Dazu gehörten die unverschämten Fiakerführer sowie die vielen Taschendiebe. Die ersteren fuhren, um sich den Fremden anzubieten, dicht vor deren Fußspitzen vorbei, und die letzteren benützten jede Gelegenheit zu unerlaubten Annektirungen. Meinem Reisegefährten hatte ich geraten, alles aus den hinteren Rocktaschen zu entfernen, ehe wir unseren ersten Ausgang machten. Er befolgte dies aber nicht, und kaum waren wir eine halbe Stunde unterwegs, so zeigte sich auch schon, daß ihm die Taschen vollständig geleert worden, ohne daß er es bemerkt hatte.

Mit Ausnahme des Museo Nazionale war und ist man in Neapel, abgesehen von den Theatern, hauptsächlich auf den Naturgenuß angewiesen. Dieser entschädigt allerdings für den im Vergleich zu anderen großen italienischen Städten fühlbaren Mangel an künstlerischer Atmosphäre. Neapel ist trotz seiner Schätze des Altertums keine Musenstadt und wird sich zu einer solchen auch schwerlich jemals erheben. Das leichtlebig und materiell geartete Volk, die üppige, von Fruchtbarkeit strotzende Natur,

der lebhafte Handelsgeist, von dem auch die höheren Schichten der Bevölkerung beherrscht werden, gibt die Erklärung dafür. So war es
aber wohl zu allen Zeiten in Neapel. Der Kunstbetrieb ist dort im
Gegensatz zu den mittel- und oberitalienischen Orten ein nur mäßiger
gewesen. Hierüber belehrt schon ein flüchtiger Blick auf die Stadt.
Sie enthält große, umfangreiche, opulente Bauwerke, doch nur verhältnismäßig wenig davon hat einen höheren Kunstwert. Der prosaisch nüchterne
Nützlichkeitsstil ist überwiegend. Selbst die Kirchen, deren unansehnliche
Türme meist ärmlich genug mit glasirten Backsteinen gedeckt sind, erweisen sich in architektonischem Betracht von untergeordnetem Range.
Anders freilich die Natur! Sie bietet dem Auge eine Fülle der er-
freuendsten Landschaftsbilder dar, in denen das Meer eine Hauptrolle
spielt.

Während meines Aufenthaltes in Neapel waren die Witterungs-
verhältnisse im allgemeinen zwar günstig, doch fehlte der Atmosphäre
jene helllenchtende Durchsichtigkeit, die für den italienischen Himmel sprichwörtlich geworden ist. Auch das Meer zeigte nicht immer jene klare, trans-
parente Bläue, welche man für übertrieben halten muß, so lange man sie
nur auf Aquarellbildern und Farbenskizzen gesehen hat, und die Gebirge
waren meist von einem, das Lineament der Konturen etwas ver-
schleiernden grauklauen Dust umflossen. Doch hat dieser Landschaftston,
der die grellen Lichter des Südens abmildert und für das Auge wohl-
thuend vermittelt, etwas Reizvolles, Malerisches, wie er denn auch von
Claude Lorrain in einigen seiner bedeutendsten Bilder aufs glücklichste
nachgeahmt worden ist. So konnte ich nach Capri nicht hinübersehen,
ohne sogleich an sein der Dresdener Galerie angehörendes prachtvolles
Seestück mit Acis und Galathea erinnert zu werden.

Der Besuch einiger sehenswerter Punkte in Neapels Umgebung war
wegen der Ohren und Nasen abschneidenden Briganti nicht ratsam, die
gerade damals viel von sich reden machten. Diese Spitzbuben hatten
zwar eine mildere Praxis eingeführt, nach welcher sie auf ihren Stand-
orten solche Passanten, von denen eine erkleckliche Beute zu erwarten war,
aufgriffen und so lange in Gewahrsam nahmen, bis das geforderte
Lösegeld gezahlt worden. Doch hat auch diese indirekte Besteuerungs-

methode etwas sehr Ungemütliches, namentlich wenn eine große Summe
herbeigeschafft werden soll, die nicht jedem zu Gebote steht. Dies und
der Umstand, möglicherweise für einige Wochen frei Quartier in den
Abruzzen oder sonstwo an einem obskuren Orte zu erhalten, ließ uns
die Lust vergehen, Ausflüge nach dem Kloster Calmaldoli sowie auch
nach Amalfi und Pästum zu unternehmen. Dagegen wurden als un-
gefährliche und leicht erreichbare Punkte besucht: Pompeji, Salerno,
Sorrento, Pozzuoli und Bajae, sämtlich Orte, die entweder ihrer Naturschönheiten oder besonderer Merkwürdigkeiten halber sehenswert sind, wie
z. B. die Hundsgrotte und Solfatare bei Pozzuoli, oder die neronischen
Bäder. In den letzteren die glühend heiße Galerie zu durchschreiten,
ist eigentlich eine Tollheit, denn man verläßt dieselbe in einem so erhitzten Zustande, daß man beim Austritt aus derselben die Empfindung
hat, als ob einen auf der Stelle der Schlag rühren könnte, so stark ist
der sich fühlbar machende Temperaturunterschied.

Außerordentlich erfreuend war die Fahrt nach Salerno, welche mittelst
der damals soeben erst eröffneten Eisenbahn zurückgelegt werden konnte.
Tiefe Einschnitte wechseln auf dieser Strecke oftmals mit Tunneln ab.
In jeder Minute beinahe wechselt die landschaftliche Scenerie, und endlich
eröffnet sich der überraschende Blick auf Vietri, bald auch auf das pittoreske
am felsenumsäumten Meeresgestade sich hinstreckende Salerno. Zunächst
fährt man, und zwar bis Nocera, im Sarnothale hin, welches, nach und
nach sich verengernd, in üppiger Vegetation prangt. Hin und wieder
tauchen größere und kleinere Ortschaften traulich aus dem frischen Grün
der Thalsohle hervor, die von ansehnlichen Gebirgszügen begrenzt ist.
Einen auffallenden Gegensatz bilden diese letzteren zu dem größten Teil
der italienischen Gebirge überhaupt. Sind im allgemeinen die höheren
und höchsten Regionen der Apenninen kahl und sonnenverbrannt, so
erinnert dagegen das Aussehen der neben dem Sarnothale herlaufenden
Höhen an das deutsche Waldgebirge. Das Lineament ist, wie bei diesem
letzteren, weicher, und eine kräftige Baumvegetation bekleidet die Gipfel
der höchsten Kuppen. So erschien mir denn das, was ich hier sah,
wie eine trauliche Reminiszenz an das Heimatland.

Salerno ist schon seiner naturschönen Lage halber eines Besuches

wert, dann aber auch wegen des Domes mit seiner mannigfachen Mosaik-
ornamentik und der reichgeschmückten Krypta, in welcher sich die Gräber
longobardischer Könige befinden. Nachdem dies alles besichtigt worden,
kehrten wir zur Einnahme einer Erfrischung in eine Trattoria ein.
Dort waren zwei Herren anwesend, mit denen ein Gespräch über die
eifrig auch in Italien betriebenen Rüstungen zum Kriege mit Oesterreich
angeknüpft wurde. Auf die Frage, in welchem Teile Deutschlands wir
zu Hause seien, gab ich mich als „Prussiano“ zu erkennen. Jetzt wurden
die Herren noch freundlicher und zuthunlicher als vorher. Sie empfahlen
sich dann mit größter Höflichkeit, und als wir bei unserem Aufbruch
nach unserer Zeche fragten, erklärte der Wirt, daß dieselbe bereits be-
richtigt sei. Wir durften also annehmen, aus politischen Gründen un-
wissentlich die Gäste jener beiden Herren gewesen zu sein, und da sie
nicht mehr einzuholen waren, mußten wir uns ihr freundlich gemeintes
Verhalten gefallen lassen.

Eine andere Ausbeute von einziger, unvergleichlicher Art gewährte
uns Pompeji. Ein Spaziergang durch die bloßgelegten Straßenzüge
und Häuserreste dieser ehedem von so schwerem Geschick heimgesuchten
Stadt hat etwas Fabelhaftes, und daher im Grunde Unbeschreibliches.
Man glaubt sich in eine andere Welt versetzt, und thatsächlich ist es ja
auch eine fernliegende, fremde Welt, in der man sich hier bewegt. Sie
gewährt Einblicke in die Lebensarten eines alten Kulturvolkes, von dessen
Gewohnheiten sich übrigens noch jetzt in der Bevölkerung Mittel- und
Süditaliens einzelne Reste erhalten haben.

Die unheimliche Stille, das Gefühl der Vereinsamung, vermischt
mit dem menschlichen Anteil, den man jetzt noch dieser Unglücksstätte und
den vielen jählings vernichteten Bewohnern derselben unwillkürlich zollt,
tragen wesentlich zu dem tiefen Eindruck bei, den diese Gräberstadt auf
das Gemüt ausübt. Und während man hier in einer eigenen Weise an
die Vergänglichkeit des Irdischen gemahnt wird, erbebt das Herz bei
dem Gedanken an die ungeheure, verderbenbringende Gewalt der Natur-
kräfte, die alles Menschenwitzes spotten und vernichten, was der „Herr
der Schöpfung“ so klüglich erdacht und auferbaut. Noch heute, wie seit
Jahrtausenden, sendet der furchtbare Berg, an dessen Fuß das un-

glückliche Pompeji liegt, drohend seine düsteren Dampfwolken und Feuer-
garben gen Himmel, und jeden Tag, jede Stunde kann sich von neuem
jenes erhaben furchtbare Schauspiel wiederholen, welches die Stätten
menschlichen Fleißes vernichtete, wie es ja auch in neuerer und neuester
Zeit geschehen. Und doch lassen sich die Umwohner des Schreckenortes
durch so nahe Gefahr nicht abhalten, immer und immer wieder auf den
Massengräbern ihrer Vorfahren ein neues Leben zu begründen. Es
gehört eben die Sorglosigkeit des Südländers dazu, welche der Neapolitaner in hohem Grade besitzt.

Die Ausgrabungen in Pompeji werden seit einigen Dezennien mit
größerer Bedachtsamkeit und Schonung des Aufgedeckten betrieben. Vor-
dem wurden, abgesehen davon, daß durch unzureichende Vorkehrungen
beim Hinwegschaffen der über Pompeji ausgebreiteten vulkanischen Nieder-
schläge viel Mauerwerk einstürzte, die Wände meist ihrer bildlichen Darstellungen, die Fußböden ihrer Mosaiken, die Wohnräume und Kaufläden
ihrer Ausstattungen an Hausrat und plastischem Schmuck beraubt, um
die Museen, namentlich aber dasjenige in Neapel, damit zu bereichern.
Neuerdings hat man darauf Bedacht genommen, die noch vorhandenen
Baulichkeiten möglichst zu erhalten und alles darin sich Vorfindende an
Ort und Stelle zu belassen, was allein richtig ist. Denn während die
Betrachtung der aus Pompeji entnommenen und im Museo Nazionale
nach Gattungen neben einander aufgestellten Gegenstände nur zu leicht
ermüdend wirkt, gewinnen dieselben an ihrem Fundorte eine besondere
Bedeutung, weil sie in den Zusammenhang der Erscheinung treten, ein-
ander ergänzen, und somit ein freilich nur annäherndes Bild von der
Existenz der Alten geben.

Völlig andere Eindrücke als Pompeji gewährte der Ausflug nach
Sorrent, wo man in Orangen- und Limonengärten umherwandeln kann,
deren Blütenduft schier berauschend wirkt. Die kurze, nur zweistündige
Wasserfahrt auf einem winzigen Lokaldampfer, welcher von dem stark
bewegten Wogenschlage wie eine Nußschale hin- und hergeworfen wurde,
bekam mir schlimm genug, denn ich wurde so seekrank, daß ich mich ganz
elend fühlte, wobei ich erfuhr, wie wahr es ist, daß man in diesem
Zustande von einem vollständigen Lebensüberdruß ergriffen wird.

Gern hatten wir der Insel Capri einen Besuch abgestattet, damals aber gab es keine Dampfschiffverbindung dahin, und so wurde von dieser Partie abgesehen.

Nach Neapel zurückgekehrt, machte ich meine Visite im dortigen Konservatorium der Musik, dessen Einrichtungen kennen zu lernen mir interessant war. Beim Eintritt in die Räumlichkeiten der Anstalt, welche sich in dem ehemaligen Franziskanerkloster S. Pietro a Majella befindet, wurde ich durch eine Scene überrascht, die einen ebenso ungewohnten als komischen Effekt auf mich machte. In einem geräumigen Korridor der ersten Etage nämlich fand ich eine Anzahl der Musikeleven, trotzdem es schon zehn Uhr vormittags war, in völliger Morgentoilette fleißig auf ihren Tonwerkzeugen übend und zum Teil dabei hin- und herspazierend. Blas- und Streichinstrumente verschiedener Gattung erschollen da katzenmusikartig durch einander. Passagen, Scalen, langausgehaltene Töne und Triller durchzitterten den Raum und meine von dem Neapolitaner Straßenlärm ohnehin schon erregten Nerven. Doch die hoffnungsvolle Jugend ließ sich durch die Dazwischenkunft des Fremdlings, dem sie leicht den verwundert dreinschauenden Ausländer ansehen konnte, in ihrem Thun und Treiben nicht weiter stören. Ganz besonders machten sich zwei Scholaren, ein Baßposaunist und ein Contrabassist, bemerklich, die ihren Instrumenten so gewaltsame Töne entlockten, als ob sie sich zu einer Auferstehungsmusik vorbereiten wollten.

Eiligst entschlüpfte ich, um diesem Tongewirre und Getöse zu entrinnen, in einen Seitenkorridor, wo mir ein Institutsdiener begegnete. Derselbe führte mich auf meine Bitte zu dem Bibliothekar des Konservatoriums, der mir als ein „Cavaliere“ Florimo bezeichnet worden war, da es mich interessirte, die seiner Fürsorge anvertraute wertvolle, zum großen Teil aus Kompositionen ehemaliger berühmter Zöglinge der neapolitanischen Tonschule bestehende Musiksammlung kennen zu lernen. Signore Florimo, welcher später eine Geschichte des Neapeler Konservatoriums veröffentlichte, entsprach meinem Wunsche auf das zuvorkommendste und gab mir über alles Auskunft, was mir wissenswert war. Dabei erfuhr ich, daß die Musikschule durch Verschmelzung von vier ehedem bestandenen derartigen Instituten geschaffen worden sei. Diese Anstalten, deren Ge-

· schichte teilweise bis auf die Mitte des sechzehnten Jahrhunderts zurück-
geht, waren folgende: Conservatorio della Pietà dei Turchini, dei
Poveri di Gesù Christo, di S. Onofrio und di Maria Loreto.
Diese Namen lassen vermuten, daß sämtliche ehemalige Musikschulen,
gleichwie die gegenwärtig bestehende, in Beziehungen zu Mönchsklöstern
der Stadt gestanden hatten. Wie dem aber auch sei, gewiß ist es, daß
noch im vorigen Jahrhundert der italienische Klerus, und was mit demselben zusammenhing, thätigen Anteil an den tonkünstlerischen Bestrebungen
der begabten Nation des Südens nahm.

Seit 1826 befindet sich das Neapeler Konservatorium in den Räumen
des schon erwähnten Franziskanerklosters S. Pietro a Majella. Das
Kunstinstitut bezog, als ich dort war, an jährlichem Einkommen die
Summe von 200 000 Lire. Unwillkürlich erinnerte ich mich mit einiger
Niedergeschlagenheit im Hinblicke auf diesen Betrag der beschränkten
Mittel, welche damals den deutschen Musikschulen zu Gebote standen.

Die Zöglinge der in Rede stehenden Anstalt mußten dieselbe sechs
Jahre hindurch besuchen. Sie blieben aber, wie Signore Florimo mir
sagte, nach Befinden auch länger darin. Neben der musikalischen und
wissenschaftlichen Ausbildung wurde ihnen freie Wohnung und Beköstigung
gewährt. Die Gesamtzahl der Eleven betrug damals hundertundfünfzig, mag
aber seitdem noch gestiegen sein. Das Lehrpersonal bestand, abgesehen von
dem Direktor, aus einundzwanzig Präzeptoren. Sämtliche zum Gebrauche
für die Schüler erforderlichen Musikalien und Instrumente gehörten der
Anstalt. Unter den Violinen sah ich einige recht gute, wenn auch nicht
vorzügliche Exemplare. Dagegen waren die Klaviere desto schlechter.
Wer sie nicht gesehen, kann sich keine Vorstellung von diesen tonlosen,
ungestimmten Klapperkasten machen, die dort bearbeitet wurden. Dies
war keine außergewöhnliche Erscheinung. In ganz Italien fand ich
meist nur mittelmäßige Klaviere, was mich im Hinblick auf den so fein
ausgebildeten Tonsinn der Italiener befremdete.

Herr Florimo hatte, als ich ihn verließ, die Freundlichkeit, mich
nach dem Zimmer zu geleiten, in welchem der Lehrer des Violinspiels
soeben eine Lektion erteilte, da es mir als Geiger von besonderem Interesse war, die Leistungen seiner Schüler kennen zu lernen. Hier mußte

ich, wie schon bei meinem Eintritt in die Anstalt, die Wahrnehmung machen, daß mit der Reinlichkeit im Neapeler Konservatorium kein Luxus getrieben wurde. Sämtliche Schüler sahen ungewaschen und ungekämmt aus; sie waren überhaupt in einem Anzuge, als ob sie soeben erst ihre Schlafstätten verlassen hätten. Auch das Zimmer gehörte keineswegs zu den sauberen. Es trug entschieden jenes Kolorit, welches in der Malerei mit „grau in grau" bezeichnet wird. Indessen ward meine Aufmerksamkeit alsbald durch das Spiel zweier Schüler in Anspruch genommen, von denen jeder ein Violinsolo mit Klavierbegleitung vortrug. Beide zeigten sich recht brav in der Manier der französischen Schule. Denn diese war für die Italiener in Ermangelung einer eigenen modernen nationalen Richtung maßgebend. Und auf ihrem vaterländischen Boden standen noch im vorigen Jahrhundert jene großen epochemachenden Geigenmeister, die tonangebend für die ganze musikalische Welt waren!

Im Begriffe, mich zu entfernen, fand ich erwünschte Gelegenheit, das artistische Haupt des Konservatoriums, Maëstro Saverio Mercadante, dessen Oper „Die Vestalin" ich kurz vorher in Rom gehört, zu begrüßen. Der greise Künstler, welcher das Unglück gehabt hatte, das Augenlicht zu verlieren, hielt eben den um ihn versammelten Schülern eine Rede. Von kleiner, schmächtiger Gestalt, den Kopf mit einem Sammetkäppchen bedeckt, saß er in würdiger Haltung auf dem Sofa, während die Anwesenden einen Halbkreis um ihn bildeten. Er sprach mit heller, bestimmt artikulirter Stimme unter lebhafter Gestikulation, wie es den Italienern eigen ist. Der Violinlehrer, Namens Pinto, welcher mir das Geleite gegeben, nahm Gelegenheit, mich dem alten Herrn vorzustellen. Sogleich unterbrach derselbe seinen Vortrag und begann eine Unterhaltung mit mir, bei der er mit diplomatischer Gewandtheit einige wohlgesetzte Worte über deutsche Musik und Musiker fallen ließ, worauf er meinem Begleiter anempfahl, dafür zu sorgen, daß ich eine gute Meinung von dem Konservatorium mit hinwegnehmen möge. Schließlich fragte er mich, woher ich sei, und wo ich meine künstlerische Ausbildung empfangen. Als ich ihm sagte, daß ich die Leipziger Musikschule besucht und Mendelssohns Unterricht genossen, erging er sich in Lobeserhebungen des Meisters und stellte mich con grazia als Schüler desselben den Anwesenden vor.

Die Neapolitaner haben nicht geringe Ursache, auf ihr Konservatorium stolz zu sein, denn viele künstlerische Celebritäten, darunter Tonsetzer von hohem Range, wie Alessandro Scarlatti, Feo, Leo, Durante, Pergolese, Paesiello, Cimarosa, Spontini und andere mehr, sind auf demselben ausgebildet worden.

Von den Sammlungen des Museo Nazionale nahmen die Skulpturen vorzugsweise meine Aufmerksamkeit in Anspruch, denn die Gemäldegalerie enthält nicht viel Vorzügliches. Ich blieb bei meiner Methode, nur das Beste anzusehen, und hatte etwas davon. Mit den Marmorgebilden erging es mir wie in Rom; ich empfing hier gleichfalls eine mächtige Wirkung von denselben. Manche dieser Werke sind aber auch so wohl erhalten, als ob sie eben erst aus dem Atelier des schaffenden Künstlers hervorgekommen wären.

Wer Italien während der sommerlichen Zeit besucht, muß darauf gefaßt sein, die großen Theater geschlossen zu finden. Es sind dann die Teatri diurni, die Tagestheater, welche Schau- und Lustspiele, sowie Vaudevilles und Possen darstellen, in voller Thätigkeit. Sie bieten öfters Gutes, ja sogar Ausgezeichnetes, denn da der Italiener geborener Schauspieler ist, mithin natürliche Darstellungsgabe in hohem Maße besitzt, so findet sich leicht, in größeren Orten zumal, eine Gesellschaft zusammen, deren Leistungen meist genußbringend sind. Außerdem trifft man wohl auch, wenn man Glück hat, gelegentlich auf gute Opernvorstellungen. Eine solche erlebte ich einmal in der Neapeler Via Nazionale. Die letztere bildet jene weltberühmte, längs des Golfes sich nach dem Posilippo zu hinziehende Promenade, an deren Beginn sich ein Zirkus nebst Restaurationslokal befand, und wahrscheinlich noch befindet. In diesem Gebäude, Teatro Giardino d'Inverno genannt, gab eine Operngesellschaft Vorstellungen, die mir von mehreren Seiten gerühmt wurden. Dem entsprachen die Leistungen wirklich. Man gab die komische Oper „Don Bucefalo" von Cagnioni.*) Die Aufführung war in jedem Betracht vortrefflich und ungemein erheiternd.

*) Dieser in seinem Vaterlande sehr beliebt gewordene Tonsetzer, welcher siebzehn Opern komponirt hat, starb am 30. April 1896 zu Bergamo. Geboren wurde er

Mehr Spaß noch machte mir der Besuch einer Volksbühne, die das italienische Theaterwesen sozusagen von der Kehrseite zeigte. Der pomphafte Name des Lokales, Teatro Fenice, in welchem ich einer Vorstellung beiwohnte, stand im grellen Kontrast zu der Unternehmung selbst. Beschränkte, kärglich erleuchtete und ausgestattete Räumlichkeiten, eine kleine, höchst mittelmäßige Musikbande, eine Duodezbühne mit miserablen Dekorationen und Mobilien — alles trug den Charakter der Armseligkeit und des in Eile Improvisirten. Erst kurz vor Beginn der Produktion erfuhr man, ob überhaupt gespielt werden würde. Da sich aber ein ausreichendes Publikum eingefunden, erhielt dasselbe Einlaß. Es kam eine Gesangsposse im neapolitanischen, wahrhaft kauderwelschen Volksdialekt zur Aufführung. Obschon mir der im Patois gesprochene Dialog mehrenteils unverständlich blieb, so interessirte mich die Vorstellung doch insofern, als die Handlung ein Stück neapolitanischen Volkslebens veranschaulichte. Und noch mehr als das. Die ganze, im rasenden Tempo abgedroschene Komödie bot ein getreues Spiegelbild des dortigen Straßenlärmes und Schmutzes und der vulgären Lebensarten, so daß man im kleinen einen konzentrirten Eindruck von dem erhielt, was unterm freien Himmel vorging. Die Komödianten gehörten einer tieferen Stufe an, als es sonst bei dem landläufigen Histrionentum der Fall zu sein pflegt, weshalb denn auch der in der Aktion herrschende Ton von derber Naturwüchsigkeit war. Doch wurde die Grenze des Schicklichen nicht gerade verletzt. Die Darstellung enthielt zwar viel Plattes, Triviales, aber nichts im Grunde Gemeines. Sehr charakteristisch erschien die vollkommene Nonchalance und Sorglosigkeit, mit der gespielt und gesungen wurde, und auch in dieser Beziehung erhielt man den Eindruck des Improvisirten, wozu freilich der Souffleur das Seinige beitrug. Dieser fungirte nämlich nicht nur als solcher, sondern zugleich als Dirigent, Regisseur und Inspizient in einer Person. Mit aller Behaglichkeit hatte er sich samt den ihm zukommenden Requisiten, wie Text- und Notenbuch, in seinem Kasten eingerichtet, und häufig wurden seine Hände und Arme

im Februar 1827 zu Godiasco bei Voghera. In Vigevano, wo er eine Reihe von Jahren als Kapellmeister an der Kathedrale wirkte, hat man zu seinen Ehren eine der Straßen und auch das dortige Theater nach ihm benannt.

sichtbar, um durch Zeichen die Handlung zu leiten oder in dieselbe einzugreifen, wenn es nötig war. Sollte eine Person auftreten, so gab
er mit der Faust einen Schlag auf das Podium, von dem sich dann
eine Staubwolke erhob. Der Chor wurde dagegen durch zwei Schläge
vor die Rampe citirt. Trotz seiner vielseitigen Thätigkeit mochte dieser
Souffleur ohnegleichen jedoch in materieller Hinsicht kärglich genug gestellt
sein. Wenigstens war es auffallend, daß er die Brotstücke, welche in
einer Speisescene von einem der Komödianten vor dem Souffleurkasten
fallen gelassen wurden, mit Sorgsamkeit aufsammelte und in die Tasche
steckte. Da ich meinen Platz dicht neben der Bühne hatte, so konnte
ich dies alles bequem sehen. Belustigt verließ ich den Schauplatz mit
dem Bewußtsein, eine völlig neue Theateranschauung gewonnen zu haben,
und begab mich in eine der vielen Trattorien Neapels, um, wie jener
Souffleur, auch meinerseits für eine materielle Rekreation zu sorgen.

Meinem Reisekumpan gefiel es so sehr in Neapel, daß er beabsichtigte, dort noch einige Tage länger zu verweilen, als er sich vorgenommen. Es wurde indessen nichts daraus, denn plötzlich überraschte
uns die Zeitungsnachricht, daß die Feindseligkeiten zwischen Preußen und
Oesterreich einerseits und zwischen letzterem Staate und Italien andererseits begonnen hatten, sowie daß preußische Heeresabteilungen in das
Königreich Sachsen einmarschirt seien. Dies bestimmte uns, schleunigst
die Heimreise auf dem kürzesten Wege anzutreten, da mein Gefährte
Haus und Hof in Dresden besaß und er seine Familie nicht ohne
männlichen Schutz lassen wollte. Wir eilten ohne Aufenthalt nach
Norden, benützten das Dampfschiff über den Comersee, fuhren mit der
Post über den Splügen nach Chur und von dort über den Bodensee
durch Bayern weiter. Die Preußen waren unterdessen schon in Böhmen
eingedrungen, wo sich alsbald Kämpfe mit den österreichischen Truppen
entwickelt hatten. Als wir in Würzburg anlangten, verlas auf dem
Bahnhof ein Postbeamter vor dem zahlreich versammelten Publikum aus
der Augsburger Zeitung Siegesbulletins der Oesterreicher, wonach die
Preußen gründlich geschlagen sein sollten. Diese Nachrichten waren für
mich insofern erschreckend, als zwei meiner Brüder den Feldzug mit-
machten und leicht verunglückt sein konnten. Indessen suchte ich meine

Aufregung zu bemeistern. Wir fuhren sogleich weiter nach Nürnberg, wo Nachtquartier genommen werden mußte, weil dort kein Eisenbahnanschluß stattfand. An den Straßenecken fanden wir gedruckte Kriegsberichte, die dasselbe besagten, was in Würzburg verkündet worden. Man mußte also annehmen, daß sie richtig waren. Des andern Morgens setzten wir die Reise fort. Der Bahnzug konnte uns aber nicht mehr nach Hof bringen, von wo wir direkt nach Dresden fahren wollten, denn wegen der nahen preußischen Vorposten war die Kommunikation aufgehoben. Wir mußten uns daher nach Eger begeben. Auf dem dortigen Bahnhof fragte ich einen höheren österreichischen Beamten, wie die Nachrichten vom Kriegsschauplatz lauteten. „Wir wissen hier gar nichts," entgegnete er. Dann riet er uns, mit einem Privatfuhrwerk den Weg über die sächsischen Orte Adorf und Falkenstein nach Greiz zu nehmen, und von hier nach Gera zu gehen, wo möglicherweise noch die Eisenbahnverbindung mit Leipzig offen sei. Wir ließen uns das nicht zweimal sagen und erreichten auch glücklich Gera. Dort passierte bald darauf ein langer Bahnzug durch, in welchem sich der König von Hannover nebst militärischer Begleitung nach der soeben erfolgten Niederlage bei Langensalza als Kriegsgefangener befand. Erst längere Zeit darnach wurden wir weiter befördert, denn aller Verkehr war unregelmäßig geworden. Endlich langten wir aber doch auf dem Umwege über Leipzig in Dresden an, wo es, abgesehen von der preußischen Besatzung, ganz ruhig aussah. Die Bürgerschaft freilich fand keinen Gefallen an den preußischerseits eiligst um die Stadt her errichteten Schanzen, mußte sich aber darein ergeben. Irgend eine Unbill wurde ihr übrigens nicht zugefügt.

In Dresden erfuhren wir alsbald, daß die Kriegsbulletins der Augsburger Zeitung aus der Luft gegriffen waren. Ein paar Tage nach unserer Heimkehr ließ sich plötzlich um die Mittagszeit eine starke Kanonade vernehmen. Viele Dresdener meinten, die Oesterreicher kämen im Siegeszuge heran. Alles strömte nach der Brühlschen Terrasse, woher der Kanonendonner kam. Da ergab sich aber, daß die preußische Artillerie aus Anlaß der militärischen Entscheidung bei Königgrätz ein Viktoriaschießen veranstaltet hatte. Der Krieg war damit so gut wie beendet, und bald darauf erfolgte der Friedensschluß von Nikolsburg. Nachdem die Präliminarien zu demselben bekannt geworden, erhielt ich aus der böhmischen Stadt Reichenberg eine Zuschrift meines ältesten Bruders mit der Einladung, ihn zu besuchen, da er dort für acht Tage mit seiner Abteilung auf dem Rückmarsche in die Heimat Ruhestation gemacht habe. Infolge dessen begab ich mich auf den Weg dahin, denn es war mir ein Herzensbedürfnis, ihn nach dem glücklich beendeten Feldzuge wiederzusehen. Er hatte in der Schlacht bei Königgrätz einen Streifschuß am rechten Arme davongetragen, sonst aber keinen Schaden genommen. Nachdem ich ein paar Tage bei ihm verweilt und Näheres von ihm über den Verlauf der entscheidenden Schlacht erfahren, kehrte ich, erfreut darüber, daß er nicht das Leben eingebüßt, nach Dresden zurück. Mein anderer Bruder, der zu den nach Böhmen kommandirten Reservetruppen gehörte, war gar nicht ins Feuer gekommen.

Zu Hause angelangt, ging ich sogleich an meine Violingeschichte, deren Fortführung durch die italienische Reise unterbrochen worden war, bearbeitete auch zwischendurch einige Tartinische und Veracinische Geigenkompositionen mit Klavierbegleitung.*) Die Violingeschichte fand bei ihrer Veröffentlichung allseitige freundliche Aufnahme, obwohl die Darstellung der frühesten Epoche dieses Kunstzweiges der erwünschten Vollständigkeit noch entbehrte, was jedoch bei der zweiten Auflage des Buches von mir nachgeholt werden konnte.

Die durch diese literarische Arbeit neben meinen sonstigen laufenden Berufspflichten mir erwachsenen Anstrengungen machten eine Erholung nötig. Diese fand ich im Sommer (August 1869) in Norderney, wo ich mit bestem Erfolg die Seebäder gebrauchte. Zur selben Zeit verweilte dort mit Familie der Kronprinz von Preußen, der nachmalige Kaiser Friedrich, an den ich empfohlen war. Eines Tages ließ der hohe Herr bei mir anfragen, ob ich Lust hätte, bei einer im Kurhause zu veranstaltenden musikalischen Soirée mitzuwirken, was ich natürlich gern bejahte. Unter den Damen des kronprinzlichen Gefolges befand sich die Frau Gräfin P., eine ausgezeichnete Pianistin. Dieselbe

*) Diese Bearbeitungen sind teils bei N. Simrock in Berlin und Bartholf Senff, sowie bei Gustav Heinze in Leipzig erschienen.

trug bei der Gelegenheit, auf speziellen Wunsch der Frau Kronprinzessin, die Variationen aus Beethovens Kreutzersonate mit mir vor. Außerdem war ich bei der Ausführung einer Arie mit obligater Violine von der Komposition des gleichfalls in Norderney anwesenden Prinzen Albrecht, jetzt Prinzregent von Braunschweig, beteiligt. Auf der Probe zu diesem hübschen, in Händels Manier gesetzten Musikstücke kam es zu einer heiteren Scene. Die junge Dame, welche die Gesangspartie übernommen hatte, führte diese im ganzen bis auf eine Note, welche sie nicht richtig zu treffen vermochte, in wohlgelungener Weise aus. Das mehrmalige Aus-schlagen des falschen Tones versetzte den Prinzen in eine lachlustige Stimmung, welche sich auf die anderen Anwesenden übertrug. Doch schließlich fand die Dame den richtigen Ton, und der Prinz bezeigte seine volle Zufriedenheit mit der Leistung. Zu den musikalischen Gaben des Abends trug auch Herr v. Keudell, der spätere preußische Botschafter am italienischen Hofe, auf bemerkenswerte Art bei, indem er mit großer Fertigkeit ein Klaviersolo wirkungsvoll vortrug.

Die Soirée verlief, dank der Leutseligkeit des kronprinzlichen Paares, in angenehm belebter Unterhaltung. Mir speziell blieb es eine freudige Erinnerung, der wohlaufgenommene Gast des glorreichen Siegers von Königgrätz und Wörth gewesen zu sein.

Der erfrischende Aufenthalt in Norderney wurde noch in anderer Hinsicht für mich bedeutsam, denn gegen Ende desselben erhielt ich die Nachricht von meiner Berufung zum städtischen Musikdirektor nach Bonn. Gern übernahm ich dieses Amt, da dasselbe inzwischen von der Kom-munalbehörde zu einem offiziellen, mit festem Gehalt verbundenen gemacht worden war. Einige Wochen später erfolgte mein Umzug von Dresden nach dem Orte meines früheren Wirkens.

Wieder am Rhein.

Seit meinem Fortgange von Bonn waren vierzehn Jahre verflossen. Unterdessen hatte die Einwohnerzahl der Stadt einen ansehnlichen Zuwachs durch den Zuzug vieler wohlhabender Familien von auswärts her erfahren, was der öffentlichen Musikpflege zu statten kam. Die Orchesterverhältnisse zwar fand ich nur um weniges gebessert, aber der städtische Gesangverein war numerisch stärker geworden, infolge dessen mehr mit ihm geleistet werden konnte als ehedem. Dies zeigte sich gleich bei den ersten von mir geleiteten Winterkonzerten. Eine besondere Genugthuung war es mir, die Konzertsaison, nachdem Schumanns „Paradies und Peri" gegeben worden, mit Bachs doppelchöriger „Matthäus-Passion" zu beschließen, welche bis dahin in Bonn noch keine Aufführung erlebt hatte. Nur eines blieb dabei zu wünschen: ein geräumigeres Lokal, denn der zu Gebote stehende Saal machte eine beengende Zusammendrängung der Mitwirkenden und auch des Zuhörerkreises nötig, was für die Behaglichkeit beider Teile hemmend war. In dieser Beziehung brachte jedoch das folgende Jahr erfreuliche Abhilfe. Es stand nämlich die Säkularfeier Beethovens, des größten Sohnes der Stadt Bonn, in naher Aussicht, und für diesen Anlaß war ein großes dreitägiges Musikfest geplant, wozu natürlich eine geeignete Lokalität beschafft werden mußte. Viele Bürger ließen sich dahin vernehmen, daß man es bei einer provisorischen, aus Holz erbauten Festhalle bewenden lassen solle, deren Kosten von den zu erhoffenden pekuniären Ueberschüssen des künstlerischen Unternehmens leicht zu bestreiten sein würden. Andere aber waren der Meinung, daß es geraten sei, einen bleibenden Saalbau aufzuführen, weil ein solcher der Stadt auch weiterhin Nutzen bringen müßte. Indessen machte die Geldfrage Schwierigkeiten. Diese fand jedoch schließlich ihre Lösung dadurch, daß die Stadt einen Bauplatz sowie eine gewisse Summe zum Saalbau hergab. Was hierüber hinaus noch erforderlich war, brachte man durch freiwillige Zeichnungen bemittelter Kunstfreunde auf. Sofort wurde dann der Bau des Festlokales, dessen Zuhörerraum auf 2000 Personen berechnet war, in Angriff genommen, denn die Beethovenfeier sollte im August desselben Jahres stattfinden. Nun trat aber unvermutet der von Frankreich frevelhaft provozirte Krieg mit Deutschland hindernd dazwischen: es war ein Wiederausbruch des uralten Riesenkampfes zwischen Romanen- und Germanentum. Die französischen Machthaber konnten Preußens siegreichen Feldzug von 1866 nicht verschmerzen; sie sahen mit Ingrimm diesen Staat, die Vormacht Deutschlands, erstarken, und fürchteten ihre anmaßlich beanspruchte Führerrolle im europäischen Konzerte einzubüßen. Zugleich spekulirten sie darauf, die seit 1866 enger mit einander verbundenen deutschen Stämme wieder zu spalten, und ihre schon längst genährte Habgier nach dem linken Rheinufer zu befriedigen. Glücklicherweise wurden diese bösen Pläne total vereitelt.

Als der Krieg mit Deutschland seinen Anfang nahm, befanden sich zunächst die gefährdeten Rheinländer, und besonders die Bewohner des linken Rheinufers, in begreiflicher Besorgnis vor der Möglichkeit einer französischen Invasion. Man erinnerte sich jener vor die Befreiungskriege fallenden Jahre, in denen die republikanische Soldatesla Frankreichs das Rheinland vergewaltigt und schonungslos gebrandschatzt hatte. Der Gedanke an eine Wiederholung der damit verbundenen Greuel versetzte alles in große Aufregung, und die massenhaften Durchzüge der nach dem Grenzgebiete beförderten deutschen Heeresabteilungen vermochten das allgemein herrschende Angstgefühl vor den möglicherweise kommenden unheilbringenden Ereignissen nicht zu verringern, weil niemand wissen konnte, welchen Verlauf die Dinge nehmen würden. Erst nachdem die Mitteilungen über die für Deutschland glücklichen Kämpfe bei Weißenburg und Wörth eingetroffen, atmete man freier auf. Dann aber folgte wieder eine peinliche Spannung der Gemüter, da längere Zeit keine Nachrichten weiter vom Kriegsschauplatz anlangten, bis plötzlich die Kata-

strophe von Sedan bekannt wurde. Die Gefangennahme der dorthin
gezogenen französischen Armee nebst Napoleon entfesselte einen unbe-
schreiblichen Freudenrausch der Rheinländer, von welchem natürlich ganz
Deutschland ergriffen wurde. Herzerhebend und rührend war es, wie
die Bürger Bonns sich auf den Straßen beglückwünschten und die Hände
schüttelten, denn nun war ja die Befürchtung, den Feind ins Land
zu bekommen, mit einem Schlage vollständig beseitigt. Die massenhaften
Gefangenentransporte nach dem Innern Deutschlands, von denen ein
großer Teil die Stadt Bonn per Eisenbahn passirte, durfte man sich
jetzt mit einer gewissen Gemütsruhe ansehen. Von den Gefangenen
kamen 2000 französische Offiziere nebst dem Kriegsminister Le Boeuf
nach Bonn. Unter diesen Männern befand sich auch Therese Milanollos
Gatte, der Oberst Parmentier, ein prächtiger, ungemein intelligenter Herr,
mit dem sich gut verkehren ließ. In der begründeten Voraussicht, nicht
so bald nach Frankreich zurückkehren zu können, ließ er seine Gattin zu
sich kommen. Sie brachte ihre Geige mit, und so fand ich nach Verlauf
von sechsundzwanzig Jahren Gelegenheit, sie wieder zu hören. Sie spielte
noch sehr hübsch, doch machten ihre Leistungen auf mich nicht mehr ganz
den gewinnenden Eindruck, welchen ich ehedem von denselben empfangen
hatte, weil ich an künstlerische Produktionen damals einen anderen Maß-
stab anlegte wie zuvor. Bei den Unterhaltungen mit Herrn Parmentier,
der eine gute musikalische Bildung zeigte und mit Gewandtheit Klavier
spielte, kam die Rede gelegentlich auch auf die kriegerischen Vorgänge in
seinem Vaterlande. Er erkannte die Ueberlegenheit der deutschen Heeres-
leitung an, bezweifelte aber, als die Zeitungen den Plan einer Beschießung
der französischen Hauptstadt meldeten, ganz entschieden, daß dies wegen
der zu großen Entfernung, in welcher die Belagerer sich von dem Rayon
der Stadt befänden, möglich sein würde. Nachdem aber das Bombardement zur Thatsache geworden war, sprach er nicht mehr über diesen
Punkt, und ich vermied es gleichfalls, um ihm die Verlegenheit darüber
zu ersparen, daß er als Fachmann die Leistungsfähigkeit der deutschen
Artillerie unterschätzt hatte. Der geistig anregende Verkehr mit ihm ist
mir übrigens in angenehmer Erinnerung geblieben.

In der Hoffnung, daß auch Metz endlich kapituliren würde, hatte

ich inzwischen mit meinem Gesangverein die Uebungen zu Händels
Dettinger Tedeum begonnen, um es eventuell zum Besten der ver-
wundeten deutschen Krieger aufzuführen. Auf einer der Klavierproben
dazu erklang plötzlich das weithin schallende große Geläute der Bonner
Münsterkirche. Man war begierig, zu erfahren, was dasselbe zu bedeuten
habe. Bald brachte der aufwartende Diener die Nachricht, daß Metz
gefallen sei. Sofort ließ ich das Tedeum wieder von vorne beginnen,
welches mit heller Begeisterung durchgesungen wurde. Meine Absicht,
das schöne Werk demnächst zu vorgedachtem Zwecke aufzuführen, ließ sich
aber nicht verwirklichen, da die neu erbaute Tonhalle vorab zu Ehren
Beethovens, dessen Namen sie auch erhielt, eingeweiht werden sollte.
Das dafür veranstaltete Konzert fand am Geburtstage des großen Ton-
meisters mit folgenden seiner Kompositionen statt: 1. Cuverture zur
„Weihe des Hauses" op. 124, 2. Kyrie und Gloria aus der C-dur-
Messe, 3. Klavierkonzert in C-moll, vorgetragen von Ferdinand Hiller,
4. Festlicher Marsch und Chor aus den „Ruinen von Athen" und
Symphonie in F-dur Nr. 8. — Die Akustik des in einfacher, an-
spruchsloser Ausstattung aufgeführten Saalbaues erwies sich als eine
über alle Erwartung gelungene und ganz vorzügliche.

Der Krieg, welcher trotz aller Mißerfolge des Feindes von demselben in gänzlich nutzloser Weise weiter fortgesetzt worden, kostete noch schwere
Opfer, ging aber doch, wie bekannt, nach dem Falle der französischen
Hauptstadt seinem für Deutschland so glorreichen Ende entgegen. Am
26. Februar 1871 erfolgte der Abschluß des Präliminarfriedens zu Versailles, und nun fand zur Feier desselben die von mir in Aussicht
genommene Aufführung des Händelschen Tedeums nebst Beethovens
heroischer Symphonie statt.

Kurz darauf wurde ich in die tiefste Trauer versetzt: ein finsteres
Geschick entriß mir die teure Gattin. Von den Meinen verblieb mir
nur noch ein halberwachsener Sohn, nachdem schon zu Dresden ein
solcher im jugendlichen Alter gestorben war. Durch das Hinscheiden
meiner treuen Lebensgefährtin in die schmerzlichste Lage versetzt, mußte
ich es als eine Wohlthat betrachten, daß meine amtliche Thätigkeit mich
demnächst vollauf in Anspruch nahm. Zunächst stand die feierliche Ein-

weihung der neu erbauten protestantischen Kirche in Bonn bevor, für welche die Aufführung der Bachschen Kantate „Ein' feste Burg ist unser Gott" vorzubereiten und zu leiten war. Sodann beschäftigten mich die dringenden Vorbereitungen zu der nachträglichen Säkularfeier Beethovens, welche im August desselben Jahres stattfand, unausgesetzt in angespannter Weise.

Zum artistischen Leiter des viertägigen Festes war Ferdinand Hiller in Aussicht genommen worden, doch mit der Einschränkung, daß ich neben demselben an der Direktion beteiligt sein sollte. Das Mitglied des Fest-komites, welches beauftragt worden, mit Hiller eine Vereinbarung zu treffen, hatte es indessen unterlassen, denselben von dem Beschlusse in Betreff meiner Mitwirkung zu informiren. Als dies nachträglich noch geschah, erhob Hiller dagegen entschieden Protest. Er war damit voll-kommen im Recht, da die Leitung des Festes ihm gänzlich bedingungslos angetragen worden war. Indessen ließ er mit sich sprechen, und auf Wunsch des Komites trat er mir schließlich die Leitung einiger Stücke ab. Dieser Zwischenfall brachte für mich noch ein erfreuliches Nachspiel. Die An-gelegenheit hatte nämlich unter den Mitgliedern des städtischen Gesang-vereines böses Blut gemacht. Um dies nun zu markiren, und zugleich mir einen Sympathiebeweis zu geben, setzten sie eine artige Demon-stration in Scene, indem sie mir Fétis' wertvolle „Biographie universelle des musiciens" mit einem hübschen Widmungsblatte, und überdies eine prachtvolle Kristallbowle verehrten, welche mit den Bildnissen Bachs, Beethovens und Schumanns (jener drei Meister, deren Werke ich im Winter zuvor aufgeführt hatte) geschmückt war.

Inzwischen hatte ich die Chorübungen zur Missa solemnis und zur neunten Symphonie aufgenommen. Wer nur in Bonn singen konnte, beteiligte sich daran, so daß ein großer Chor beisammen war. Den Hauptstamm des Orchesters bildete beim Feste selbst die Hannoversche Hofkapelle, welche noch extra durch ausgezeichnete Streichinstrumentisten von nah und fern verstärkt wurde. An der Primgeige waren, wenige Ausnahmen abgerechnet, nur Konzertmeister deutscher Kapellinstitute mit-wirkend beteiligt, und die übrigen Stimmen des Streichquartetts hatten eine dem entsprechende auserlesene Besetzung, infolge dessen die Wirkung desselben zu einer wahrhaft glänzenden wurde.

Unter den Gesangs- und Instrumentalsolisten befanden sich gleichfalls vorzügliche Kräfte, von denen hier nur Josef Joachim, Charles Hallé aus London, der Kammervirtuose Fr. Grützmacher aus Dresden, die Hofopernsängerin Otto-Alvsleben aus Dresden, Frau Amalie Joachim und der Münchener Hofopernsänger Vogl namhaft gemacht seien.

Selbstverständlich waren für die Programme ausschließlich Beethovensche Kompositionen ausgewählt worden. Dasjenige des ersten Tages bestand aus der Missa solemnis und der C-moll-Symphonie. Im zweiten Festkonzerte gelangten zur Aufführung: die Ouverture zu „Leonore" Nr. 2 (irrtümlich ehedem als Nr. 3 bezeichnet), der Marsch und Chor aus den „Ruinen von Athen", das Violinkonzert, die Fantasie für Pianoforte, Chor und Orchester, und die heroische Symphonie. Das Konzert des dritten Festtages brachte die Ouverture zu „Coriolan", den elegischen Gesang für vier Solostimmen, das Pianoforte-Konzert in Es-dur, die Arie „Ah perfido", die „Egmont-Ouverture" und die neunte Symphonie. Bei der Matinée des vierten Tages endlich kamen an Musikstücken zu Gehör: das Streichquartett in F-moll op. 95, die Adelaide, die Sonate für Pianoforte und Violoncello in A-dur op. 69, die Lieder „Wonne der Wehmut" und „Kennst du das Land", sowie das C-dur-Quartett op. 59 Nr. 3.

Das Fest fand unter dem Herzuströmen von Kunstfreunden aus allen Himmelsgegenden in glanzvoller Weise statt. Deutsche, englische und belgische angesehene Zeitungen hatten ihre Berichterstatter nach Bonn gesandt, und die rheinische Presse war reichlich vertreten. Nach dem Vormittagskonzert des vierten Tages vereinigten sich die Komitemitglieder mit den beim Feste thätig gewesenen Künstlern sowie mit einer großen Zahl von Gästen zu einer Rheinfahrt nach Rolandseck, wozu zwei Dampfschiffe mit obligater Musik bereit gestellt waren. Unterwegs nahm die Gesellschaft in heiterster, animirtester Stimmung das Mittagsmahl ein. In Rolandseck verweilte man bis zu später Abendstunde in zwanglosem Verkehr, unterhalten durch Harmoniemusik, Illumination und Feuerwerk. Kurz, das Fest verlief von Anfang bis zu Ende in schönster, allgemein befriedigender Weise. Die Anstrengungen, welche die Vorbereitung desselben mit sich gebracht hatten, wurden mir aber hinterher so fühlbar

daß ich mich für einige Zeit der Ruhe überlassen mußte. Mit Beginn
des Herbstes kehrte ich dann zu meiner gewohnten Thätigkeit zurück, und
die Chorproben zu den Winterkonzerten begannen wieder, wobei vorab
Haydns „Schöpfung" und Mozarts „Requiem" in Angriff genommen
wurden.

Wie ich schon gelegentlich der Erwähnung meiner Violingeschichte
andeutete, bedurften die frühesten Entwickelungsstadien des Geigenspieles
noch einer wesentlichen Vervollständigung. Es war mir nun darum zu
thun, das dafür erforderliche Material zu sammeln, um es bei der Hand
zu haben, falls eine neue Auflage des Buches nötig werden sollte. Und
dieses Material hoffte ich in den Bibliotheken zu Brüssel und Paris zu
finden. Ich beschloß deshalb im Frühjahr 1872, beide Städte zu besuchen. Meine Freunde glaubten mir zwar von Paris entschieden ab-
raten zu sollen, da dort, wie überhaupt in Frankreich, noch eine große
Gereiztheit gegen alles Deutsche herrschte, und ich infolge dessen auf
Schwierigkeiten stoßen, vielleicht auch unangenehme persönliche Erfahrungen
machen würde. Aber ich ließ mich dadurch nicht abhalten, meinen Plan
auszuführen.

In Brüssel fand ich nicht gerade das, was ich suchte, aber doch
manches für spätere Arbeiten Brauchbare. Während meines mehrtägigen
Aufenthaltes in der Hauptstadt Belgiens wurde mir die Freude, den
Direktor des dortigen Konservatoriums, François Gevaërt, näher kennen
zu lernen, einen feingebildeten Mann und außerordentlich kenntnisreichen
Musikgelehrten, dem ich mehrfache Anregungen und Fingerzeige für meine
Studien und Arbeiten zu verdanken hatte.

Vor meiner Weiterreise besuchte ich auf Zureden eines Kölner Bekannten das Wiertz-Museum. Dasselbe enthält ausschließlich nur Bilder
von der Hand des 1865 verstorbenen belgischen Malers Wiertz. Dieser
Mann war in seiner Kunst ein ausbündiger Sonderling, welcher, dem
Normalen aus dem Wege gehend, höchst kuriose Sachen auf die Leinwand
brachte. Ohne Frage besaß er ein bedeutendes Talent, in seiner Ori-
ginalitätssucht geriet aber seine krankhaft erhitzte Phantasie auf die selt-
samsten Einfälle. Einen geradezu abstoßenden Eindruck macht das Bild,
auf welchem Napoleon I. inmitten megärenhaft sich geberdender Weiber

dargestellt ist, welche ihm die blutenden Gliedmaßen ihrer in den Kriegen umgekommenen Angehörigen vorzeigen. Auf einem anderen Bilde ist das Erwachen eines eingesargten Scheintoten mit schauerlich wirkendem Raffinement dargestellt. Grotesk wirkt dann wiederum das im kolossalen Maßstabe ausgeführte Bild, dessen Gegenstand der Besuch des Odysseus nebst Genossen bei Polyphem bildet. Dieser letztere nimmt die ganze Höhe des bis zur Bedachung des Museums reichenden Gemäldes ein, während Odysseus nebst dessen Begleitern nur die Länge der großen Zehe des einäugigen Höhlenbewohners haben. Ein närrisches Produkt ist auch die unmittelbare Nebeneinanderstellung einer nackten, jugendlich schönen weiblichen Figur und deren Skelett. Wiertz hat damit unverkennbar die Vergänglichkeit des Schönen ausdrücken wollen, aber die Art und Weise, wie diese Idee hier zum Ausdruck gebracht worden, erscheint doch höchst geschmacklos.

Mehr Ausbeute als in der Brüsseler Bibliothek wurde mir für meine Zwecke in Paris zu teil. Von einem nach Bonn zum Studium der deutschen Sprache gekommenen französischen Lehrer, den ich näher hatte kennen lernen, war ich an den Direktor der Pariser Kunstakademie adressirt worden. Da mir gesagt wurde, daß es für Ausländer einer besonderen Erlaubnis zur Benützung der Konservatoriumsbibliothek bedurfte, war der genannte Herr auf meine Bitte so gütig, mich mit einer Empfehlung an Ambroise Thomas, den damaligen Direktor des Konservatoriums, zu versehen. Dieser begegnete mir mit höflicher Freundlichkeit. Als ich ihm aber den Wunsch aussprach, auf der seiner Oberaufsicht unterstellten Bibliothek arbeiten zu dürfen, fragte er mich, ehe er mir die Erlaubnis dazu gab, indem er meinen Namen aus dem Empfehlungs-schreiben ablas, in besorglichem Tone: „Nicht wahr, Sie sind doch Pole?" Die Bedeutung dieser Frage wurde mir sofort klar, und ich entschloß mich schnell zu der Notlüge, mit einem resoluten „Jawohl" zu ant-worten. Herr Thomas versah mich darauf alsbald mit einer Karte an den Bibliothekar Wederlin, und entließ mich mit dem Wunsche, daß die Sammlungen der Bibliothek meinen Erwartungen entsprechen möchten. Dies war auch der Fall. In der dort aufbewahrten, leider nicht mehr ganz vollständigen Kollektion Philidor fand ich eine große Masse altfranzösischer Instrumentalmusik, deren Auszüge und Abschriften mich tagtäglich vormittags fünf Wochen hindurch in Anspruch nahmen. Dieses Material gab mir vollständigen Aufschluß über den Entwicklungsgang der französischen Instrumentalkomposition im 17. und 18. Jahrhundert. Auch auf der „Bibliothèque nationale" machte ich einige wertvolle Erwerbungen.

Die Nachmittage meines diesmaligen Pariser Aufenthaltes waren teils dem erneuten Genusse der Kunstwerke des Louvre, und teils der Erholung im Freien gewidmet. Eine Annehmlichkeit dabei war mir die Gesellschaft meines Freundes, des trefflichen Komponisten Theodor Gouvy, dessen Werke in Deutschland größere Schätzung gefunden haben als in Frankreich.

Bei meinen Wanderungen durch die verschiedenen Stadtteile konnte ich mich von den greulichen Verwüstungen überzeugen, welche die Kommunarden während ihrer Schreckensherrschaft im Frühjahr 1871 angerichtet hatten. Das Schloß der Tuilerien war gänzlich vom Erdboden verschwunden, das Palais de Justice teilweise demolirt, und ebenso das Palais Royale sowie das Hôtel de Ville, das Finanzministerium und die Polizeipräfektur. Auch die Vendômesäule hatte der Zerstörungswut des Pöbels weichen müssen. Der Lohn für diese Schandthaten blieb nicht aus. Nachdem die Regierungstruppen, so erzählte man mir, wieder Besitz von Paris genommen, war im Palais du Luxembourg eine Kommission zur Aburteilung der aufgegriffenen Kommunarden (Männer und Weiber) eingesetzt worden. Das Verfahren derselben gestaltete sich höchst einfach. Einzeln vorgeführt, mußten die Leute ihre Hände vorzeigen. Ließen die letzteren das Hantiren mit Petroleum erkennen, so wurden die betreffenden Individuen ohne weiteres in den Hof geführt und auf der Stelle erschossen.

In St.-Cloud besuchte ich einen der Offiziere, die ich während ihrer Bonner Internirung hatte kennen lernen. Wir machten einen Spaziergang durch den Schloßpark. Als die Schloßruinen in Sicht kamen, fragte ich meinen Begleiter, von wem die Zerstörung des Gebäudes ausgegangen sei, obwohl mir bekannt war, daß dasselbe durch die französische Beschießung vernichtet worden. Die lakonische Antwort lautete:

„Ah Monsieur, c'est la guerre." Wäre die Zerstörung von deutscher
Seite erfolgt, so würde man sich jedenfalls in anderer Weise geäußert
haben. Konnte ich doch überhaupt aus mancherlei Andeutungen im
Verkehr mit Franzosen entnehmen, daß die Hauptschuld an dem Kriege,
welcher so viel Unheil über ihr Land gebracht hatte, lächerlicherweise den
Deutschen beigemessen wurde.

Friedlichere Eindrücke, als bei gelegentlichen Unterhaltungen über
politische Dinge, empfing ich in zwei Conservatoire-Konzerten, welche mir
Gelegenheit boten, unter anderem die vierte und neunte Symphonie von
Beethoven zu hören. Die Aufführungen waren von erstaunlicher Präzision und Glätte, doch im Grunde nicht schwungvoll. Auch Kraft des
Ausdruckes ließ sich vermissen. Dies war mir einerseits in Anbetracht
des nur kleinen Saales, und andererseits hinsichtlich der starken Besetzung
des Streichquartetts, welches aus vierzehn ersten und vierzehn zweiten
Violinen, zwölf Bratschen und zehn Violoncellen nebst acht Contrabässen
bestand, sehr auffallend. Deutsche, nicht so vollzählige Orchester entwickeln mehr Energie. Die Blasinstrumente erwiesen aber eine so delikate
Behandlung, wie man sie wiederum bei uns nur selten antrifft. Rühmens-
wert erschien mir der Umstand, daß die Hornisten, von denen der erste,
Namens Mohr, ganz excellent war, für die Beethovenschen Symphonien
(wie überhaupt für alle klassische Musik) nur Waldhörner benützten, deren
poetischer Klang den Ventilhörnern nicht in demselben Grade eigen ist.
Zu wünschen wäre es, daß die deutschen Hornisten eben dieselbe Praxis
befolgten.

Von nur mäßiger Beschaffenheit waren die Chorleistungen in den
Konzerten des Pariser Conservatoire, aber immer noch besser als diejenigen einer Aufführung der Bachschen Matthäuspassion, welcher ich bald
darauf im „Cirque de l'impératrice" beiwohnte. Sehr verwundert
war ich über die vom Dirigenten genommenen schnellen Tempi. Es
ging alles sozusagen im munteren Trabe. Diese Behandlung des erhabenen Werkes verleidete mir die Leistung, und schon nach dem Schluß
des ersten Teiles machte ich mich aus dem Staube. Freilich mußte ich
mir sagen, daß die für diese tiefernste Schöpfung erforderliche gemessene
Bewegung den lebhaften, temperamentvollen Franzosen Langeweile ver-

urſacht haben würde. Intereſſant war es mir, bei dieſer Gelegenheit zu beobachten, wie weſentlich das Kunſtverſtändnis durch den nationalen Geiſt bedingt iſt. Beſitzen wir Deutſche doch auch wiederum nicht immer das volle Verſtändnis für die leicht bewegliche Eleganz und den eigentümlichen Eſprit des ſpezifiſchen Franzoſentums.

Um mir eine weitere Anſchauung von dem Pariſer Muſikbetriebe zu verſchaffen, beſuchte ich auch eines der Padesloupiſchen Konzerte im Cirque d'hiver. Die dort gehörten Leiſtungen machten mir den Eindruck einer mehr routinemäßigen als ſorgſam vorbereiteten und fein durchgebildeten Behandlung. Schon die etwas handwerksmäßige Direktionsweiſe Padesloups war nicht vielverſprechend. Da aber dieſe Aufführungen zu billigem Preiſe für die große Maſſe des Publikums beſtimmt waren, ſo mochten ſie ihre Berechtigung haben.

Die Ergebniſſe der Pariſer Bibliotheken befriedigten mich wohl im allgemeinen, nicht aber völlig in Betreff derjenigen Materialien, deren ich zur Vervollſtändigung meiner Violingeſchichte bedurfte. Daher mußte ich noch weiter bemüht ſein, auf anderem Wege dazu zu gelangen. Von zuverläſſiger Seite benachrichtigt, daß mir die Bibliothek des Liceo musicale in Bologna eine genügende Ausbeute für meinen Zweck liefern werde, beſchloß ich, nach Beendigung meiner winterlichen Thätigkeit dahin aufzubrechen, und gegen Ende März (1873) erfolgte in Begleitung meines älteſten Bruders, welcher mittlerweile in den Ruheſtand getreten war, die Abreiſe nach dem Süden. In Venedig verweilten wir acht Tage, da mein Bruder, der zum erſtenmal nach Italien kam, doch alles Schöne und Bedeutſame der Dogenſtadt kennen lernen wollte. Für Bologna nahm ich einen Aufenthalt von zwei Wochen in Ausſicht, da mir Hoffnung auf eine reiche Ausbeute an alter Inſtrumentalmuſik in der Bibliothek des Liceo musicale verheißen worden, was auch der Wirklichkeit entſprach. Gaetano Gaspari, ein prächtiger alter Herr, öffnete mir mit größter Liberalität die Schränke der von ihm verwalteten Bibliothek und unterſtützte mich in der weitgehendſten Weiſe bei meinen Studien.

Die Bologneſer Bibliothek erwies ſich mir in Betreff der Inſtrumentalmuſik als die wertvollſte der überhaupt exiſtirenden. Dies verdankt ſie dem Sammlergeiſt des ſeinerzeit hochberühmten Padre Martini (geboren 1706 in Bologna, gestorben daselbst 1784). Es ist derselbe Musikgelehrte, unter dessen Auspizien Mozart als Knabe die Mitgliedschaft der dortigen, 1660 gegründeten Accademia filarmonica erwarb. Zu jener Zeit war es leicht, für ein Billiges Musik von kunsthistorischem Wert in Menge zu erwerben, und Martini benützte diesen Umstand zur allmälichen Vervollständigung seiner Privatbibliothek. Da nun die Instrumentalmusik ihre ersten bedeutungsvollen Entwicklungsstadien in Oberitalien durchgemacht hatte, und die kompositorischen Erzeugnisse derselben in den Hauptorten jenes Landstriches, namentlich aber in Bologna, gedruckt worden waren, so ist es erklärlich, daß viel davon in Martinis Sammlung überging. Den größten Teil seiner umfangreichen Bibliothek vermachte er seiner Vaterstadt, und dieses Erbe bildete den Grundstock der Bücher- und Notenschätze des Liceo musicale, welche im Laufe der Zeit noch einen ansehnlichen Zuwachs erhielten. Denn auch Gaspari war ein eifrig sammelnder Bibliophil. Was für ihn an schätzbaren Werken der Vergangenheit erreichbar war, schaffte er an. Und auch ich übersandte ihm ein paar in Deutschland für die in Rede stehende Bibliothek auf seinen Wunsch angekaufte Drucke, die ihm begehrenswert waren.

Gern hätte ich die Bologneser Bibliothek für meine Zwecke noch länger benützt. Aber mein Bruder wurde endlich ungeduldig und trieb zur Weiterreise, da er ohne Beschäftigung war und es ihn darnach verlangte, mehr von Italien zu sehen. Ohnehin war es ratsam, südwärts zu gehen, so lange noch die mäßige Frühjahrstemperatur herrschte. Wir machten uns daher auf den Weg nach Florenz, brachten dort einige genußreich verlebte Tage im Anschauen des Sehenswertesten zu, und fuhren dann nach Rom, wo ein längerer Aufenthalt genommen wurde, der sich durch die mit unserem Landsmann Ferdinand Gregorovius gemachte Bekanntschaft zu einem besonders erfreulichen gestaltete. Bei den Hauptmahlzeiten kamen wir täglich mit ihm in einer bestimmten Trattoria zusammen und verplauderten die Mittagszeit auf die angenehmste Weise mit einander, wobei ich von Gregorovius auf einzelne Merkwürdigkeiten der ewigen Stadt aufmerksam gemacht wurde, von denen ich noch nichts wußte. Denn er besaß infolge seiner langjährigen Anwesenheit in Rom eine ausgebreitete Lokalkenntnis, obwohl er sich seinem eigenen Geständnis zufolge bei weitem noch nicht mit allem Wichtigen dieser für den Forscher unerschöpflichen Fundgrube des historisch Bedeutsamen hatte bekannt machen können.

Während wir in und um Rom herumschwärmten, meldeten die Zeitungen eines Tages den heftigen Ausbruch des Vesuv. Mein Bruder wollte sofort nach Neapel fahren, indessen gelang es mir, ihn davon zurückzuhalten. Wie richtig dies war, zeigte sich, als wir Anfang Mai dort anlangten. Man sagte uns da, die Luft sei in den Tagen der Eruption (24.—30. April) von einem so starken Aschenregen angefüllt gewesen, daß man vom Vesuv und dessen verderblicher Thätigkeit nicht das Mindeste habe sehen können. Bei unserer Ankunft in Neapel war die Witterung wieder heiter geworden und die Luft ganz klar, so daß wir gleich nach Torre del Greco aufbrechen konnten, um die Verwüstungen des Lavastromes aus unmittelbarer Nähe zu betrachten. In S. Sebastiano hatte derselbe ein Haus so durchschnitten, als ob es mit einer Säge geschehen wäre. Die eine Hälfte des Gebäudes war vollständig in Trümmer gegangen, während die andere Hälfte unversehrt dastand und den Einblick in die halbirten Wohnräume gestattete. Von den mächtigen Lavamassen strömte eine Hitze aus, stark genug, um binnen kurzer Zeit ein Ei gar zu machen, was von einem Manne sogleich als Erwerbszweig benützt wurde. Wie leichtlebig die dortige Bevölkerung ist, konnte man daraus entnehmen, daß die Bewohner der teilweise zerstörten Ortschaften mit ihrer geringen Habe schon wieder herankamen, um aufs neue in die kurz vorher erst verlassenen Wohnstätten einzuziehen.

Es gibt nichts Großartigeres, Imposanteres und in gewissem Betracht Schöneres auf der Welt, als die unaufhörlich wirkende und ewig sich verjüngende Natur, aber auch nichts Furchtbareres, und, man möchte sagen, Unbarmherzigeres. Denn sie zerstört und vernichtet gar oft mit ihren Riesenfäusten, was sie geschaffen. Gewaltige Bergstürze und wild reißende Gewässer begraben ganze Ortschaften mit ihren Insassen. Das vom Orkan aufgewühlte Meer verschlingt Schiffe mit Mann und Maus, und Vulkane verheeren ganze Landstriche mit deren mühsam hergestellter Kultur. Diese Vorstellungen kamen mir unwillkürlich bei Betrachtung

des Unglückes, welches der Vesuv aufs neue angerichtet. Von seiner
Besteigung wurde bei der noch immer bedrohlichen Thätigkeit desselben
abgesehen. Dagegen ritten wir an einem anderen Tage nach dem
Kloster Camaldoli hinauf, von wo man einen entzückenden Ausblick auf
die Neapeler Meeresbucht nebst den vor derselben liegenden Inseln hat.

Eines Morgens begegnete mir auf der Wanderung durch die Straßen
Neapels der Bildhauer Robert Cauer, mit dem ich von Düsseldorf her
befreundet war. Wir machten sogleich gemeinschaftliche Sache und ver-
abredeten einen Ausflug nach Palermo, wohin uns ein komfortabel ein-
gerichteter Dampfer brachte. Das Schiff sollte um vier Uhr nachmittags
abgehen, hielt aber diesen Zeitpunkt nicht ein, weil im letzten Augenblicke
noch erst eine beträchtliche Anzahl von Rindern in dasselbe verladen
wurde. Die armen Tiere mußten sich dabei eine unangenehme Prozedur
gefallen lassen. Mit einer den mittleren Teil des Körpers umschließenden
starken Bandage versehen, wurden sie mittels Hebezug durch Dampfkraft
aus dem Fahrzeug, welches sie an das Schiff gebracht, hoch empor-
gehoben und dann in den untersten Raum desselben hinabgelassen.
Welche Angst die Tiere während ihrer unfreiwilligen Luftfahrt ausstanden,
konnte man daraus ersehen, daß sie die Beine konvulsivisch auseinander
sperrten und derselben bei ihrer Ankunft auf dem Schiffsboden nicht
mächtig waren, da sie zunächst förmlich zusammensanken. Bis sie sich von
dem ausgestandenen Schrecken wieder erholt hatten, bedurften sie vorab
einiger Ruhe.

Gegen fünf Uhr setzte sich das Schiff endlich in Bewegung. Es
war eine wundervolle windstille und laue Mondnacht, die wir in heiterer
Unterhaltung auf dem Verdeck zubrachten. Des Morgens um acht Uhr
langte unser Fahrzeug im Hafen der sizilianischen Hauptstadt an.

In künstlerischer Beziehung bietet Palermo nur wenig Bemerkenswertes, aber dafür wird man durch die Naturschönheiten der Umgebung
reichlich entschädigt. Wie sich das im tiefen, leuchtenden Azurblau erglänzende Meer von dem rotbraunen, warmen Ton der nach Osten ver-
laufenden Felsküste abhebt, ist von unbeschreiblicher Wirkung. Ein
wunderbares Schauspiel gewährt der Anblick dieser Scenerie des Abends
vor Sonnenuntergang. Da wird man unwillkürlich an die Natur-

schilderungen der Odyssee erinnert. Nach Westen zu ist der Blick durch den im kühnen, scharfgeschnittenen Lineament sich erhebenden Monte Pelegrino begrenzt. Lange saßen wir am Meeresgestade, um die wie poetisch verklärten landschaftlichen Bilder in uns aufzunehmen: es war eine Augenweide, von der wir uns erst bei hereinbrechender Nacht zu trennen vermochten. An diesem Platze lernt man kennen, was es mit dem sprichwörtlich gewordenen italienischen Himmel für eine Bewandtnis hat, wie man denn auch zu der Erkenntnis kommt, daß der Süden eigentlich erst hier seinen Anfang nimmt.

Während des dreitägigen Aufenthaltes in Palermo besuchten wir, durch die Conca d'oro ziehend, Monreale, um den dortigen reich ausgestatteten Dom, ein höchst sehenswertes Denkmal des normannisch-sizilianischen Baustiles, zu besichtigen. Die nach dieser Stadt führende Straße war von militärischen Posten besetzt, weil auf derselben mehrfache Brigantenüberfälle stattgefunden hatten. Leider konnten wir uns den Besuch der Ostküste Siziliens nicht gestatten, da die Zeit meines Urlaubs auf die Neige ging und daher die Rückreise angetreten werden mußte, denn es war noch die Umgebung Neapels etwas näher zu berücksichtigen. Nachdem wir dort wieder angelangt waren, brachte uns einer der kleinen Dampfer, welche den Neapeler Golf befahren, nach Capri hinüber, wo wir im Albergo Pagano gute Unterkunft fanden. Dieses behagliche Wirtshaus diente damals, und auch wohl jetzt noch, vorzugsweise jenen Malern zum Absteigequartier, die auf der Insel Naturstudien machen wollten. Man ersah es sogleich aus den Schildereien, mit denen sie die Thüren und Fenster des Hauses zur Erinnerung an ihre Gegenwart bemalt hatten. Auch das aufliegende Fremdenbuch enthielt von derselben viele Beweise. In seiner heiteren Laune veranlaßte Gauer den Wirt, des Abends einige Mädchen des Ortes herbeiholen zu lassen, die den Saltarello tanzen mußten, wofür sie mit einer reichlichen Portion Maccaroni nebst Wein regalirt wurden, während ihre miterschienenen Mütter ganz gemütlich die von uns ihnen dargereichten Cigarren rauchten, auch eine Prise Tabak nicht verschmähten. Die Scene ging zu ebener Erde in der geräumigen Vorhalle des Hauses vor sich. Ein lustiges Bild gab es, als die Mädchen sich nach Beendigung des Tanzes um die mächtige, auf den Fußboden gestellte Maccaronischüssel lagerten und die langen Röhren der Mehlspeise von oben herab in den Mund gleiten ließen. Es war ein munter belebtes Intermezzo.

Bevor wir Capri verließen, wurde die vielberufene blaue Grotte aufgesucht, die übrigens meinen Erwartungen in Betreff des gerühmten Farbeneffektes nicht entsprach, obwohl die Sonne den richtigen Stand dafür hatte. Bei schönstem Himmel segelten wir dann mit einer Barke nach Massa hinüber und begaben uns hierauf nach Sorrent, wo Station gemacht wurde. Es ist wonnevoll, diese kristallhellen, bald im Smaragdgrün und bald im Saphirblau erglänzenden Meeresfluten, begünstigt von einer leichten, erfrischenden Brise, angesichts einer reizvollen landschaftlichen Szenerie zu durchfurchen.

Des folgenden Tages führte uns ein Wagen über Castellamare nach Pompeji. An dieser Stätte verweilten wir gleichfalls, da meine Gefährten sich die Kenntnisnahme der bloßgelegten Stadtteile nicht entgehen lassen wollten, was mir dazu diente, die Eindrücke meiner erstmaligen dortigen Anwesenheit aufzufrischen. Bald nach unserem Wiedereintreffen in Neapel wurde die Heimreise angetreten.

Zu Hause angelangt, ging ich sogleich an die Einordnung und Verwertung des in Bologna erworbenen Materials. Dasselbe diente nicht allein zur Vervollständigung meines Buches „Die Violine und ihre Meister", sondern gab mir auch Anlaß zur Abfassung der weiterhin von mir veröffentlichten Schrift „Die Violine im siebenzehnten Jahrhundert und die Anfänge der Instrumentalkomposition". Um diese Zeit kam Max Bruch nach Bonn, um dort ein paar Jahre in Ruhe seiner schöpferischen Thätigkeit zu leben. Der rege Verkehr mit diesem ausgezeichneten Künstler war mir hocherfreulich, und nicht minder derjenige mit Johannes Brahms, welcher sich weiterhin für einige Wochen in Bonn einfand. Einstmals trat er gelegentlich eines Spazierganges mit mir in ein Pianofortemagazin ein, setzte sich, gut aufgelegt, an eines der Instrumente und extemporirte mit bewundernswerter Schlagfertigkeit ohne Unterbrechung einen Walzer nach dem andern, worüber wohl eine volle Stunde verfloß. Es war ein wahrer Ohrenschmaus, der noch heute in mir nachklingt.

Der folgende Winter war ausschließlich meiner amtlichen Thätigkeit gewidmet. Nachdem sie mit Beginn des Frühjahres ihren vorläufigen Abschluß gefunden, traten andere Forderungen an mich heran. In Bonn hatte sich ein Komite zur Beschaffung eines Denkmals auf der Ruhestätte Robert Schumanns gebildet, mit dessen Ausführung der talentvolle Schüler Rietschels, Professor Donndorf in Stuttgart, beauftragt worden war. Um die Mittel dafür aufzubringen, hatte man ein Musikfest in Aussicht genommen, dessen Reinertrag als Fonds für das Denkmal dienen sollte. Die Programme enthielten ausschließlich Schumannsche Werke. Da man die Aufführungen für die Tage des 17., 18. und 19. August anberaumt hatte, so gab es reichliche Vorbereitungsarbeiten für mich. Inmitten derselben traf mich unerwartet ein abermaliger schwerer Schlag: Der Tod raubte mir nunmehr auch meinen hoffnungsvollen Sohn. Die Betrübnis darüber versetzte mich in tiefe Apathie, und es bedurfte längerer Zeit, ehe ich wieder auf andere Gedanken kam. Viel trug zur Milderung des mich beherrschenden Schmerzes über den erlittenen herben Verlust der Umstand bei, daß ich genötigt war, für die nahe bevorstehende Schumannfeier mit dem ganzen Aufgebot meiner Kräfte thätig zu sein, so schwer es mir auch wurde.

Die Schumannfeier fand zu dem erwähnten Zeitpunkt mit glücklichem Gelingen statt. Eine besondere Weihe erhielt sie durch die Mitwirkung der hochgefeierten Gattin des Meisters. In die Direktion teilte sich Joachim mit mir. Das Programm des ersten Tages bestand in der D-moll-Symphonie op. 120 und in „Paradies und Peri". Am folgenden Tage gelangten zur Aufführung: die „Manfred"-Ouvertüre, das Klavierkonzert in A-moll op. 54, das Nachtlied op. 108 und die dritte Abteilung der Faustscenen. Bei der Matinée des dritten Tages kamen zu Gehör: das Streichquartett in A-dur op. 40, Nr. 3, Liedervorträge für Sopran und Tenor, das Andante mit Variationen für zwei Klaviere, Liedervorträge für Alt und Bariton und das Klavierquintett op. 44.

Ein erhebender Moment war es, als Frau Klara Schumann auf dem Podium des Orchesters erschien, um das Klavierkonzert ihres Gatten vorzutragen: sie wurde allseitig mit den größten Ehren bewillkommnet, und die ihr gewidmete enthusiastische Begrüßung wollte kein Ende nehmen. Ihre Wiedergabe des schönen Werkes war von hinreißender Wirkung; selten habe ich so inspirirt spielen hören. Denselben Eindruck empfing man vom Vortrage des schwungvollen Klavierquintetts bei der Morgenmusik des dritten Festtages, an welchem die gefeierte Künstlerin noch mit Ernst Rudorff, Professor an der Berliner Hochschule für Musik, die Variationen für zwei Pianoforte, op. 46, zum besten gab.

Aber auch die anderen solistischen Kräfte boten alles auf, um der Bedeutung dieser Schumannfeier gerecht zu werden. Frau Wilt, welche die Ausführung der Sopransoli übernommen hatte, entsprach freilich nicht ganz den Anforderungen der Peri-Partie, welche einen duftigen, romantisch gefärbten Ton verlangt, während ihr Gesang von überwiegend realistischem und einigermaßen dramatischem Ausdruck war. Dagegen gab Julius Stockhausen als Marianus in den Faustscenen Unvergleichliches.

Schon im Jahre 1859 hatte ich Gelegenheit, diesen außerordentlichen Gesangskünstler in Dresden zu bewundern, wo er durch seine Leistungen allgemeinen Enthusiasmus erregte. Das Naturell seiner metallreichen Barytonstimme wies ihn auf ein bestimmtes lyrisches Fach hin, aber dieses beherrschte er in der vollkommensten Weise. Namentlich war das Romantische, wie es sich in Schuberts und Schumanns Gesängen offenbart, seine Stärke. Ueberdies befähigte ihn seine aufs feinste durchgebildete virtuose Gesangstechnik zur schönsten Darstellung solcher Vokalkompositionen, in denen auf die Kunst des Sängers gerechnet ist. So erinnere ich mich namentlich seines bestrickenden Vortrages der Seneschall-Arie aus Boieldieus „Johann von Paris".

In gewissem Sinne konnte Stockhausen als Pendant der Jenny Lind gelten. Wie diese in ihrer Sphäre Einziges bezüglich der Erfasung und Wiedergabe des Kunstwerkes gab, so Stockhausen in der seinigen, nur mit dem Unterschiede, daß er das romantische Element tiefer erfaßte als seine hochberühmte Zeitgenossin. Ein Lied wie Schumanns „Frühlingsnacht" von ihm zu hören, gehörte zu den auserlesensten Genüssen.

Die übrigen Gesangssolisten, unter denen Frau Joachim sich ganz besonders auszeichnete, thaten ihr Bestes zum Gelingen des Ganzen, und

auch die 394 Mitglieder des Chores sowie das aus 111 Personen bestehende Orchester ließen es in keinem Betracht an sich fehlen.

Von allen Seiten waren die Freunde und Verehrer der Schumann-
schen Tonmuse herbeigeströmt, um der erhebenden Feier beizuwohnen.
Und so ließ auch die materielle Seite derselben nichts zu wünschen übrig.
Durch die Ueberschüsse der erzielten Einnahme waren die Kosten für das
Denkmal zum größten Teil gedeckt. Was daran fehlte, floß dem Fonds
in der Folge noch von verschiedenen Seiten zu.

————

Schon vor dem Stattfinden der Schumannfeier hatte der in
juristischen Kreisen berühmte Professor des Kriminalrechtes an der Bonner
Universität, Dr. Wach,*) zu dessen Familie ich in nähere Beziehung getreten war, mich freundlichst eingeladen, ihn nach England zu begleiten,
wohin er zum Besuche von nahen Verwandten ging. Seine Gattin, die
jüngere Tochter Felix Mendelssohns, war ihm bereits vorausgereist, um
ihre in London an einen Herrn Benecke verheiratete Schwester möglichst
bald wieder zu sehen. Gern schloß ich mich Herrn Professor Wach an,
durch den ich die liebenswürdigste Aufnahme in dem gastfreien Hause
seines Schwagers fand.

Die verehrungswürdige Familie Benecke bewohnte eine Villa zu
Roehampton bei Putney, etwa zwei Meilen vom Mittelpunkte Londons
entfernt. Von dort aus wurden täglich Ausflüge nach der Weltstadt
und in die Umgegend gemacht. Das ungeheure Leben in den Straßen
der City sowie auf den nächsten Themsebrücken läßt sich nicht beschreiben,
man muß es sehen, um eine Vorstellung davon zu gewinnen. Mehrmals
befuhr ich die Strecke von der Waterloo- bis zur Londonbridge mit dem
Omnibus, von dessen Imperiale das bunte Treiben um mich her bequem
zu überschauen war. Sonst nahm ich von der Gemäldegalerie, vom
Britisch- und Kensington-Museum, von der Westminster-Kathedrale, vom
Tower und Kristallpalast sowie anderweiten Baulichkeiten Kenntnis.
Auch die englische Bank, wo die Guineen nicht mehr abgezählt, sondern

————

*) Jetzt Professor der Rechte an der Leipziger Universität mit dem Titel eines
Geh. Hofrats.

mit Scheffeln gemessen werden, und die weitläufigen Weinlager in den
Docks wurden besucht. Ueberall trat uns der großartige Unternehmungs-
geist der britischen Nation entgegen.

Eines der merkwürdigsten Londoner Erlebnisse war für mich ein
nächtlicher Streifzug durch den berüchtigten, von der unteren Volksschicht
bewohnten Stadtteil Whitechapel, welchen ich in Gesellschaft des Professor
Wach unter der kundigen Führung eines ehemaligen Policemans mit
Eintritt der Nacht unternahm. Ehe wir unsere Wanderung antraten,
wurde eine stärkende Mahlzeit in dem Wirtshause eingenommen, in dem
Shakespeare angeblich öfters verkehrt haben soll. Demnächst besuchten
wir ein Volkstheater, auf dessen Bühne sich ein als Jongleur kostümirter
Clown im Ziehharmonikaspiel hören ließ. Er hatte neben sich auf Tischen
eine ganze Garnitur dieser Allerweltsinstrumente in Abstufungen von
kleineren und größeren Exemplaren, die er wechselsweise zu seinen Produktionen benutzte. Vorab kamen die kleineren und dann die größeren
derselben an die Reihe. Der Witz dabei war, daß er immer nur eine
Hand zum Traktament einer Harmonika gebrauchte, indem er das Instrument, um es ertönen zu lassen, auf- und abschwenkte und dabei zugleich fingerirte. Zuletzt nahm er in jede Hand eine Harmonika und
gab in der beschriebenen Weise ein Duett zum Besten.

Da wir bald genug von diesem zweifelhaften Kunstgenuß hatten,
zogen wir von dannen, um einem noch zweifelhafteren entgegenzugehen.
Der eingeschlagene Weg führte uns nunmehr durch ein Gewirr von
engen, winkligen, spärlich erleuchteten Gassen und Gäßchen, in denen sich
nur ein gut orientirter Mensch zurechtfinden kann. Endlich langten wir
bei einem Vergnügungslokal der arbeitenden Klasse an, in welches wir
eintraten. Das Entree war mit ein paar Penny bestritten, wofür man
noch außer den dargebotenen Leistungen ein Glas Bier erhielt. Wir
befanden uns in einem langen, ziemlich schmalen Raum, in dessen Fond
eine Tribüne aufgeschlagen war. An beiden Seiten des Lokales standen
Bänke nach Art der Kirchenstühle für die Zuschauer, aber mit so hohen
Rücklehnen, daß man eben nur hinübersehen konnte, — eine unverkennbare
Sicherheitsvorrichtung gegen das Handwerk der Taschendiebe. Zwischen
den Bänken lief ein enger Gang bis zur Bühne hin, in welchem ein

Aufseher hin und her promenirte. Er hielt einen großen hölzernen Hammer in der Hand, um das aus dürftig gekleideten Männern, Weibern und Kindern bestehende lärmende Publikum zur Ruhe anzuhalten, sobald eine Leistung erfolgen sollte. Um diese anzukündigen, schlug er mit dem Hammer heftig auf einen Tisch. Es war uns beschieden, eine Sängerin in großer, auffallender, natürlich auf dem Trödelmarkt erhandelter Toilette zu hören. Sie sang oder gurgelte vielmehr in brutaler Weise eine italienische Arie ab, wofür sie lebhaft beklatscht wurde. Uns aber vertrieb diese vulgäre Leistung und der dicke in dem Raum umherwirbelnde Tabaksqualm alsbald wieder. Nun ging's aufs neue durch ein Gewirre kleiner Gassen. Unterwegs thaten wir einen Blick in ein düsteres, kellerartiges Verlies, welches vom Janhagel der Whitechapeler Bewohnerschaft besucht war, wobei wir einen so unheimlichen Eindruck empfingen, daß wir auf die Ermahnung unseres Führers schnell weiter eilten.

Zum Beschluß betraten wir noch ein öffentliches Tanzlokal, in welchem sich kleine, unverkennbar dem Handwerkerstande angehörende Leute divertirten. Unter den weiblichen Personen befanden sich wohl auch Laden- und Nähmädchen. Der gedielte, zirkelrunde Tanzplatz, umgeben von einigen Buden, in denen Spirituosen verkauft wurden, und überdeckt mit einer schirmartigen Vorrichtung, befand sich in einem geräumigen Hofe. Aus der Mitte des Tanzbodens erhob sich ein Mastbaum, an dessen Sprossen die Musikanten, bestehend aus einem Fiedlerpaar, einem Klarinettisten und einem Baßspieler, zu ihren Plätzen hinaufklettern mußten. Die Tanzerei der Leute bot ein drolliges, teilweise urkomisches Schauspiel dar, aber es ging dabei ganz manierlich her. Plötzlich erloschen die Gasflammen bis auf eine derselben, womit das Signal zum Schluß gegeben wurde, denn es war die mitternächtliche Stunde herbeigekommen, welche polizeilicher Bestimmung zufolge nicht überschritten werden darf. In demselben Augenblicke verstummte auch mitten im Takte die Tanzmusik, und unmittelbar darauf erklang das „God save the Queen". Damit endete unser Streifzug durch Whitechapel. Wir hatten etwas von der Nachtseite des Londoner Lebens kennen gelernt und dabei die Wahrnehmung gemacht, daß auch die arme Bevölkerung der Weltstadt an verschiedenen Belustigungen keinen Mangel hat. Ja, es ist sogar für ihre belehrende Unterhaltung gesorgt worden, da ein begüterter Philanthrop in dem genannten Stadtteil ein ansehnliches, reich ausgestattetes Museum gestiftet hat, dessen unentgeltlicher Besuch jedermann freisteht.

Es geschieht überhaupt sehr viel zur Linderung des Notstandes in London. Aber das Elend ist dort trotzdem groß. Hiervon kann man sich schon beim bloßen Durchwandern gewisser Straßen überzeugen, in denen man öfters recht bedenklichen und abstoßenden Existenzen begegnet. Auch an tragikomischen Erscheinungen fehlt es nicht. So sah ich einmal einen scheinbar den besseren Kreisen angehörenden jungen Mann im Gesellschaftsanzuge unter polizeilicher Aufsicht die Gasse kehren. Der Frack, Cylinderhut und die weiße Krawatte standen in einem lächerlichen Kontrast zu dem Strauchbesen, mit welchem der Mann das schmutzige Straßenpflaster säuberte.

Nachdem drei Wochen seit meiner Ankunft in England verstrichen waren, begleitete ich die Herrschaften, in deren Umgebung ich so schöne Tage und Stunden verlebt hatte, an die Seeküste, wo in St. Leonards nahe bei Hastings für zwei Wochen Aufenthalt genommen wurde. Die Zeit verfloß hier unter Spaziergängen am Strande und geselliger Unterhaltung auf die angenehmste Weise. Auch einem Konzert in Hastings wohnte ich bei, welches der französische, in London seßhaft gewesene Violinvirtuose Sainton,*) ein Schüler Habenecks, veranstaltet hatte. Er gebot über eine sehr saubere, gewandte Technik und vertrat die elegante Salongeigerei.

Die Rückkehr nach London wurde mit einer originellen Fahrgelegenheit gemacht. Dieselbe ist ein englischer Sport, welcher von bemittelten Pferdeliebhabern betrieben wird. Sie fahren vierspännig gewisse Touren ab, kutschiren dabei eigenhändig und nehmen Passagiere gegen bestimmte Sätze mit. Diese Fahrgelegenheit, Stagecoach genannt, benutzten wir, wobei es Gelegenheit gab, Land und Leute einigermaßen kennen zu lernen. Halbwegs wurde in dem Badeorte Tunbridge Wells Station gemacht, um das Mittagsmahl einzunehmen. Hier produzirten sich auf

*) Er starb am 17. Oktober 1890.

der Straße ein paar imitirte „Minstrels" mit schwarz angestrichenen
Gesichtern und Händen. Für solche Subjekte bestand damals in England
eine Liebhaberei, nachdem sich dort eine aus Amerika herübergekommene
musizirende Negerbande unter dem Namen „Minstrels" hatte hören
lassen. Namentlich interessirte sich das Londoner Publikum für dieselbe,
so daß daraus eine förmliche Modesache wurde. Als nun diese echten
„Minstrels" wieder nach Amerika zurückgekehrt waren, erschienen alsbald
die unechten auf der Bildfläche, das heißt, es fand sich in London eine
Anzahl von Leuten zusammen, die den Negern ihre Künste abgelauscht
hatten, sich Hände und Gesicht schwarz anmalten und tagtäglich Abend-
vorstellungen in St. Jameshall vor stets gefülltem Hause gaben. Des
Spaßes halber sahen und hörten wir uns diese Kuriosität auch einmal
an. Man muß wohl ein Engländer sein, um Gefallen an dergleichen
zu finden. Mehr Vergnügen gewahrte uns ein Ausflug nach der reizend
gelegenen königlichen Sommerresidenz Windsor und nach Kew. Letzteren
Ort besuchten wir wegen des dortigen sehenswerten botanischen Gartens.
In einem Treibhause desselben befand sich eine Seltenheit, nämlich ein
Weinstock von kolossaler Ausbreitung mit mehreren hundert Trauben, die
gerade zur Reife gekommen waren — ein reizender Anblick, bei dem man
sich leider den Mund abwischen mußte, da nichts von den Früchten ver-
läuflich war.

Das Jahr 1874 gestaltete sich mir ungeahnt zu einem höchst bedeutungsvollen. Die Vorsehung entschädigte mich in demselben für die
erlittenen herben Verluste durch das Geschenk einer Lebensgefährtin, die,
durch hingebungsvolle Neigung mich beglückend, wieder vollen Sonnenschein in mein Dasein brachte. Zur Weihnachtszeit erteilte der Vater
meiner Geliebten, ein würdiger Geistlicher, dem geschlossenen Herzens-
bunde den kirchlichen Segen, und so ward denn das Christfest für mich
bis zur Gegenwart herab zu einem doppelten.

Nach beendeter Konzertsaison hatte ich die Freude, meine Gattin in
das Land der Künste zu geleiten, um sie unter meiner Führung all das
Schöne sehen zu lassen, was ich schon wiederholt genossen. Unsere Reise
erstreckte sich bis Rom, von wo aus die Orte Frascati, Albano, Genzano

und Remi besucht wurden. Auf dem Heimwege verweilten wir drei
Wochen in Bologna, wo ich abermals fleißig auf der Bibliothek des
Liceo musicale arbeitete, und in Wien blieben wir zu gleichem Zwecke
vierzehn Tage. Dort war uns der Beethovenforscher Gustav Nottebohm,
mit dem ich in Leipzig schon freundschaftliche Beziehungen angeknüpft
hatte, ein angenehmster Gesellschafter. Johannes Brahms trafen wir
leider nicht an, da er von Wien gerade abwesend war. Ueber Salzburg
und München kehrten wir, vollbefriedigt von dem Erlebten, nach Hause
zurück.

Bei meinen Nachforschungen in den Bibliotheken zu Brüssel, Paris,
Bologna und Wien hatte ich Bedacht darauf genommen, mit dem
Material zur Vervollständigung meiner Schrift „Die Violine und ihre
Meister" zugleich dasjenige für eine zu unternehmende Geschichte der
Instrumentalmusik im sechzehnten und siebenzehnten Jahrhundert zu erwerben, was mir wohlgelang. Diese letztere Arbeit, für die mir noch
einige verwertbare Beiträge aus den Bibliotheken zu München, Berlin
und Kassel zuflossen, beschäftigte mich demnächst in meinen Mußestunden.
Nach Verlauf von zwei Jahren lag das Manuskript bezüglich des sechzehnten Jahrhunderts druckfertig vor, und bald darauf erfolgte die Veröffentlichung desselben. Die ursprünglich in Aussicht genommene Fortsetzung dieser Arbeit in Betreff des siebenzehnten Jahrhunderts unterblieb,
weil es sich herausstellte, daß für derartige Darbietungen kein Publikum
vorhanden ist. Nur eine verhältnismäßig kleine Zahl von Musikgelehrten
und einzelne strebsame Künstler nehmen Notiz von dergleichen Produktionen. Durfte ich mir nun auch sagen, daß diese teilweise von mir
erledigte Arbeit insofern keine vergebliche war, als sie eine Lücke in der
Musikliteratur ausfüllte, so befand ich mich doch nicht in der Lage,
weitere Opfer dafür zu bringen. Daß übrigens das fragliche Buch
sowie meine vorhergegangenen musikhistorischen Beiträge auch im Aus-
lande hier und da freundliche Anerkennung fanden, bewies die demnächst
mir zu Teil gewordene Ernennung zum Ehrenmitgliede der „Accademia
filarmonica" in Bologna.

Inzwischen waren die Vorräte der zweiten Auflage meiner Schumannbiographie so weit erschöpft, daß an eine dritte gedacht werden

konnte. Im Hinblick darauf machte ich mich an die Vervollständigung des Textes derselben durch Einbauung eines Teiles des von mir gesammelten, bisher aber aus triftigen Gründen noch nicht benützten Materials, sowie auch durch eingehendere Beleuchtung der größeren Vokal- und Instrumentalwerke des Meisters. Die dritte Auflage des Buches fiel mit der Enthüllungsfeier des mittlerweile von Professor Donndorf in Stuttgart für Schumanns Grab fertig gestellten Denkmales zusammen.

Da Schumanns Ruhestätte zur vorteilhaft sich präsentirenden Aufstellung des Monumentes nicht hinreichenden Raum darbot, erschien es wünschenswert, die Plätze der benachbarten Gräber hinzuzunehmen. Durch Vergleich mit den Eigentümern derselben konnten die Gebeine der daselbst beerdigten Personen dislocirt werden. Infolge dieser Prozedur war zugleich die Exhumirung der irdischen Ueberreste Schumanns unvermeidlich geworden. Vor ihrer Wiederbestattung in der nun erweiterten Räumlichkeit fertigte der Anthropologe Professor Schaaffhausen einen Gipsabguß *) von Schumanns Schädel an.

Nunmehr erfolgte die Errichtung des Denkmales, dessen Inauguration am 2. Mai 1880 vormittags 11½ Uhr in Gegenwart der Gattin des verklärten Meisters sowie einer großen Verehrerzahl desselben stattfand. Eingeleitet wurde die erhebende Feier durch einen vom anwesenden Militärmusikcorps ausgeführten Choral, worauf der Vorsitzende des Komités für das Schumanndenkmal, Professor Schaaffhausen, eine der Bedeutung des Momentes angemessene Ansprache an die Versammlung richtete. Beendet ward die Feier mit dem für Harmoniemusik arrangirten Schlußchor des zweiten Teiles von „Paradies und Peri". Während desselben legten die von nah und fern erschienenen Deputirten musikalischer Vereine und Kunstinstitute Lorbeerkränze am Denkmale nieder.

Dieses letztere, eine schön gegliederte marmorne Stele, zeigt im oberen Teile das von Lorbeer- und Eichenlaub umrahmte Profilbild Schumanns, welches von einem auf die romantische Richtung des Meisters hindeutenden fliegenden Schwan getragen wird. Darunter eine auf

---

*) Derselbe wird sich im Nachlaß des oben genannten, vor einigen Jahren verstorbenen Professors befinden.

erhöhtem Sockel sitzende, als Genius des Meisters gedachte weibliche Figur mit aufwärts gerichtetem Blick, in der rechten Hand einen Kranz, in der linken eine Notenrolle nebst einer Leier haltend. Zu beiden Seiten der Stele sind Genien angebracht, und zwar rechts vom Beschauer ein singendes Mägdlein mit einem Notenbuch in den Händen und links ein geigender Knabe. Auf der unter Schumanns Medaillon freigebliebenen Fläche ist der Name des Meisters verzeichnet. Der von einem Blumenbeet eingefaßte Sockel des Denkmales trägt die Inschrift:

Dem großen Tondichter

von seinen Freunden und Verehrern

errichtet am 2. Mai 1880.

Der Enthüllungsfeierlichkeit auf dem Friedhofe folgten zwei Aufführungen in der Beethovenhalle, von denen die erste am Abend des 2. Mai stattfand. Außer dem von Joachim vorgetragenen Brahmsschen Violinkonzert enthielt das Programm selbstverständlich nur Kompositionen Schumanns, und zwar dessen dritte Symphonie (Es-dur), das Requiem für Mignon und die Manfredmusik mit verbindender Deklamation, bei der Possart die Hauptrolle zufiel. Die Leitung war gemeinschaftlich Joachim und mir übertragen worden. Leider konnte ich aber infolge starker Unpäßlichkeit dabei nicht mitwirken. Auf meine Bitte hatte Johannes Brahms die Freundlichkeit, für mich einzutreten.

In der am nächsten Tage vormittags noch veranstalteten Kammermusikaufführung kamen an Schumannschen Kompositionen zu Gehör: Das Streichquartett in A-moll Nr. 1 op. 41, das spanische Liederspiel op. 74 und das Klavierquartett in Es-dur op. 47. Das zahlreich versammelte Publikum zeigte sich außerordentlich befriedigt von den dargebotenen vokalen und instrumentalen Leistungen beider Konzerte, die in der That einen schönen Abschluß auch dieser zweiten Schumannfeier bildeten.

Um mich von den Folgen meines länger andauernden Unwohlseins gänzlich zu befreien, trat ich auf ärztlichen Rat eine Erholungsreise nach dem Salzkammergut an, welche mich bis Gastein führte. In der erfrischenden Gebirgsluft gelangte ich bald wieder zu vollem Wohlbefinden.

Auf der Heimreise faßte ich den Entschluß, einer Darstellung des Oberammergauer Passionsspieles beizuwohnen, welches eben im Gange
war, und da mich mein Weg über München führte, ließ sich das leicht
realisiren.

Die große, dem fraglichen Passionsspiele vom Publikum gewidmete
Teilnahme erscheint sehr bemerkenswert. Tausende von Menschen aller
Stände wallfahrten aus der Nähe und Ferne nach dem einsam gelegenen
Gebirgsorte der bayrischen Alpen, in welchem nunmehr schon seit dritt-
halb Jahrhunderten die Leidensgeschichte Christi in dramatisirter Form
dargestellt wird. Sollte es nur Neugierde oder Zerstreuungssucht sein,
so fragte ich mich, was immer wieder so zahlreiche Massen zu diesem
denkwürdigen Schauspiel hinzieht? Wenn man einmal die überwältigende
Wirkung dieses großartigsten und erhabensten Dramas an sich erlebt und
Gelegenheit gehabt hat, eine andächtig dem Gange der Handlung
lauschende Versammlung von mehreren tausend Köpfen zu beobachten,
dann kann man an äußerliche Gründe nicht glauben. Vielmehr gewinnt
man die Ueberzeugung, daß höhere, edlere Motive die so außerordentlich
rege Beteiligung des Publikums veranlassen. Man braucht jene Motive
nicht näher zu bezeichnen. Diesen heiligen Geschichten gegenüber vermag der Profansinn sich nicht zu behaupten, und sicher schon mancher,
der in der Besorgnis nach Oberammergau kam, es könnte mit der
scenischen Vorführung des Leidens Christi eine Entweihung verbunden
sein, ist vollkommen beruhigt darüber von dannen gegangen.

Das Oberammergauer Passionsspiel hinterließ mir den Eindruck,
als ob es bezüglich der Exterieurs seinen Höhepunkt erreicht habe. Die
Ausstattung, besonders hinsichtlich der reichen Kostüme, war so glänzend,
daß eine Steigerung nicht gerade wünschenswert sein möchte. Die
Hauptsache müßte nach wie vor in der angemessenen Lösung der den
Mitwirkenden zufallenden Aufgaben bestehen. Dieser Anforderung entsprachen meinem Gefühl nach die dargebotenen Leistungen im ganzen und
großen. Kunst und Naivität hatten sich zum Gelingen der Sache mit
einander vereinigt. Vor allem durfte der Darsteller des Erlösers eine
besondere Anerkennung beanspruchen. Aber auch die Repräsentanten des
Kaiphas, der verschiedenen Priester und Schriftgelehrten, ferner des

Simon Petrus und des Pontius Pilatus ließen kaum etwas zu wünschen übrig. Nicht ganz auf der Höhe ihrer Aufgaben standen Johannes, Judas Ischarioth — die Rolle des letzteren ist freilich äußerst difficil — Herodes und die mitwirkenden Frauen. Insbesondere fehlte es der Maria-Darstellerin an einem wohllautenden, hinreichend kräftigen Organ sowie an innerer Wärme und geistiger Belebung. Vergegenwärtigte ich mir indessen, welche enormen Schwierigkeiten für die entsprechende Besetzung der einzelnen Partien entstehen, Schwierigkeiten, die um so größer sind, als ausschließlich nur Mitglieder der Oberammergauer Gemeinde mitwirken, so mußte ich über das von einfachen Gebirgsbewohnern Geleistete staunen. Die Würde und maßvolle Ruhe, das exakte Ineinandergreifen im Einzel- wie im Massenspiele, die taktvolle Haltung der meisten Mitwirkenden, alles dies forderte zu außerordentlicher Anerkennung auf.

Besonders hervorragende Momente der Handlung waren: Der Abschied Christi von Maria, die Fußwaschung, das Abendmahl, die Kreuzestragung auf dem Wege nach Golgatha und Jesus am Oelberge. Den ergreifendsten Eindruck aber machte die Kreuzigungsscene, welche nicht allein durch ihre Tragik, sondern auch durch die ideale Vollendung der Darstellung eine tiefgehend nachhaltige Wirkung erzeugte: sie bildete unbedingt den Gipfelpunkt des Ganzen. Für einzelne der erwähnten Scenen, wie das Abendmahl und die Kreuzestragung, hatten mit bestem Gewinn die Meisterwerke Leonardo da Vincis und Raffaels als Anhalt gedient, wie denn die lobenswerte Anleitung durch bewährte künstlerische Kräfte bei Inscenirung und Stellung der Bilder nicht zu verkennen war.

Zu bedauern bleibt es, daß das Passionsspiel nicht mit der Auferstehung Jesu endigt. Sie würde unter Absingung des noch folgenden Hallelujas jedenfalls den natürlichsten und befriedigendsten Abschluß bilden. Die in der jetzigen Fassung beliebten, ziemlich ausgedehnten Wechselgesänge am Grabe des Heilandes, auf welche noch ein allegorisches, nicht durchaus glücklich gedachtes Schlußtableau „der Sieg des Christentums über das Judentum" folgte, konnten nach dem Vorhergegangenen keinen lebhaften Anteil mehr erregen. Man wird sich auf die Tradition berufen, aber es ist dagegen zu sagen, daß mit dem Passionsspiel im

Laufe der Zeit schon mancherlei Aenderungen vorgenommen worden sind.
Wäre es im Interesse der Sache doch auch erwünscht, wenn die mit
der Pause über neun Stunden währende Aufführung eine Kürzung er-
führe, um der Ermüdung des Publikums und der Mitwirkenden vor-
zubeugen. Es würde das ohne Beeinträchtigung der Gesamtwirkung
dadurch zu erreichen sein, daß man von den vierundzwanzig alttestament-
lichen Bildern, welche zwischen die Handlung eingeschoben werden, etwa
ein Drittel wegfallen ließe. Ohnehin steht ein Teil dieser Bilder in
keinem Zusammenhange mit der Sache selbst. Als „Vorbilder" zur
Auferstehung wurde z. B. gezeigt: 1. wie Jonas vom Walfisch gesund
ans Land gesetzt wird, und 2. wie das Volk Israel trockenen Fußes
durchs Rote Meer zieht. Hier kann doch von einer Beziehung zu der sich
anschließenden Handlung kaum die Rede sein.

Aber auch eine Kürzung der von dem ehemaligen Oberammergauer
Lehrer Dedler herrührenden Musik, welche zu den vierundzwanzig „Vor-
bildern" von Solo und Chorstimmen mit Begleitung des Orchesters aufgeführt wird, könnte nur vorteilhaft sein, zumal dieselbe in ihrer überwiegend äußerlichen Behandlung des Gegenstandes nicht dem tiefen Ernst
und der hohen Bedeutung des Passionsspieles entspricht. Wie leicht wäre
diese gehaltlose Komposition durch altkirchliche Meistergesänge in der zweck-
mäßigsten Weise zu ersetzen!

Neben den Lichtseiten der Oberammergauer Veranstaltung sind hiermit auch die Schattenseiten angedeutet worden, die keinem Unbefangenen
entgehen können. Indessen wird jeder, der mit empfänglichem Sinn
für das Erhabene und Heilige nach Oberammergau geht, sich trotzdem
von dem Schauspiel mächtig ergriffen fühlen und einen bleibenden Eindruck fürs ganze Leben mit hinwegnehmen. Aber es ist nicht zu verkennen, daß sich noch dies und jenes thun ließe, um Maß und volle
Harmonie in das Ganze zu bringen. Möge denn ein guter Genius
weiter über dieser ehrwürdigen Institution walten. Möge jede in
Zukunft noch vorzunehmende Aenderung dem inneren Wert und nicht
etwa Aeußerlichem zu statten kommen, denn die Gefahr einer Ver-
weltlichung des Passionsspieles liegt nicht so fern, wie man vielleicht
glaubt.

Mit Beginn der Herbstzeit nahm ich von neuem meine berufliche Wirksamkeit wieder auf. Daneben beschäftigte mich die Vervollständigung meiner Violingeschichte auf Grund des inzwischen erworbenen Materials. Durch die Nachträge, welche hauptsächlich den ersten Abschnitt über Italien betrafen, vermochte ich nunmehr, eine zusammenhängende Darstellung von den frühesten Entwicklungsstadien des Violinspieles und der Violinkomposition zu geben. Die zweite Auflage dieses Buches erschien 1883, der weiterhin noch eine dritte folgte.

Mein amtliches Verhältnis zur Stadt Bonn währte bis zum Frühjahr 1884, da ich dann ins Privatleben zurücktrat. Auf meine Direktionsthätigkeit durfte ich mit einiger Befriedigung zurückblicken. Die Entwicklung des Bonner Musiklebens nahm während meiner Amtsführung erwünschten Fortgang, so daß es mir möglich wurde, die größten und schwierigsten Vokal- und Instrumentalkompositionen zu Gehör zu bringen, darunter Werke wie Bachs Passionsmusiken, Beethovens „Missa solemnis" und dessen neunte Symphonie.

Im Harz und Thüringer Lande.

Nach einer vierzigjährigen musikalisch regen Thätigkeit meldete sich bei mir das Verlangen, mich in Ruhe musikschriftstellerischen Arbeiten hinzugeben. Dafür empfahl sich ein stiller Ort in naturschöner Lage, wie es deren so manche im Deutschen Reiche gibt. Unter diesen fiel die Wahl auf das mir von früher her bekannte Harzstädtchen Blankenburg, wohin ich mit den Meinen — im Laufe der Jahre hatte mir meine geliebte Gattin drei Söhne geschenkt — alsbald übersiedelte. Der dortige Mangel eines öffentlichen Musiklebens wurde mir vorderhand nicht fühlbar: ich ließ es mir einstweilen an den Wald- und Bergsymphonien der anmutig-idyllischen Umgebung genügen und beschäftigte mich im übrigen mit den Vorbereitungen zu einer Beethovenbiographie, um deren Abfassung ich von der Berliner Firma Guttentag angegangen worden war. Indessen empfand ich doch mit der Zeit die Entbehrung künstlerischer Anregungen so entschieden, daß mehr und mehr in mir der Wunsch aufstieg, einen Wohnort zu suchen, welcher die Möglichkeit gewährte, Musik zu hören. Von befreundeter Seite empfing ich die Mitteilung, daß die fürstlich schwarzburgische Residenz Sondershausen reichliche Gelegenheit dazu darbiete. Ein Besuch derselben bestätigte mir solches, und so beschloß ich den Umzug dahin, welcher im Spätherbst 1885 erfolgte.

Das Sondershäuser Musikleben konzentrirt sich in den von der fürstlichen Kapelle ausgeführten und „Lohkonzerte"*) benannten instrumentalen Produktionen, welche während der Sommerzeit im fürstlichen

---

*) Für die etymologische Bedeutung des Wortes „Loh" gibt es keine befriedigende Erklärung.

Parke ftattfinden. Sie beginnen mit dem erften Pfingftfeiertage und werden regelmäßig allfonntäglich bis Ende September fortgefetzt. Neben den klaffifchen Tonfchöpfungen gelangen auch die neueren und neueften Orchefterwerke der verfchiedenen Richtungen darin zur Aufführung.

Diefe vom kunftfinnigen Fürften Friedrich Karl II. (geb. 1801, geft. 1889) geftiftete, in ihrer Art einzige Inftitution ift eine im beften Sinne gemeinnützige, denn jeder, gleichviel welchem Stande er angehören möge, kann unentgeltlich als Zuhörer an derfelben mitgenießend teil- nehmen. In dankbarer Erkenntnis der wahrhaft fürftlichen Munifizenz macht das Publikum den weitgehendften Gebrauch davon. An jedem Sonntag der vorhin erwähnten Zeitfpanne finden zwei Konzerte ftatt, von denen das eine, der höheren Inftrumentalmufik gewidmete, nach- mittags, und das andere, der leichteren Unterhaltungsmufik nach Art der Promenadenkonzerte dienende, abends abgehalten wird. Der Befuch derfelben, auch von den Nachbarorten, ift fo zahlreich, daß ein hinzu- kommender Fremder glauben könnte, er befinde fich in einer großen Stadt.

Das Orchefter hat feinen Platz in einer geräumigen, nifchenartig abgerundeten Halle. Vor derfelben find auf freiem, von fchönen Baum- partien umgebenem Platze Sitzreihen für die Zuhörerfchaft aufgeftellt. Dahinter befindet fich ein großer Raum für diejenigen, welche fich frei bewegen wollen. Hier nun entfaltet fich ein bunt belebtes Bild der promenirenden Damen- und Männerwelt. Sehr angenehm ifts, daß man nach Belieben kommen und gehen kann, wie es einem eben konvenirt.

Außer den Lohkonzerten bietet Sondershaufen während der Monate Januar, Februar und März Opern- und Schaufpielvorftellungen in dem hübfch eingerichteten fürftlichen Hoftheater.

Endlich gewährt der Ort auch die Annehmlichkeit mannigfachen Naturgenuffes, da er von fchön bewaldeten Bergzügen im Charakter der Thüringer Landfchaft umgeben ift. Rechnet man das gefunde Klima hinzu, fo ergibt fich, daß Sondershaufen denjenigen zu ftändigem Aufenthalt einladend erfcheinen kann, die ein ruhig-behagliches Leben führen wollen, wie es in großen, geräufchvollen Städten nicht leicht zu haben ift.

Für mich und die Meinen gewann die Niederlassung in Sondershausen noch eine besonders schätzbare Bedeutung durch die unvermutete
Wiederanknüpfung meiner Beziehungen zur verehrungswürdigen Familie
Teichmann, deren gastlichem Hause ich während meines Bonner Lebens
so viel Erfreuliches zu verdanken hatte. Der jetzige Senior desselben
nämlich, Geheimrat Freiherr v. Teichmann zu London, verweilt alljährlich einige Monate mit seiner Familie auf der einem Mitgliede derselben gehörenden, nahe bei Sondershausen belegenen Herrschaft Bendeleben. In dem dortigen, von einem weitläufigen, schönen Park umgebenen
Schlosse fanden wir dieselbe liebenswürdige Aufnahme, welche uns ehedem in der Mehlemer Villa am Rhein zu teil geworden. Gleichwie in
dieser, sind in Bendeleben schöngeistige Interessen und frohsinniger Verkehr heimisch. Neben den ländlichen Vergnügungen und sonstigen Unterhaltungen wird auch als Schmuck des geselligen Beisammenseins die
Musik, an der die kunstsinnige Dame vom Hause — eine Enkelin des
berühmten Staatsmannes Josias v. Bunsen — sich mitwirkend beteiligt,
in diesem feingebildeten Kreise mit Eifer gepflegt.

Die erste in Sondershausen von mir unternommene Arbeit war die
Beethovenbiographie, welche gegen Ende 1887 erschien. Diese Schrift
war weder für Musikgelehrte noch für solche Leser bestimmt, welche auf
eine breitgetretene, unwesentliche Einzelheiten berücksichtigende Darstellung
Wert legen, und ebenso wenig für diejenigen, welche in Beethoven einen
ungebildeten, querköpfigen, zänkischen, vom Größenwahn besessenen Menschen erblicken wollen. Der Verleger, auf dessen Wunsch ich die Arbeit
unternahm, wünschte vielmehr eine mäßig umfängliche Lebensbeschreibung
des Meisters für Musiker und Musikfreunde. Demgemäß mußte sie gemein=
verständlich gehalten werden. Bezüglich des rein biographischen Teiles
meiner Aufgabe ließ ich es mir angelegen sein, Beethoven so zu schildern,
wie es einem Genius von seinem hohen Range gebührt, ohne dabei die
schroffen Seiten seines Charakters und überhaupt seine menschlichen
Schwächen zu verschweigen. Doch benützte ich dieselben nicht dazu, um
Bemerkungen im schulmeisternd philiströsen Ton daran zu knüpfen, wie
es von anderer Seite geschehen ist. Bezüglich der schöpferischen Thätigkeit
Beethovens war ich darauf bedacht, nachzuweisen, wie dessen musikalisch

künstlerische Individualität sich im Anschluß an Haydn und Mozart bis
zur vollen, von allen fremden Einflüssen befreiten Meisterschaft entwickelte,
und wie innig sein Schaffen einerseits mit der aufs schärfste ausgeprägten
Eigenart, und andererseits mit seinen Lebens- und Seelenzuständen im
Zusammenhange steht — ein Verfahren, welches meines Wissens bis
dahin noch keine oder nur geringe Berücksichtigung gefunden hatte. Zu
meiner Freude erwarb sich das unter den vorstehend angedeuteten Gesichts-
punkten entstandene Buch vielseitige freundliche Zustimmung.

Im folgenden Jahre entstand die auf Wunsch der Leipziger Firma
Breitkopf & Härtel verfaßte Schrift: „Das Violoncell und seine Geschichte".
Sodann wurde ich von der Musikalien-Verlagshandlung Julius Heinrich
Zimmermann um eine biographische Arbeit über Karl Reinecke angegangen.
Gern entsprach ich diesem Antrage, da es einem werten, treuen Freunde
galt, dem ich seit einem halben Jahrhundert in anhänglicher Gesinnung
verbunden war.

Nachdem ich nun längere Zeit hindurch musikliterarischen Arbeiten
obgelegen hatte, fühlte ich mich zu einer anderen Thätigkeit hingezogen.
Der unvergleichlich großen Waffenthaten von Deutschlands Söhnen
während des 1870 französischerseits provozirten Krieges gedenkend, kam
mir die Idee zu einem „Sedanliede" im populären Ton. Das kleine,
ursprünglich für Männerchor geschriebene, dann aber auch für gemischte
Stimmen eingerichtete Gesangsstück*) war dem glorreichen Andenken Kaiser
Wilhelms I. geweiht und wurde dem Fürsten Bismarck gewidmet, der
mich darauf hin mit folgender Zuschrift beehrte:

„Friedrichsruh, 16. Januar 1893.

„Ihr Sedanlied habe ich mit Vergnügen erhalten und bitte Sie, für
die Zueignung der Komposition, in der ein warmes patriotisches Em-
pfinden zum Ausdruck kommt, und für die freundlichen Begleitworte
meinen verbindlichsten Dank entgegenzunehmen.

v. Bismarck."

Auch ein „Kaiserlied im Volkston"**) entstand. Zu einem solchen

*) Leipzig, bei Gebrüder Reinecke.
**) Desgleichen bei Gebrüder Reinecke.

war doch, da Deutschland nunmehr in dem König von Preußen einen Kaiser besitzt, der Versuch zu machen. Dieser letztere scheint freundliche Zustimmung gefunden zu haben, da das fragliche Lied alsbald nach seinem Erscheinen von zahlreichen Schulen zum Vortrage bei der kaiserlichen Geburtstagsfeier benützt worden ist und seinen Weg sogar ins Elsässer Reichsland gefunden hat.

Weiterhin veröffentlichte ich dann noch einige demnächst entstandene Violinkompositionen, und zwar ein Notturno nebst einer Reihe von Geigenstücken, „Herbstblumen"*) benannt. Alle diese Sachen sind freilich nur von kleiner, bescheidener Art, indessen hoffe ich, mir mit denselben kein ungünstiges Zeugnis als Musiker ausgestellt zu haben.

Den unmittelbaren Antrieb zur Abfassung dieser Blätter erhielt ich durch eine schwere, lebensgefährliche Erkrankung, die ich vor drei Jahren bestanden, und die mich an das Ende der Dinge gemahnte. — Wie der Jüngling das noch vor ihm verhüllte Rätsel seines Daseins mit vorauseilender Ungeduld zu durchdringen wünscht, so eignet es dem Greise, der sich des Lebens Sturm und Drang enthoben fühlt, mit Ruhe und Heiterkeit die mannigfaltigen Bilder der verflossenen Jahrzehnte wieder an seinem inneren Auge vorüberziehen zu lassen. Dann ist es ihm vergönnt, zu erkennen, was — nenne man es nun Vorsehung oder Zufall — im wechselreichen Treiben einer vielbewegten Existenz die Individualität wirkend bestimmte und sie im Kreislaufe dahinrollender Zeiten ihrem Ziel entgegenführte. In solcher Stimmung schrieb ich meine Erinnerungen nieder, die dem freundlichen Leser hiermit dargeboten seien.

*) Leipzig, bei Jul. Heinr. Zimmermann.

Anhang.

I.

Robert Schumann an den Kapellmeister Herrmann*) in Sondershausen.

Düsseldorf, den 12. Juni 1852.

Geehrtester Herr!

Es wird mir mitgetheilt, daß Sie infolge eines erhaltenen Rufes
nach Lübeck Ihren jetzigen Wirkungskreis verlassen. Auch ich hätte Lust,
meine Stellung mit einer anderen zu vertauschen, wenn diese einigermaßen meinen musikalischen Ansprüchen entspräche. Nun hörte ich oft
von der schönen Umgebung, in der Sondershausen liegt, von dem Fürsten,
der ein ausgezeichneter sein soll, wie auch von der Tüchtigkeit der dortigen
Kapelle, — und wende mich direkt an Sie mit der Bitte, mir über alles
dieses Genaues mitzutheilen, namentlich über die amtlichen Funktionen,
den Gehalt, den Bestand des Orchesters und die sonstigen musikalischen
Mittel, wie über die Theilnahme des Publikums, wie des Hofes an
künstlerischen Bestrebungen.

Zu einer förmlichen Bewerbung freilich würde ich mich nicht
entschließen. Vielleicht, daß der Ihnen ausgesprochene Wunsch genügt,
die Unterhandlungen durch Ihre Vermittelung in Gang zu bringen.

*) Gottfried Herrmann, geb. 15. Mai 1808 zu Sondershausen, gest. 6. Juni 1878
zu Lübeck, war ein Schüler Spohrs, von 1844 bis 1852 Hofkapellmeister in Sondershausen und bis zu seinem Tode in Lübeck. Um das Musikleben in Sondershausen
machte er sich besonders verdient.

Noch möchte ich auch Ihre Meinung, ob Sie glauben, daß sich auch für meine Frau, die zu schaffen und wirken gewohnt ist, irgend ein Wirkungskreis finden würde, vielleicht auch durch den fürstlichen Hof.

Geehrter Herr, was ich Ihnen mitgetheilt, geschah im Vertrauen auf Ihre Verschwiegenheit, ich meine, daß Sie nur dem, dem die Förderung der Wiederbesetzung der Stelle obliegt, davon mittheilen möchten.

In Hochachtung

Ihr ergebener

Rob. Schumann.

*

(Einige jener S. 164 d. B. erwähnten Briefe, welche dem Verfasser der Schumannbiographie zugingen, nachdem dieselbe der Oeffentlichkeit übergeben worden.)

II.

Breslau, 6. Dezember 1857.

Hochgeehrtester Herr!

Empfangen Sie meinen herzlichen Dank für Ihre in jeder Hinsicht lobenswerthe Biographie Schumanns, welche mir das Bild des Verewigten aufs lebhafteste vergegenwärtigt hat. Sie haben die Thatsachen mit Treue und Gewissenhaftigkeit erzählt und sind im Urtheil gerecht gewesen. Meinerseits wenigstens stimme ich Ihrem Urtheil vollkommen bei, namentlich darin, daß Schumann es leider entbehrte, eine Schule der Komposition zeitig durchgemacht zu haben und sein großes Talent daher autodidaktisch unter stetem Kampf mit der Technik entwickeln mußte. Enthusiasten freilich, die für die Wahrheit blind sind, werden hier und da Ihren milden Tadel doch noch mißbilligen und Ihr Lob zu kühl finden, denn die Bewunderung des so vielseitig begabten Künstlers ist bei manchen gar nichts weiter als Parteisache. Indessen würde vielleicht selbst eine gediegenere Schule als die Torns (z. B. die Schule Weinligs) die krankhafte Anlage, wonach immer dem Außergewöhnlichen nachgestrebt wurde, nicht ganz beseitigt haben.

Ihr Buch ist ein historisches Denkmal und wird in weiten Kreisen als ein solches anerkannt werden, selbst wenn Brendels Zeitung ihm, was das Urtheil betrifft, entgegentreten sollte. Einige Reibung ist sogar der Wahrheit stets nützlicher als bloßer Lobqualm. Der warme Antheil, den Sie Ihrem Gegenstande gezollt haben, den kann niemand verkennen.

Ich bin überzeugt, daß das Buch sich schnell verbreiten und in nicht zu langer Zeit eine zweite Auflage erleben wird. Wenn Sie zu einer solchen schreiten, ist Ihnen mancher Wink befreundeter Leser wohl für einzelne Aenderungen und Ergänzungen willkommen, weshalb ich Ihnen folgende Bemerkungen, die sich unmittelbar nach der Lektüre mir aufdrängten, hier aufschreibe.

Zuvörderst würden Sie wohl einen großen Theil der Anmerkungen bei einer Ueberarbeitung in den Text selbst mit aufnehmen können, da sie dazu beitragen würden, der Darstellung hier und da leichteren Fluß zu geben. — Das Verhältniß zum alten Wieck haben Sie mit großer Schonung für letzteren berührt, die Hauptsache allerdings berührt, aber doch die gehässige Seite verschwiegen; hieraus ist für den uneingeweihten Leser manche Dunkelheit entstanden. Ein solcher wird sich wundern, wenn er liest, daß die Ehe gegen des Vaters Willen geschlossen wurde, und einige Seiten weiter einen freundschaftlichen Brief Schumanns an Wieck (aus Petersburg) findet. Der Grund, daß eine wenigstens leidliche Aussöhnung sich inzwischen hatte feststellen lassen, wäre doch zu erwähnen.*)

Zu der ersten Symphonie (B) kann ich die Notiz beitragen, daß sie „Frühlingssymphonie" betitelt werden sollte; der erste Satz hieß „Frühlingserwachen", der letzte: „Frühlingsabschied". Der Titel des zweiten und dritten (Satzes) ist mir entfallen. Schumann hat mir dies nicht bloß selbst mitgetheilt, sondern auch irgendwo in der Zeitung, glaube ich, selbst ausgesprochen.

Daß Sie sich bei der Kritik der Werke im allgemeinen gehalten haben, anstatt auf genauere Analyse einzugehen, kann ich nur billigen, da sonst Ihr Buch umfangreicher, als das große Publikum wünscht, geworden wäre; indessen wäre es doch wohl gut, wenn Sie bei einigen

*) Das Zerwürfnis zwischen Schumann und Fr. Wieck war nicht wohl zu erörtern, solange der letztere lebte.

wenigen auf eine solche Analyse*) eingingen und Ihr Lob z. B. des
Quintetts op. 44 genauer begründeten, so daß man den Grund des dem
Stück vom Publikum gezollten Beifalls einsehen lernte. Es ist allerdings
schwer, hier die Mittelstraße zwischen dem Zuviel und Zuwenig einzuhalten.

Was die Genovefa betrifft, so ist doch wohl Wagners Beispiel (der
Tannhäuser wurde schon 1845 in Dresden gegeben) für Schumann
nicht ganz gleichgiltig gewesen. Die Idee, das Recitativ durch konti-
nuirliche Musiksätze zu ersetzen und statt einer Reihe von einzelnen
Musiknummern mehr einen einzigen musikalischen Strom zu geben, hatte
Schumann aufgegriffen, weil seinem Naturell ohnedies alle Formbeschränkung
entgegenstand. Was Sie über den verfehlten Zuschnitt des Textes
sagen, ist völlig wahr.

Schumanns Thätigkeit als Schriftsteller, namentlich sein reiches
poetisches Naturell, wie es in seinen vier Bänden vorliegt, mehr poetisch
als kritisch, daher manche Inkonsequenz im Urtheil, möchte ich mehr her-
vorgehoben sehen. Der Dichter und Tonsetzer bleiben nun einmal zweierlei
Künstler, und beide steckten in Schumann vereinigt, daher seine musikalischen Kritiken oft nichts sind als Rhapsodien und seine Kompositionen
wie Gedichte ohne Worte aussehen, wenn er auch den Tönen durch
allerhand Ueberschriften zum Verständniß zu helfen suchte. Der Aufschwung, den er übrigens der musikalischen Kritik und Schriftstellerei
in Deutschland gab, ist ein ebenso wichtiges geschichtliches Ereigniß als
seine Kompositionsthätigkeit. Es würde mithin eine Darstellung des
Hauptinhalts jener vier Bände, worin alles übersichtlich beisammen ist,
gerechtfertigt sein.

Die Biographie des alten Wieck könnte, dächt' ich, wegbleiben oder
nur in wenigen Zeilen als Anmerkung gegeben werden. Desgleichen
die von Klara. Dagegen würde das Verdienst, das letztere sich durch
ihre treue Liebe und Pflege, ohne welche Schumann weit früher unter-
gegangen wäre, erwarb, einiger Auseinandersetzung werth sein. Freilich

---

*) Die Analyse der bedeutendsten und hervorragendsten Tonwerke Schumanns
konnte erst in der dritten Auflage der Biographie erfolgen, da der Verleger, welcher
mich kontraktlich für die beiden ersten Auflagen gebunden hatte, keine Vervollständigung
des Buches wünschte.

stößt man hier auf Ihre unumgänglichen Rücksichten, das Publikum jedoch wird gerade hier nach deutlicher Aufklärung lüstern sein.

Mit diesen wenigen Andeutungen wollen Sie vorlieb nehmen. Nochmals Dank für Ihre verdienstliche Leistung! Ich werde Gelegenheit nehmen, die musikalische Welt darauf aufmerksam zu machen.

Mit aufrichtiger Hochachtung beharre ich

Ihr ergebenster

Dr. Kahlert. *)

*

III.

Hochverehrter Herr!

Durch Uebersendung Ihrer trefflichen Biographie haben Sie mich ungemein erfreut und zum wärmsten Danke verpflichtet. Ich wüßte in der That nicht, welch andere Leistung in diesem Fache der Ihrigen an die Seite zu stellen wäre,**) und bin überzeugt, daß Ihr schönes, in jeder Hinsicht wohlgelungenes Werk großen Beifall finden wird. Meines Erachtens haben Sie sowohl durch Talent wie durch wahrhaft bewundernswerthen Fleiß, historische Treue und Unbefangenheit sowie durch kritischen Scharfblick einen entschiedenen Beruf für dieses Fach bekundet. — Durch Sie erst ist mir Schumanns Leben und Kunstschaffen vollkommen klar geworden.

Ihrem Wunsche, eine Anzeige des Werkes zu liefern, werde ich, sobald es mir möglich ist, nachkommen. Bis zu Neujahr bin ich von amtlichen Arbeiten so bedrängt, daß an . . . (unleserlich) nicht zu denken ist.

Genehmigen Sie die Versicherung meiner vollkommensten Hochachtung und tiefsten Erkenntlichkeit, mit welcher ich bin

Euer Hochwohlgeboren

ergebenster Diener

Dr. Keferstein. ***)

Wickerstedt, den 19. Dezember 1857.

---

*) Dr. Kahlert war Professor der Aesthethik an der Breslauer Universität und Mitarbeiter an Schumanns Musikzeitung.

**) Keferstein hatte offenbar noch nicht Jahns mustergiltige Mozart-Biographie gelesen, von der damals freilich nur eben erst die beiden ersten Bände erschienen waren.

***) Dr. Keferstein war Pastor in Wickerstedt und schrieb über Musik unter dem Namen K. Stein, auch für Schumanns Musikzeitung.

IV.

Geehrtester Herr v. Wasielewski!

Für die gütige Zusendung der Schumannschen Biographie, wie für die freundlichen begleitenden Zeilen meinen aufrichtigen Dank. Ich hatte das Erscheinen des Werkes kaum früher erwartet, da ich wußte, welch umfassendes Material Sie zu bearbeiten hatten und mit welcher Sorgfalt und Gewissenhaftigkeit Sie den Gegenstand behandelten. Gewiß war die Aufgabe eine schwierige, aber ebenso gewiß auch haben Sie dieselbe auf die glücklichste und befriedigendste Weise gelöst. Das Werk erschließt dem Leser in klarer, wohlgeordneter Darstellung das ganze, innerlich so reiche und bewegte Leben Schumanns und trägt vor allem das Gepräge der Wahrheit, der Treue und Unpartheilichkeit. Der Biograph wird, wie Beispiele lehren, nur zu leicht zum Panegyriker, die Hingebung und Begeisterung, mit der er sich dem Gegenstande widmet, trübt ihm nicht selten den unbefangenen, freien Blick, zumal wenn, wie in diesem Falle, die Erinnerung an den Geschiedenen noch so frisch, wenn die Beziehungen zu ihm im Leben so nahe und freundlich gewesen. Ich glaube, Sie sind der Gefahr glücklich entgangen; überall in Ihrer Darstellung ist das Streben nach strenger Gerechtigkeit sichtbar, so namentlich in der Beurtheilung der Schumannschen Werke, die nicht treffender sein kann. Freilich könnte man dabei bedauern, daß die spätere Zeit nicht eine gleich eingehende Besprechung wie die frühere erfahren;*) indeß waren die Produktionen jener Zeit wohl zu gedrängt und zahlreich, als daß eine andere als summarische Behandlung möglich und statthaft gewesen wäre. Wie geschickt Sie aber das biographische Material zu verarbeiten gewußt, sehe ich unter anderem aus der Verwendung des von mir gelieferten kleinen Beitrags, wobei ich kaum in einem oder zwei redaktionellen Punkten eine Bemerkung würde zu machen haben, die freilich unerheblich genug sein würde.

Ihren Wunsch, eine Besprechung des Buches in der Weserzeitung zu veranlassen, werde ich gern in Erfüllung bringen. — — —

---

*) Ist, wie schon bemerkt, in der dritten Auflage der Schumannbiographie nachgeholt worden.

Ich werde Ihnen den Aufsatz gleich nach dem Erscheinen in der
betreffenden Zeitungsnummer unter Kreuzband übersenden und will nur
wünschen, daß er zur Verbreitung des Werkes, durch welches Sie unserem
Schumann ein so würdiges Denkmal, ein Denkmal „aere perennius",
gesetzt haben, in etwas beitragen möge.

Mit herzlichem Neujahrsgruße

Ihr ganz ergebener

A. Th. Töpken Dr.*)

Bremen, 31. Dezember 1857.

*

Von den anderweiten, nach Herausgabe der Schumannbiographie
mir zugegangenen, meine Arbeit freundlichst anerkennenden Zuschriften
will ich nur noch einer derselben Erwähnung thun. Sie rührt von dem
Domorganisten Herrn Gustav Jansen in Verden her und trägt das
Datum des 17. Dezember 1857.

Zunächst bringt sich der Schreiber dieses Briefes, welcher während
der vierziger Jahre längere Zeit zu Leipzig verweilte, als mein ehemaliger
Violinschüler in Erinnerung, worauf er meine Schumannbiographie, die
er soeben gelesen, mit enthusiastischen Lobeserhebungen preist.**) Diese
völlig spontane Kundgebung ist insofern von Wert für mich, als ich auf
Grund derselben konstatiren kann, daß Herr Jansen in späterer Zeit
mir gegenüber einen andern Ton angeschlagen hat, obwohl ich ihm
dazu keinerlei Anlaß gegeben. In den Anmerkungen zu seiner 1882
erschienenen Schrift „Die Davidsbündler" nämlich, schulmeisterte er mich
ein wenig, einige unerhebliche Punkte in meiner Schumannbiographie
bemängelnd. Ja, in einem speziellen Falle wurde seine Ausdrucksweise
sogar etwas spöttisch, indem er sagte: „Wasielewski weiß die Chiffern,
mit denen Bands Beiträge (für Schumanns Musikzeitung) gezeichnet
waren, vollständig aufzunennen, während nicht einmal diejenigen Schumanns angegeben sind.

---

*) Studiengenosse Schumanns und Mitarbeiter an dessen Musikzeitung.

**) Das Original des fraglichen Briefes liegt für jedermann zur Einsicht bei
mir bereit.

Ein solches, zu seinem vorstehend erwähnten Briefe in befremdlichem Widerspruch stehendes Verhalten konnte ich nicht ignoriren. Und so nahm ich Gelegenheit, Herrn Jansen in meiner bald darauf herausgegebenen „Schumanniana" *) eine größere Anzahl von Unrichtigkeiten nachzuweisen, welche die Anmerkungen zu seiner Schrift „Die Davidsbündler" enthalten. Dies vermochte er offenbar nicht zu verschmerzen, denn in der vierten, von ihm redigirten Ausgabe der „Gesammelten Schriften" Schumanns hat er (Bd. II S. 521) eine mich betreffende Bemerkung eingeschmuggelt, welche unverkennbar eine böswillige Absicht involvirt. Erst sucht Herr Jansen nämlich mit „heißem Bemühen", teilweise aber zweifelhaftem Erfolge darzuthun, welch einen gefährlichen Gegner Schumann in Carl Banck gehabt, und dann fügt er arglistig hinzu: „Diese ausführliche Anmerkung erschien notwendig, weil Banck eine der Hauptquellen für Wasielewskis Schumann-Biographie geworden ist."

Herr Jansen spricht das mit solcher Dreistigkeit aus, als ob er Ohrenzeuge meiner auf Schumann bezüglichen Unterredungen mit Banck gewesen. Er hat aber nur, wie John Falstaff, „die Glocken um Mitternacht spielen hören", und seine vorstehende Behauptung gethan, um sich für die von mir erhaltene Lektion zu rächen.

Was gehen denn, so muß ich fragen, den Verdener Domorganisten Jansen meine Quellen zur Schumann-Biographie an? Habe ich mich doch auch im mindesten nicht um die Quellen bekümmert, die er für seine Angaben benutzt hat, welch letztere sich übrigens in mehreren Fällen als unzuverlässige erwiesen haben, wie ich gezeigt. Daß Banck in den Jahren 1834—36 mit Schumann befreundet und Mitarbeiter an dessen Musikzeitung gewesen, was als Anknüpfungspunkt für Herrn Jansens animos gefärbte Angaben über denselben weit näher lag, hat er vollständig unbeachtet gelassen. Es war ihm eben darum zu thun, mich herbeizuziehen, um in verleumderischer Absicht etwas gegen mich vorzubringen. Denn was anderes hat er mit seiner Bemerkung sagen wollen, als daß ich in einer bezüglich Schumann nachteiligen Weise durch Carl Banck beeinflußt worden? Nun, Bancks mir gemachte Mitteilungen

*) Breitkopf & Härtel in Leipzig.

— es waren nicht viele — haben sich ohne Ausnahme als richtig und zutreffend erwiesen. Herr Jansen mag sich das hinter die Ohren schreiben.

Was würde er aber wohl sagen, wenn ihm sein oben erwähnter, an mich gerichteter Brief wieder zu Gesicht käme?*) Vermutlich würde er sich damit herauszureden suchen, daß er inzwischen seine Meinung über meine Schumann-Biographie geändert hat. Nun ja! Allem Anschein nach ist er in das Lager der Schumann-Adepten übergegangen. Man muß sich nur darüber wundern, daß diese Herren nicht längst schon eine Biographie des Meisters nach ihrem Sinn und Geschmack geschrieben haben. Doch halt! Wie vor einigen Jahren einmal verlautete, hätte Herr Jansen in der That eine Schumann-Biographie verfaßt. Wenn dem so wäre, so ist sie allem Anschein nach von ihm lediglich zu seinem Privatvergnügen geschrieben worden, denn man hat nichts wieder von ihr gehört.

*) Da der Wortlaut dieses Briefes Herrn Jansen nach beinahe vierzig Jahren nicht mehr genau erinnerlich sein wird, so bin ich mit Vergnügen erbötig, ihm eine Abschrift davon zukommen zu lassen, falls er es wünschen sollte.

Namen- und Sachregister.

Abonnementskonzerte in Düsseldorf 122.
— in Bonn 138 f., 145.
Accademia filarmonica in Bologna 242, 254.
Achenbach, Andreas ⎱ 115.
— Oswald ⎰
Albrecht, Prinz von Preußen 230.
Alexander von Württemberg, Herzog 6.
Alla Pietà, Musikschule in Venedig 93.
Alvars, Parish 95.
Ambros, Wilh. 167 f.
Ampezzothal 196.
Ancona 203.
Antwerpen 196.
Arndt, Moriz 138.
Arnim, Bettina von 152.
Assisi 202.
Artushof in Danzig 10.
Auerbach, Berthold 128, 157, 163.

Bach, Joh. Seb. 27.
Bachdenkmal in Leipzig 36.
Balbi, Melchiore 201.
Band, Carl 162, 169.
Bayer-Bürck, Frau 177.
Bazzini, Antonio 78, 85.
Becker, Finanzsekretär 161.
Becker, Jean 175.
Bellaggio 193.
Bendeleben 263.
Bendemann, Eduard 123.
Beethovenbiographie 263.
Beethovens Säkularfeier in Bonn 231 f., 235 ff.
Berlioz, Hektor 72, 115.
Berufsfrage, die 30.
Biblioteca estense in Modena 183.
Birch, Miß 79, 98.
Bismarck, Fürst 264.
Björnsen, Björnstjerne 158 f.
Blankenburg 261.
Bologna 183 f., 185.
Bott, Jean, Violinvirtuose 88.
Bottesini, Kontrabaßvirtuose 192.
Böhm, Josef 78.

Böhme-Peters, Musikverleger 42.
Brahms, Johannes 144 f., 246, 256.
Brendel, Franz 164.
Bruch, Max 246.
Brügge 196.
Bull, Ole 176.
Bülow, Hans von 162.
Bürde-Ney 169 f.

Cagnioni, Opernkomponist 225.
Camaldoli 244.
Capri 245.
Cauer, Rob. 244.
Certosa 192.
Claude Lorrain 218.
Cholera, die, in Danzig 15.
Christiani, Lisa 93, 94.
Clauß, Wilhelmine 92, 153.
Clement, Franz 79.
Comédie Française in Paris 199.
Conservatoire-Konzert in Paris 240.
Cornelius, Peter von 110.
Correggio 182.

Danzig 3 ff., 9 f.
David, Ferd. 34, 65 ff., 78, 147.
Davison, Bogumil 177.
Deutsch-französischer Krieg (1870—71) 232.
Deutsch-österreichischer Krieg (1866) 227 f.
Teichmann, Wilh., Geheimrat 137, 154.
— Adolf, Freiherr von 263.
Debrient, Emil 177.
Dietrich, Albert 131.
Dolby, Helene 98.
Dom, der, in Köln 112.
Dominiksmesse in Danzig 11.
Donndorf, Bildhauer 247.
Dresden 123, 156 f.
Dreyschock, Alex. 88, 89.
Düsseldorf 110 f.

Eichendorff, Freiherr von 49.
Eichhorn, Gebrüder 28.
Ernst, Violinvirtuose 77, 83 ff.
Euterpekonzert in Leipzig 57.

Ferrara 184.
Fink, Gottfried 64.
Fischer, Josef, Opernsänger 29.
Florenz 186, 188 f.
Florimo, Bibliothekar in Neapel 223.
Fra Angelico da Fiesole 188.
Franz, Rob. 50, 51 ff.
Frege, Livia von 52 f., 125.
Freischützmusik, die, 22.
Friedrich August, König von Sachsen 173.
Friedrich, Kronprinz von Preußen 229.
Friedrich Karl II., Fürst v. Schwarz-
    burg-Sondershausen 262.
Friedrich Wilhelm III., König von
    Preußen 12.
Friedrich Wilhelm IV., König von
    Preußen 49.
Fronleichnamsfest in Rom 215.

Gade, Niels 28. 68. 78.
Ganz, Moriz 94.
Gaspari, Gaetano, Bibliothekar in Bologna
    241.
Gastein 256.
Genua 190.
Georg, Kronprinz von Hannover 51.
Gesangswettstreit in Düsseldorf 135 f.
Geschichte der Instrumentalmusik im sech-
    zehnten Jahrhundert 254.
Geschichte des Violinspiels 200. 229. 237.
    241. 254. 260.
Geschichte des Violoncells 264.
Gevaërt, François 237.
Gewandhauskonzert in Leipzig 37. 58.
Ghiberti 189.
Giotto 202.
Goldschmidt-Lind 148.
Goltz, Bogumil 45 ff.
Gotthelf, Jeremias 129.
Gouvy, Theodor 239.
Grabau, Andreas 44.
Granzin, Ludwig 26.
Gregor IX., Papst 212.
Gregorovius, Ferd. 242.
Grützmacher, Friedr. 93, 174.
Guarneri, Giuseppe 190.
Gutzkow, Karl 158.

Halévy 198.
Harfe, die 95.
Hastings 252.
Hartmann, Franz 80, 81.
Hausmusik, die 18.
Haydn, Josef 26.
Härtel, Hermann, Dr. 37, 52.
— Raymund 44, 52.
Hauptmann, Moriz 38, 63 ff., 78.
Heimsoeth, Friedr. 133.
Heine, Heinrich 129.

Hemling (Memling) 4. 196.
Herrmann, Kapellmeister 134.
Hildebrand, Maler 116.
Hiller, Ferd. 37, 68, 77, 110, 126,
    127 ff., 131, 139 ff., 147, 151.
Hirschbach, Hermann 74 f.
Hübner, Jul. 123.
Hummel, Nepomuk 142.

Janša, Leopold 88.
Jauner-Kraß 170.
Joachim, Josef 78 ff., 152. 256.
Johannespassion von Bach 27 f.

Kade, Otto 168.
Kaiserlied 264.
Kalkreuth, Graf, General 3.
Kalisch, Revue bei 11.
Kalliwoda, Wilhelm 88.
Kammermusik in Düsseldorf 122.
— in Dresden 169.
Kapitulation von Metz 234.
Karl Theodor, Kurfürst 110.
Karneval in Köln 113 f.
Kif in die Köl 10.
Kindermann, Opernsänger 103.
Kirchenmusik in Italien 203.
Kirchner, Theodor 36.
Köln 112.
Königgrätz 228.
Königslöw, Otto von 44.
Kommunarden in Paris 239.
Konservatorium in Leipzig 33.
— in Neapel 222 ff.
Konti, Apollinari von 86.
Konzertmusik in Rom 214.
Koßmaly 165.
Krebs, Karl 172.
— Mary 172.
Krebs-Michalesi 170.
Krieger, Hermann 35.
Kriegsnachrichten 227 f.
Kroaten 201.
Krupp, Alfred 138.
Kulmann, Elisabeth 124.
Kunstsammlungen des Kapitol 208.

Lafont, Violinvirtuose 28.
Lateran in Rom 209.
Laub, Violinvirtuose 175.
Lauchstädt 41.
Lauterbach, Johann 174.
Lefèbre, General 3.
Leipzig 33.
Léonard, Violinvirtuose 85.
Leonardo da Vinci 192.
Liedertafel in Leipzig 97.
Lille 197.
Lincoln, Miß 98.

Lind, Jenny 98 ff.
Lindpaintner, Peter von 147.
Lipinski, Charles 60, 87, 123, 172 ff., 179.
Liszt, Franz 56, 82, 149 ff., 162 f., 214.
London 249 ff.
Lohkonzert in Sondershausen 261 f.
Loreto 203.
Lortzing, Albert 103.
Louvre in Paris 197.
Löwe, Carl 51.
Lucca 186.
Luther, Martin 210.

Mallfasten in Düsseldorf 115.
Mantua 181.
Marienkirche in Danzig 10.
Marschners Vampyr 41.
Martini, Padre 241.
Matthäi, Konzertmeister 18. 87.
Matthauspassion in Paris 240.
Mayer, Charles 91 f.
Mayseder, Josef 84.
Mendelssohn-Bartholdy 31, 34 ff., 39 f., 58 ff., 73, 75, 77, 78, 97, 100, 110, 128, 130.
Mercadante, Saverio 215, 224.
Meyerbeer, Giacomo 32, 172, 198.
Michel Angelo 186, 188, 189, 208, 211.
Milanollo, Therese und Maria 87.
Militärmusik in Italien 206.
Minstrels in London 253.
Mintrop, Theodor 116.
Ritterwurzer, Opernsänger 170.
Modena 183.
Monreale 245.
Montblanc 193.
Monte Pincio 206.
Morgue 198.
Mortier de Fontaine 88, 90.
Moscheles Ignaz 71, 165.
Mozart, Wolfgang 242.
Musik bei Schumann 119.
Musikfest, niederrheinisches 145 ff.
Musikleben in Danzig 27.
Müller, Gebrüder 153.
Müller, Karl, Konzertmeister 50, 88.

Napoleon 4.
Neapel 216 ff.
Nikolaus I, Kaiser von Rußland 11.
Nißen-Saloman, Henriette 100.
Nizza 191.
Norderney 230.
Nottebohm, Gustav 254.
Novello, Klara 146
Nowakowski 91.

Oliva 13.
Onslow, George 26, 173.
Oper in Paris 198.
Ordensritter, deutsche 10.
Ostende 197.

Padua 201.
Padeloupe 241.
Paganini, Niccolo 186.
Palermo 241.
Pantheon in Rom 210.
Paris 197 ff., 238 f.
Parmentier, Oberst 233.
Päpstliche Kapelle 211. 213.
Passionsspiel in Oberammergau 257 f.
Perugia 202.
Perugino 202.
Pfingstfest in Rom 211 f.
Peschiera 195.
Pfundt, Ernst, Paukenschläger 59. 72.
Piazza della Rotonda in Rom 210.
Pinelli, Geiger 214.
Pisa 189.
Pichel, Johann 147.
Pixis, Theodor 81.
Piz Languard 194.
Pola 196.
Polko, Elise 101.
Pompeji 220 f., 246.
Poschiavo 195.
Pögner, Bühnensänger 104.
Possart, Ernst 256
Prüfungskonzert im Leipziger Konservatorium 43, 45.
Prume, François 28.

Quartettspiel 26, 44.
Queisser, Posaunenvirtuose 72.

Radecke, Rob. 124.
Raffael, Sanzio 183, 188.
Rapp, General 4.
Reimers, Violoncellist 108.
Reinecke, Karl 44, 92, 124, 125, 137, 154, 264.
Reinick, Rob. 123, 157.
Reise nach England 249.
— nach Italien 201, 241, 253.
— nach Salzkammergut und Oberitalien 166.
— nach Belgien und Frankreich 196 ff.
Reißiger, Karl 75, 171 f.
Reinmers, Johann 28. 31.
Reni, Guido 184.
Riefstahl, Violinvirtuose 88.
Rietz, Jul. 67, 70, 110, 115.
Riviera di Levante 190.
Riviera di Ponente 191.

Rom 206 ff.
Romano, Giulio 182.
Romberg, Bernhard 92.
Rubens 196.
Rubinstein, Anton 149, 151.
Rudorff, Ernst 248.

Salerno 219.
Sainton, Violinvirtuose 252.
Saltarello 245.
Samaden 194.
Sansovino 203.
Scudo, Paul 140.
Schinkenkonzert in Danzig 27.
Schirmer, Wilh. 115.
Schleinig, Konrad 73.
Schloß, Sophie 98.
Schmidt, Alois 153.
Schröder-Devrient, Wilhelmine 30, 101 f.
Schubert, Franz, Konzertmeister 172.
Schubert, Charles 95.
Schulhof, Julius 174.
Schumann, Klara 37, 63, 77, 119, 109 ff.,
    132, 134, 135, 153, 247.
Schumann, Rob. 33, 42, 44, 61 ff., 66 ff.,
    74, 105 ff., 110, 117 ff., 121, 125 f.,
    127 ff., 134 f., 142 f., 146, 152, 160 ff.
Schumannbiographie 161 ff.
Schumanndenkmal 255.
Schumannfeier 247, 255.
Sedanlied 264.
Servais, Cellovirtuose 93.
Shakespeare 116.
Sivori, Camillo 84.
Sixtinische Kapelle in Rom 209.
Sondershausen 261 f.
Sorrento 221, 246.
Spohr, Ludwig 19, 54.
St. Cloud 239.
St. Leonards 252.
Staudigl, Joseph 103.
Stockhausen, Jul. 248.
Stradivari, Antonio 189.
Straßenmusik in Italien 205.
Sulot, Geiger 131.

Tagestheater in Italien 181, 225.
Tartini, Giuseppe 201.

Taubert, Wilh. 169.
Tausch, Jul. 122.
Theater in Danzig 29.
Theater in Rom 215.
Thomas, Ambroise 238.
— John, Harfenvirtuose 95.
Tschatschek, Josef 170.
Tiziano Vecelli 180.
Treckschuite 20.
Tumbridge Wells 252.
Turin 191.

Ueberschwemmung in der Danziger Nie-
    derung 5.

Vatikan in Rom 208.
Venedig 180, 187.
Verhulst 124.
Verona 181.
Vesuv, Ausbruch desselben 243.
Vevey 193.
Vierling, Georg 119.
Violinkompositionen 265.
Virtuosität des Orchesterspiels 129.
Vieuxtemps, Henri 32, 176.
Volksgesang in Italien 204 f.
Volkstheater in Neapel 226.
Voigt, Henriette 54.

Wagner, Johanna 41.
— Richard 118.
Wassersnot in Danzig 14.
Weber, Karl Maria von 171 f.
Weichselmünde 4.
Westpreußische Friedensgesellschaft in Dan-
    zig 41.
Wieck Friedrich 123, 161.
Wieck, Marie 169.
Wieniawski, Violinvirtuose 175.
Wiertz-Museum in Brüssel 237.
Wilhelm, Prinz von Preußen 132, 154,
    169.
Wilmers, Rudolf 88, 89, 131 f.
Wilt, Marie 248.
Wittgenstein, Fürstin von 150, 162, 163.
Wolfsohn, Wilhelm 157.
Wüllner, Franz 155.